テキスト金融論 第2版

堀江康熙・有岡律子・森 祐司
Yasuhiro Horie　Ritsuko Arioka　Yuji Mori

MODERN BANKING AND FINANCE

新世社

第２版へのはしがき

本書の初版は，東日本大震災の後遺症が続く2012年に刊行された。その後「アベノミクス」が打ち出され，日本経済は緩やかながら拡大基調を辿ったが，2019年秋以降は停滞状態となった。特に，2020年に顕著となったコロナ禍で生じた企業の売上・収益落込みは，金融経済活動の掣肘要因となるおそれも大きい。他方，地方圏では高齢化・人口減少が進行している。

こうした経済環境の下で，この10年近くの間に金融面にも大きな変化がみられる。企業の資金需要が引き続き低調気味のなかで，フィンテックの進展を背景にデジタル通貨やキャッシュレス決済，インターネット専業銀行等，新たなタイプの金融活動が広がり，地域金融機関の合併も広範化した。また，政策面では引き続き非伝統的金融政策が採られている。インフレ・ターゲット政策や中央銀行による流動性の大量供給が続いているほか，マイナス金利政策も登場している。

本書第2版は，このような近年の金融活動の変化を踏まえつつ刊行した。初版の大きな特徴（実務経験を踏まえた視点からの記述，見開き2頁で1節の説明，数学的な記述の抑制等）を基本としつつ，かなりの範囲に亘り書き換えた。特に第Ⅴ部の金融政策は，大幅に書き改めた。また，近年取りあげられることの多いデジタル通貨やインターネット専業銀行，コロナ禍の国際的な影響等も加えた。他方，制度ないし組織自体に関わる記述は，可能な範囲で削減した。

従来の金融論では，厳密な合理性・効率性を前提に議論を進めるケースが多かったと考えられる。しかし，金融を含む経済主体の活動は，必ずしもそうした基準では説明し切れない部分がある。この点は初版でも指摘したが，第2版ではアノマリーに関する説明をやや詳しくした。また，第Ⅱ部を中心に章末のコラム欄を増やし，話題となることの多い事項を解説した。

金融活動は今後もさらに大きく変化していくことが予想され，そのすべてを取りあげることは容易ではない。しかし，現時点で金融に関する基本的な枠組みを提示し，授業・研究・実務の便に供することは重要であると考え，テキストとして改めまとめることとした。

今回は森 祐司を加えた3名で，初版を使用した経験等も含めて議論を重ね改訂作業を行った。初版以来編集を担当されている新世社編集部長の御園生晴彦氏ならびに編集実務を担当された同社編集部の谷口雅彦氏には，原稿の仕上がり等に関して懇切なアドバイスを戴き，心からお礼申し上げたい。

2021年2月

堀江康熙・有岡律子・森 祐司

初版へのはしがき

近年，金融面において著しい変化が続いている。わが国では21世紀に入って，大手行の金融持株会社化が進んだほか，地域金融機関や証券会社・保険会社等の合併・再編も相次いだ。また，グローバル化が進展するなかで，海外市場との関係も強まり，市場型間接金融の果たす役割も大きくなった。他方，2000年代の終わりに米国および欧州で発生した金融危機を背景に，いわゆるBIS規制が拡充・精緻化されてきているほか，金融政策面でも非伝統的な措置の採用が相次いでいる。本書は，このような状況におけるわが国金融の実像を，金融市場，金融機関，取引手法および金融政策との関係を含めて，体系的に理解していくことに重点を置いている。

本書の大きな特徴は，第1に，金融に関する理論的思考に著者たちの銀行実務経験を加えた視点から執筆したことである。他方，従来の学説・理論については，限定的に記述している。これは，金融現象は多面的で，必ずしも既存の理論で十分に解明できるわけではないと考えていることによる。したがって，基礎的な経済理論を必要な限り使用しつつ，現実に生じている金融の基本的なメカニズムをとらえることに力点を置いている。近年の金融論では，厳密な数式展開を伴うことも多いが，本書では数式的な表現はごく一部に留めている。これは一つには，金融に関する初学者および実務家を含む幅広い読者層を対象として想定しているところにある。加えて，数式展開を精緻化すると，その適用範囲が狭くなるためである。近年のような変化の大きい時期には，むしろ大まかなメカニズムを追うことが重要であると考えている。

第2は，章や節の数および内容面の工夫である。大学でテキストとして使用する場合，4単位で30回の講義が行われることを前提に，1回につき1章が相当するよう作成した。そして各章とも3～5節で構成し，状況に応じた利用にも配慮した。また，読者の便宜を図る観点から，1節を見開き2頁に収めたほか，キーワードについてはゴシック体とし，各章末にもまとめて示した。もちろん，金融取引が多様化しているだけに，章によっては内容が多岐にわたる，あるいはやや複雑な展開となることは避けられない。本書では，各章のなかでやや上級向けの内容となっている節については，＊を付している。こうした部分についても，読者の理解度に応じて取捨選択できることや，興味をひく契機ともなりうることを重視し，本書に含めている。なお，いくつかの章末に，話題ないしポイントとなっている事項についてコラム欄を設け，読者の興味に資することとした。

このような特徴をもつ本書は，具体的な事例をわが国の金融市場に取りつつ，5つの部・30章で構成している。第Ⅰ部および第Ⅱ部は，現代の金融を理解していくうえで基本となる部分である。第Ⅰ部は，金融取引の意義，通貨，リスクとリターンの関係，金融市場の役割等，金融の基本的な機能を扱う。第Ⅱ部は，債券，株式，証券化商品，デリバティブ等，金融市場における取引と価格変動を中心に取りあげている。

こうした基本的な部分を踏まえて考えるべきことは，最終的な借り手の代表でもある企業の金融活動であろう。第Ⅲ部は，企業の投資活動と資金調達，企業と金融機関の関係，および近年目にする投資ファンド等を対象としている。第Ⅱ部および第Ⅲ部は，一般には「ファイナンス」の名前で金融論とは別に扱われることもあるが，近年はいわゆる市場取引が大きくなっており，本書ではこの分野を金融論の一つの柱としている。なお，第Ⅲ部の後半ではヘッジファンドや企業買収・再編等についても理解ができるよう工夫した。

金融の変革は，リスク面でも大きな変化をもたらし，銀行の経営破綻も数多く発生している。第Ⅳ部は，従来のテキストでは取りあげることの少なかった銀行業の特性と金融リスクへの対応をみていく。大手行の特性と地域金融機関の存在意義等を踏まえて，銀行の業務展開に伴うリスク，特に信用リスクと市場リスクを中心に，リスクの許容限度や対応等を検討する。そして，公的な対応としてバーゼル規制をはじめとする経営破綻の予防および事後的措置についても検討し，あわせて国際的な危機と対応についても考えていく。

金融が置かれている環境が変化するなかで，わが国では経済活動の低迷等を背景として，長期にわたり市場金利が極めて低い状態が続いている。この点については近年，欧米諸国も同様の状態となっている。こうした金融政策はどのように実行されていくのか。第Ⅴ部は，景気対策としての金融政策を，マクロ経済学とは異なる金融論の立場から，わが国の実情に即して検討する。まず，中央銀行の役割・手段を検討し，それをもとに波及経路や有効性の確保策（ルール化の問題），インフレ・ターゲット政策や非伝統的な金融政策，環境変化への対応（財政赤字との関係・グローバル化の影響等）を取りあげていく。

このように本書は，これまで金融論として取りあげられることの少なかった分野も含めて，近年の金融現象を幅広く体系的に理解することを重視している。前記のように数学的な記述は極力控えており，読み飛ばしても本質的な理解には差し支えない。過去の動向に関する叙述についても必要最小限とし，新しい時代の金融論にふさわしい内容に近づけるよう努力した。主たる読者層として，学部の学生・大学院生を想定しており，経済学の初歩的な知識ないし一般的な常識があれば，十分に理解できる内容とした。その意味では大学におけるテキスト・参考書に適しているが，広く社会人，特に金融実務に携わる人々にとっても，知識・理解を体系的に深める有力な手がかりになると考えている。

本書の多くは，堀江および有岡の九州大学，関西外国語大学そして福岡大学における講義資料を基本として，両名で意見交換をしつつ大幅に加筆修正した。その際，2000年代末以降の金融危機や非伝統的な金融政策に関する情報も，できる限り織り込むこととした。

本書の刊行に際しては，多くの方々のお世話になった。上林敬宗氏（東京国際大学）および勝 悦子氏（明治大学）には，堀江との共著の一部を使用することを快く了承していただいた。井川紀道氏（日本大学），永田伊津子氏（沖縄国際大学），そして日本銀行の阿部 廉氏，碓井茂樹氏，長野 聡氏には，原稿に目を通していただき，懇切なご意見をいただいた。また高阪勇毅氏（早稲田大学）には，全般にわたる詳細かつ適切なご指摘をいただいた。本書が多少なりとも読みやすく誤りが少ないとすれば，以上の方々のご尽力によるものである。もちろん，なお残るとみられる誤り等は，著者達の責任である。最後に，企画段階からアドバイスをされ，原稿の仕上がりを辛抱強く待っていただいた新世社編集部長の御園生晴彦氏にお礼申し上げたい。

2012年7月

堀江 康熙・有岡 律子

目　次

（＊を付しているものは，やや上級向けの内容の節である。）

第Ⅰ部　金融の基本機能

第 I 部
金融の基本機能

CONTENTS

第 1 章
金融の役割

POINT——本章で学ぶことがら

1 「お金」は，分業に基づく交換取引を効率化させる。また，「お金」を余剰主体から不足主体へと融通する金融取引によって，支出選択の範囲が広がり，全体として経済活動が活発化し，拡大する。これが金融の最も重要な役割である。

2 融通された「お金」は，借り手の債務ないし負債であり，貸し手からみると債権である。金融取引では，時間選好の存在等から利子が支払われる。利子を融通額に対する割合でみたものが利子率（金利）である。

3 金融取引が行われる場が金融市場であり，「お金」に対する需要と供給の関係からその価格である金利が決まる。

I

● 1.1 金融の基本的な機能

》「お金」と交換媒介

金融の基本的な機能は，「お金」を受け渡すことによって，全体としての経済活動を効率化・拡大するところにある。それは，現時点だけでなく，現時点と将来時点の間，すなわち異時点間においても効果をもたらす。「お金」とは，購買力を表す通貨（マネー）あるいは資金を指す。詳しくは第3章で扱うが，ここではとりあえず「お金」として銀行券（お札）や硬貨をイメージしておこう。

まず，現時点における効率化について考えてみよう。現代の経済は，分業を前提とする交換取引経済である。「お金」が使われない物々交換の場合，ちょうど自分の欲する量の商品（財・サービス）を取引相手が所有すると同時に，自分も相手が欲する商品とその量を所有するといった，「欲求の二重の一致」が成立する必要がある（図表1.1（1））。しかし，そうした相手に巡り会うためには広範囲からの情報収集や遠隔地への商品の移動等に伴う費用も大きくなり，現実には難しい。

人々が広く受け入れる「お金」といった手段が存在すると，これらの費用を大幅に節減することができる。経済主体は，自分の持つ商品をまず「お金」と交換し，自分が求める商品の所有者にその「お金」を渡して商品を手に入れることが可能となり，欲求が二重に一致する相手を探すことが不要となる（図表

図表 1.1 商品と「お金」の交換

（1）物々交換の場合

（2）「お金」が存在する場合

1.1 (2))。「お金」を使用すると，物々交換では避けられなかった偶然性や局地性が克服されて交換・取引の可能性が高まり，経済主体は自分の商品の生産活動に専念することができる。このことは，全体として経済活動が活発化することを意味する。このように，「お金」は様々な取引を媒介し，取引の効率化・拡大を可能にする役割を果たしている。これが金融の重要な機能の一つである。

「お金」の融通

金融にはこのほかに，異時点間ないし時間を通じて経済活動を活発化・拡大するといった重要な機能がある。すなわち，経済主体のなかには現時点で支出する予定がなく「お金」が余っている主体（資金運用主体，一般には家計等）と，収入以上に支出する予定があり「お金」が足りない主体（資金調達主体，一般には企業等）が存在する。こうした経済主体間で貸出や出資（株式購入）等の形態で「お金」の受渡（融通）が行われると，各時点の収入に制約されずに支出することが可能となり，それを通じて経済活動が活発化する。これが金融取引の意義である（図表 1.2）。

この場合，貸し出された「お金」は，約束した期日に借り手（債務者）から貸し手（債権者）に返済される。いわゆる決済である。一方，株式を購入した場合は，「お金」の返済はなく企業の持分権（所有権）を獲得し，それに応じた利益配分（配当）が行われる。株式保有者は，必要となれば市場で株式を売却して「お金」を回収する。金融取引は，こうした一連の過程を含んでいる。以下では，主として貸出・借入（貸し手・借り手）を念頭に置いて考えていく。

金融取引では，「お金」の貸し手および借り手が時間を通じて支出を最適に配分している。資金運用主体は，現時点での支出を控えて「お金」を運用し，将来時点でその成果を受け取り，現在から将来へ購買力を移転している（たとえば，退職後の生活に備えて現役時代に貯蓄をする等）。また，資金調達主体は借りた「お金」の返済を約束して，現時点で利用可能な「お金」を増やす。

図表 1.2 「お金」の融通

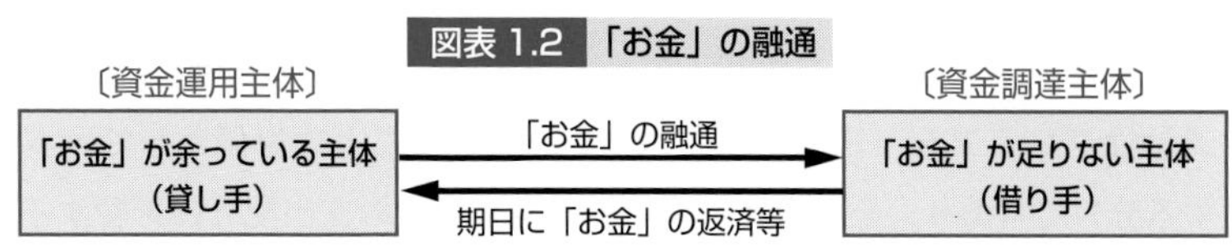

I

● 1.2　金融取引と資産・負債

》 金利・支出配分・時間選好

金融取引とは，「お金」が余っている資金運用主体ないし貸し手と，足りない資金調達主体ないし借り手との間で貸借すなわち購買力の移転を行うことである。この場合，貸し手が返済期日に受け取る額は，当初に貸した額（元本）を上回る。この両者の差額が利子であり，それを当初の貸出（借入）額との対比でみた値が利子率ないし金利である。なお，利回り（収益率）は，ある資産を運用することから得られる収益を当初の運用額との対比でみた値である。収益には利子のほかに，その資産の購入価格と売却価格の差による利益が加わる（9.2 を参照）。市場で売買される有価証券，たとえば債券や株式については，価格変動の影響を含む利回りが重要な目安となる。

前記のように収入以上の支出を計画している借り手は，将来時点での元本および利子の支払を約束することによって，現時点における利用可能な「お金」を増やし，自身が最適と考える消費や投資を行うことが可能となる。他方，現時点で最適な消費や投資による支出が収入以下に留まる貸し手は，余った「お金」を貸し付け，将来時点でより多くの利子を含む「お金」を得ることとなる。このように，金融取引がないケースと比べて，貸し手・借り手ともに，現在および将来の消費から得られる効用ないし所得水準を高めることができ，これが全体としての経済活動の効率化・拡大につながる。

それでは，各経済主体は現在の消費（支出）と将来の消費をどのように組み合わせるのであろうか。これは時間選好，すなわち現在・将来ともに同額の消費が可能である場合には，現在の消費をより高く評価するといった選好の偏りの度合いに依存して決まってくる。時間選好が強いほど，将来より現在の消費を重視し，現在の消費をあきらめて貯蓄をする際には，より高い金利を求める。

このように，金融取引は必ず利子の受払を伴う。利子は，時間選好の対価ないし流動性プレミアム（現時点で「お金」を手放すことの対価として元本に上乗せする分）でもあり，その変化は現時点と将来時点の支出配分に影響する。

資産・負債

融通された「お金」は，借り手の債務ないし負債（将来時点での支払義務相当額）となり，これは貸し手からみると債権（金銭的請求権）である。「お金」の融通に際して，借り手が発行する債務証書が金融商品であり，その取引が行われる場が広義の金融市場である。

図表 1.3 にみられるように，経済主体の債権・債務状況は，「お金」の源泉と運用を示す貸借対照表（バランス・シート）上の資産・負債の欄に示される。資産は，それを所有する経済主体にとって経済的価値を有する資源であり，貸借対照表では左側すなわち借方に記載される。資産には，金融資産（債権等）と，具体的なかたちのある実物資産（土地・家屋，耐久消費財等）がある。金融資産は，より間接的な目的，ないし将来時点で利用可能な購買力として保有され（預金，証券等），実物資産は，主としてそれがもたらす直接的な効用のために保有される。また，実物資産と比べて金融資産は，取引コストや価値の低下が概して小さく，「お金」に転換できる容易さの程度，すなわち流動性が高い。「お金」以外の金融資産は，将来時点で「お金」を請求しうる債権であり，その裏付けとしてほかの経済主体がその額を支払う義務（負債）を持っている。

一方，こうした負債は将来的に支払義務により資産の減少をもたらす額であり，貸借対照表の右側すなわち貸方に記載される。純資産ないし自己資本は，すべての資産（金融資産＋実物資産）から金融負債を控除した額である。通常は正の値をとるが，負となる場合もある（＝債務超過）。特定の時点における経済主体の資産や負債の保有状況を単純化したバランス・シートで示すと，図表 1.3 の通りである（企業金融を扱う 17.2 でやや詳しく扱う）。

図表 1.3　経済主体のバランス・シート

（資　産）	（負債・純資産）
金融資産	負　債
預　金	借　入
証　券	
実物資産	純資産
建　物	
機　械	

Ⅰ

● 1.3　経済活動と資金過不足

》貯蓄・投資と金融資産の増減

経済主体ごとにある特定時点のバランス・シートを作成し，その前の時点との増減額を取り出すと，

金融資産の増減＋実物資産の増減＝負債の増減＋純資産の増減

となる。ここで，純資産の増加は貯蓄であり，実物資産の増加が投資（住宅・設備・在庫投資）で，両者の差額は金融資産の純増減である。すなわち，

貯蓄－投資＝金融資産の増減－負債の増減＝金融資産の純増減

である。貯蓄と投資が完全に一致する経済主体は，通常は稀である。貯蓄が投資を上回る経済主体では，その貯蓄超過に見合う金融資産の純増が生じ，逆に投資が貯蓄を上回るような経済主体では，投資超過に見合う負債の純増（金融資産の純減）が生じている。各経済主体の貯蓄と投資のギャップから，「お金」の余剰ないし不足が生じる。前記のように金融取引とは，こうした資金運用主体と資金調達主体との間の「お金」の貸借取引，あるいはそれから派生する金融資産の売買にほかならない。

》経済部門ごとの資金過不足と金融活動

これを家計部門，企業部門，公的部門および海外部門といった各経済主体ごとに金融の機能と関係させながらみていこう。まず，家計部門は，労働提供の対価として得た所得を消費や住宅購入等に使う。通常，支出規模は所得以下であり，残った「お金」は金融資産として蓄積される（資金運用主体ないし資金余剰主体）。

家計貯蓄＞家計投資 ⇒ 金融資産純増＝資金余剰　(①)

次に，企業部門は，財・サービスを製造・販売して得た利潤を設備投資等に使う。一般に中堅以下の企業は利潤（企業貯蓄）が投資規模に比べて小さく，外部から必要な「お金」を調達している（資金調達主体ないし資金不足主体）。

企業投資＞企業貯蓄 ⇒ 金融負債純増（金融資産純減）＝資金不足　(②)

また，わが国の公的部門は，税収を上回る支出（公的サービス・投資等）が

続き，不足分を国債等の発行で賄っている（資金調達主体ないし資金不足主体）。

公的投資＞公的貯蓄 ⇒ 金融負債純増＝資金不足　　（③）

最後に，海外部門はその対象がわが国以外のすべての国である。わが国は経常収支の黒字傾向が続いているが，これは海外部門が赤字・資金不足の状態にあることを意味する（資金調達主体ないし資金不足主体）。

わが国の経常収支黒字 ⇒ 対外資産純増＝海外部門の資金不足　　（④）

各部門において経済活動面で生じた貯蓄・投資のギャップは，金融面の資金過不足に等しい。これら①～④の部門の資金過不足は，各部門を合計すれば解消する。つまり，わが国における貯蓄の合計は，（国内）投資の合計と経常収支黒字の和に等しい。金融の最も重要な役割は，こうした貯蓄主体の資金運用と投資主体の資金調達の結び付きを強め，生産活動を効率化するところにある。

図表 1.4 は，日本銀行の資金循環統計の金融取引表における部門別の資金過不足額を示している。家計部門の資金余剰は，高齢化社会の進展等を背景に近年は縮小している。一方，民間非金融法人企業部門の資金不足は，1990 年代以降，投資の抑制等を背景に大幅に縮小し，2000 年代に入ると逆に資金余剰状態にある。他方，公的（一般政府）部門は，景気低迷等による税収減・支出拡大を背景に，かなりの資金不足状態が続いている。この間，海外部門はわが国の経常収支の黒字を反映して，近年は公的部門と並ぶ資金不足部門となっている。このように，海外部門を除くと，家計部門と企業部門すなわち民間部門の黒字が公的部門の赤字を補う構造となっている。

図表 1.4　部門別の資金過不足（2005-2019 年度）

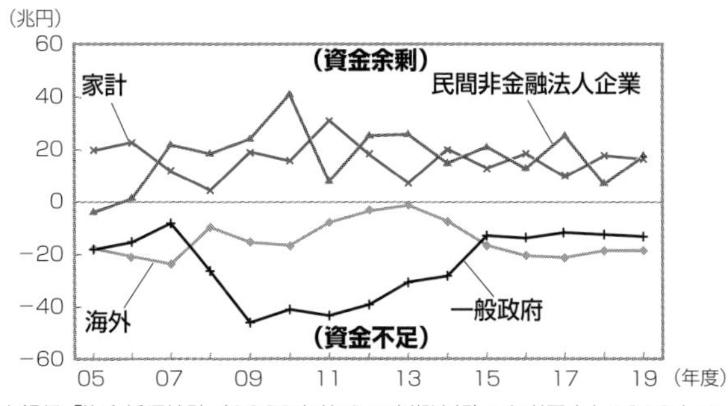

（注）　日本銀行「資金循環統計（2020 年第 2 四半期速報）：参考図表」2020 年 9 月 による。

● 1.4　金融市場と取引の留意点

金融市場取引

前記のように，借り手は「お金」の融通に際して債務証書を発行する。それが金融商品であり，それを取引する場が金融市場（広義）である。金融市場では，金融商品と逆方向に「お金」が移動する。「お金」の取引量は，通常の商品と同様に，需要と供給の関係で決定される。他方，「お金」の価格については，金利を指標とすることが多い（「お金」の価格は金利であり，金融商品自体の価格とは逆方向に動く［詳しくは第5章を参照］）。

図表1.5は，金融市場における「お金」の需要と供給の関係を描いており，縦軸には金利をとっている。「お金」に対する需要量（借り手の求める金額）は，将来の支払費用である金利が低下するにつれて増加する。すなわち，「お金」に対する需要曲線（D）は，右下がりの曲線として描かれる。他方，「お金」に対する供給量（貸し手が貸す意思を持ち，かつ貸すことが可能な額）は，将来的に返済される元本への上乗せである金利が高くなるほど増加する。すなわち，「お金」の供給曲線（S）は右上がりの曲線となる。こうした需要と供給が見合う均衡点で金融取引が行われ，そのときの金利が均衡金利である（この場合3%）。この状態から，たとえばコロナ禍による売上減少を背景に，赤字補填的な「お金」の需要が増えると（①），需要曲線が右にシフトし

図表1.5　「お金」の需要と供給

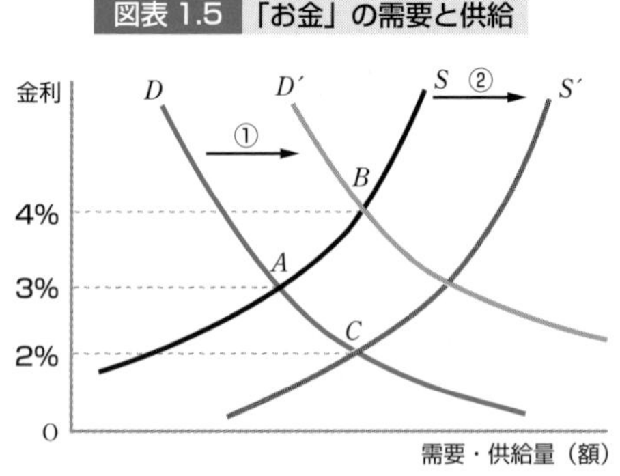

$(D \to D')$，供給に変化がなければ取引される金利は上昇する（3%［A］→4%［B］）。他方，金融機関が積極的な貸出態度をとるならば（②），供給曲線は右にシフトし（$S \to S'$），需要面に変化がなければ取引金利は低下する（3%［A］→2%［C］）。

金融取引の留意点

今までみてきた典型的な金融取引の図式を現実の取引に照らし合わせると，3つ留意点が出てくる。第1は，金融取引に伴う費用は生じないと考えていることである（取引コストの非存在）。しかし実際には，「お金」を運用あるいは調達するには，相手を探すための費用等が発生する。たとえば，多額の借入を希望する企業は複数の貸し手を訪ねなければならず，逆に「お金」の貸し手も，企業等の借り手を探し出す必要がある。また，株式の売買は，主として証券会社等が斡旋するが，売買手数料等が必要となる（8.2を参照）。そうした費用については，取り扱う「お金」の量ないし規模が拡大するほど単位当たりの費用が小さくなるといった規模の経済性が作用すると考えられる。これが，金融取引を専門に扱う機関が存在する一つの理由である。

第2は，各経済主体，すなわち借り手と貸し手が同一の情報を持つとしていることである（保有情報の対称性）。しかし一般には，「お金」の借り手は，貸し手と比べて「お金」の返済可能性に関する情報を多く保有している。貸し手の判断が甘いと，期日に「お金」が返済されないケースも生じてくる。こうした問題も，金融取引を専門に扱う機関が存在する理由である。

第3は，借り手の返済原資は不確実性を伴う将来の所得であるにもかかわらず，確実にそれが実現するとみていることである（将来所得の確実性）。しかし，現実の経済では，借り手に返済する意思があっても，たとえば東日本大震災等のような外部的なショックの影響から，融通した「お金」が当初の契約通りに返済できなくなるケースも起こりうる。つまり，金融取引には先行きに関するリスクが存在する。

このような金融取引に関する前提に限界があることが，各種の金融機関の存在や様々な規制，あるいは各種商品の組合せ等の工夫にもつながっている。第Ⅰ部の次章以下では，これらの点について検討していく。

I

● 重要用語チェック

1.1	□「お金」	□ 交換取引経済
	□ 欲求の二重の一致	□ 資金運用主体
	□ 資金調達主体	□ 融通
	□ 金融取引	□ 借り手
	□ 債務者	□ 貸し手
	□ 債権者	
1.2	□ 購買力の移転	□ 利子
	□ 利子率	□ 金利
	□ 利回り（収益率）	□ 時間選好
	□ 流動性プレミアム	□ 債務
	□ 負債	□ 債権
	□ 金融商品	□ 金融市場
	□ 貸借対照表（バランス・シート）	□ 資産
	□ 金融資産	□ 実物資産
	□ 流動性	□ 純資産
1.3	□ 資金過不足	□ 資金余剰
	□ 資金不足	
1.4	□ 金融市場	□ 取引コストの非存在
	□ 保有情報の対称性	□ 将来所得の確実性

第2章
金融機関の機能

POINT——本章で学ぶことがら

1 銀行に代表される金融機関は，「お金」をスムーズに移転するに際しての仲介・斡旋を行う。それらを集中的・専門的に扱うことで取引コストを節約し，規模の経済性を生かして円滑・効率的な金融取引を実現する。

2 金融機関の機能には，お金の受渡により債権・債務関係を終了させる決済機能，情報のギャップや選好上の相違を調整する金融仲介機能，情報を収集し，金融商品の斡旋等のサービスをする金融分配機能がある。

3 金融仲介機能には，情報生産機能および資産変換機能がある。情報生産機能は，審査機能および監視機能から成り立つ。また，資産変換機能は資金の運用・調達主体のニーズに見合った金融商品を供給する機能である。

4 金融機関は，預金取扱金融機関と非預金取扱金融機関に大別される。預金取扱金融機関には，都銀や地銀等のほか，協同組織である信金等がある。非預金取扱金融機関には，証券会社，保険会社，消費者信用会社等がある。

I

● 2.1 取引効率の向上

金融取引の効率化

「お金」の貸借を中心とする金融取引に際して，通常は各種の専門組織が，資金運用主体と資金調達主体の間に介在する。そして，そうした組織が仲介，すなわち両者と金融取引をする，あるいは両者に金融取引の相手を斡旋する。これが金融機関の役割である。

経済主体が資金の運用ないし調達を意図しても，対象となる相手をただちに見出せるわけではなく，また，見出したとしても金額や期間等の取引条件が一致する保証もない。一般に，家計等の資金運用主体は，高い金利で短い期間の運用を望み，個々の資金運用額は小口である。一方，企業等の資金調達主体は，低い金利で長期間利用可能な「お金」を必要とし，その額も大口である場合が多い。これらの経済主体が，不特定多数のなかから自身の条件と合致する取引相手を直接的に探し出すことは，事実上不可能である（欲求の二重の一致が実現することは困難である）。

金融機関は，こうした各経済主体のいわば相反するニーズを調整し，資金運用主体の保有する「お金」を資金調達主体へとスムーズに移転させるための仲介・斡旋を行う。「お金」を集中ないし専門化して扱うことによって，規模の経済性が働き，貸し手と借り手が直接的に互いの条件を満たす取引相手を探し出す際に要する費用，いわゆる探索費用（Search Cost）が節約される。金融機関は，こうした専門化による取引コストの節約を通じて，経済全体としての効率的な資金配分を可能とする役割を果たしている。

金融機関の本来的な機能

金融機関が存在する理由は，単なる狭義の取引コストの節約ないし規模の経済性の存在だけではない。金融機関の最大の存在意義は，専門的知識および技術（専門化の利益）の発揮にある。それは，「お金」の貸し手と借り手の間に立ち，両者が保有する情報のギャップや選好上の相違を調整することによって，

「お金」の流れを円滑にし，経済活動の活発化に資するところにある。狭義の取引コストの節約も，この機能の一部に含まれる。

金融機関の機能を大別してみよう。これには，「お金」の受渡によって債権・債務関係を終了させる決済機能（第4章で取り扱う），資金運用主体と資金調達主体が保有する情報のギャップや両者の選好上の相違を調整し，資金の円滑な流れを促進する金融仲介機能，そして資金調達主体の情報を収集し，それをもとに資金運用主体に対して金融商品を斡旋する金融分配機能がある（図表2.1）。

決済機能は，預金を取り扱う銀行等が備えている機能である。一方，金融仲介機能は，銀行等のほか保険会社や消費者信用会社等の預金を扱わない金融機関も備えている。この機能には，①情報生産機能と，②資産変換機能がある（①は**2.2**で，②は**2.3**で扱う）。①は，審査・監視に代表される機能で，銀行のほか保険会社や消費者信用会社あるいは投資信託，証券会社等，ほとんどの金融機関が備えている機能である。②も，銀行のほか保険会社等が持つ。これらの機能を発揮するには，規模拡大に伴う取引コストの節約（規模の利益）に加えて，専門化の利益が重要となる。

金融分配機能は，典型的には資産変換機能を持たない証券会社等が備えている。収集した情報をもとに，資金運用者に資金調達者の発行する金融商品を斡旋・販売する。ただし近年は，銀行が国債等の証券の斡旋販売を行うなど，業務が多様化しており，金融分配機能は多くの金融機関が共通して持つ機能となりつつある。

図表2.1　主要な金融機関の代表的機能

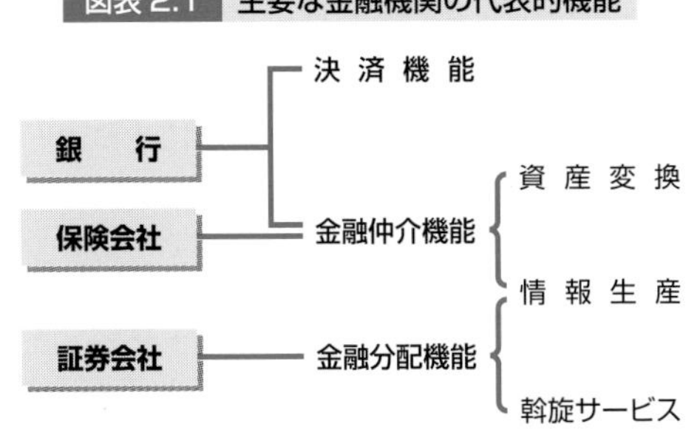

（注）金融機関は代表例であり，これ以外の機能を果たすケースも多い。

I

● 2.2　情報生産機能

》情報の非対称性を巡る問題

金融仲介機能には，前記のように情報生産機能と資産変換機能がある。まず，前者をみていこう。

金融取引では，「お金」（元本）の返済や利子の支払は必ずしも確実なものではない。貸し手が「お金」を融通する場合，借り手の「実情」，すなわち「お金」の使途あるいは返済義務への誠実性について十分承知していない場合には問題が生じる。これは，通信的不確実性（Communicational Uncertainty）とよばれる。この問題は，貸し手の持つ情報が借り手の持つ情報よりも少ないといった，金融取引に随伴する情報の非対称性（Asymmetric Information）の存在を意味する。これを一般的に表現すれば，経済主体が独自に保有する情報を互いに十分伝達しあわないことから生じる，情報に関する不確実性である。

情報の非対称性が存在すると，情報劣位にある貸し手は，借り手である企業等の危険度合い（返済能力の有無）を識別することが難しい。そのため貸し手は，損失の発生を考慮して，一律に高い金利で貸すこととなる。それは，返済能力があり低い金利で「お金」を求める良質な借り手を市場から締め出すこととなり，金融取引ないし市場が縮小・崩壊することにもつながる。これが，逆選択問題（Adverse Selection）である。ノーベル賞経済学者のG. アカロフ教授は，中古車市場を例にこの問題を取りあげている。こうした現象については，公的当局による規制では対応しきれない面が多い。

一方，「お金」の受渡が行われた後にも，情報の非対称性から問題が発生する。借り手である企業があらかじめ約束した用途に「お金」を使わず，ほかの目的（役員の個人的な利得等）に使う，あるいは本来の目的に使う際にも十分な注意を払わないことも考えられる。貸出以外にも，たとえば火災保険に加入後は火事への注意を怠るような事態も生じうる。これが，モラル・ハザードの発生である。しかし，その防止のために個々の貸し手が監視（モニタリング）を行うには時間と費用が大きく，またそのノウハウもないため困難である。

金融機関の情報生産機能

銀行に代表される金融機関は，借り手に関する情報を収集・分析し管理することで，こうした問題に対処する。すなわち，金融取引に先立ち「お金」の需要者に対して返済の確実性について審査（スクリーニング）を行い，その確実性が大きい相手に貸し出す。また，貸出後は返済が予定通り行われるかについて監視（モニタリング）をする（図表2.2）。これが情報生産機能である。実際，貸出にかかる費用の大きな部分は，情報の収集・分析，そして管理のための費用である。

情報生産に関わる工夫の一つが，証券等の取引に際して行われるチェックである。証券会社は，専門の格付機関等（8.2を参照）を利用して証券の発行主体である企業の経営内容を評価し，その後もチェックを続ける。もっとも，取引される証券は通常，品質が高く金額も大きいため，必ずしも希望者全員がこの市場を利用できるわけではない（特に中小企業の資金調達）。

もう一つの工夫は，銀行等の金融仲介機関によるチェックである。金融仲介機関は，専門の情報収集・分析に関する能力，すなわち審査力を活用して企業の投資プロジェクトの収益性等を判断し，返済の確実性が大きいとみられる企業に資金を運用する。また，金融仲介機関は，資金調達主体の行動やプロジェクトの進行状況をモニターし，適切な経営努力を促していく。

こうした金融機関の情報の非対称性の解消を巡る行動に関しては，規模の利益や専門化の利益（情報分析のための経験や能力の蓄積の効果）が作用する。そして，全体としてみれば資金単位当たりの費用を節約することができる。

図表2.2　金融機関の情報生産機能

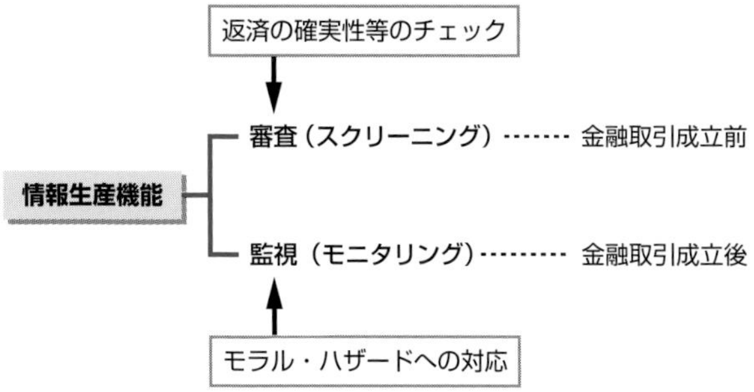

● 2.3　金融仲介と資産変換機能

≫ 資産変換機能

金融仲介のもう一つの機能は，資産変換機能（Asset Transformation）である。これは，最終的な資金需要者と資金供給者との間に介在し，「お金」に関する双方の選好上の相違を調整する機能である。前記のように家計に代表される資金運用主体は，小口でも運用が可能で，資金返済の確実性が大きく（リスクが小さい），また満期に至る期間が短く容易に「お金」へ変換できる性格を持つ金融資産を選好する。これに対し，企業に代表される資金調達主体は，投資に伴うリスクがあるだけに，金額が大きく満期に至る期間が長い（投資—生産—販売の時間的な長さ）等の性格を持つ「お金」を求める。

金融仲介機関が介在することによって，こうしたいわば相反する需要を満たすことが可能となる。たとえば銀行は，資金調達主体の発行する直接証券（企業等の資金調達者が発行する証券［借入証書等］，本源的証券ともよばれる）を，そのまま資金運用主体に転売（ないし斡旋）するのではない。銀行自身の債務証書，すなわち預金証書等の間接証券を資金運用主体に発行して得た「お金」を資金調達主体に渡して直接証券を取得する。

≫ 主要な資産変換機能

以上の過程に着目すると，金融仲介機関の資産変換機能は以下の３つの側面に集約される（図表 2.3）。

第１は，取引単位の変換機能である。これは，金融仲介機関が家計等の資金運用主体から小口の資金を預金等の形式で集め，それらをまとめて大きな金額の貸出や証券として企業等の資金調達者に提供する機能である。これによって，資金の調達主体・運用主体双方の選好を満たす金融取引が実現する。小口資金を集めて比較的大口の運用先を探すという金融取引に関わる費用は固定的であり，規模の経済性が発揮されやすくなる。これが金融仲介機関に利潤獲得の機会が発生する一つの背景ともなっている。

第2は，リスク変換機能である。金融仲介機関は，短期の預金等を受け入れ，これを相対的に期間の長い貸出等に振り向ける過程で，様々なリスクの全部ないし一部を資金運用主体に替わって負担する。これが可能であるのは，①専門機関としての審査・監視力が充実しているためである。このほか，②資金を集中して扱うことから，個々の資金運用主体では難しい取引費用が大きい金融商品や，取引単位の大きい金融商品等も選択範囲に含めつつ，分散して「お金」を運用できることもある。一般に，各金融資産のリスクは，必ずしも完全に同一方向に変化するわけではなく，保有資産を多様化・分散化することは，リスク全体の縮減にもつながる（**6.4**，**6.5** を参照）。その結果として，全体としての収益性を高めることもできる。もっとも，金融機関はリスクを全体として小さくすることは可能であるが，それをゼロとすることはできない。

逆に資金運用主体は，直接証券に替えて間接証券を保有することによって，金融取引に伴うリスクの回避が可能となる。資金運用主体が直接証券を取得する場合には，間接証券と比べて総じて高い利回りを期待できるが，それに伴うリスクを自らが負担する必要がある。

第3は，流動性変換機能である。一般に，資金運用主体は必要に応じて「お金」を回収しやすい短期の運用を選好する一方，資金調達主体はより長い期間の借入を選好する。こうした選好に対応して金融仲介機関は，相対的に期間の短い間接証券を発行する一方，満期のより長い直接証券を借り手から取得するといった，短期借り・長期貸しを行う。すなわち，金融機関は貸し手の提供する短期の金融資産を，より長期の金融資産に変換する役割を果たしている。これが可能であるのは，金融仲介機関は多くの資金運用者から「お金」を集めており，すべての資金運用者が同時に「お金」を引き出すことはなく，一定水準の「お金」が金融仲介機関に滞留することによる（いわゆる大数の法則の作用）。また，一般的に期間の長い運用の場合は，短い場合と比べて利回りが高くなる傾向があり，この面でも金融機関は利益をあげることができる。

図表 2.3　主要な資産変換機能

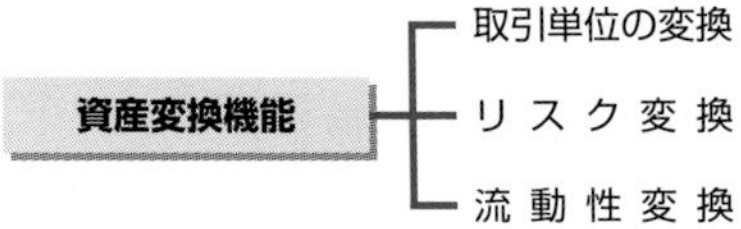

資産変換機能
- 取引単位の変換
- リスク変換
- 流動性変換

● 2.4　多様な金融機関と機能

預金取扱金融機関

金融取引を専門に扱う機関の代表例は，図表 2.4 に示される。民間金融機関は，預金取扱金融機関と，非預金取扱金融機関に大別される。前者は株式会社組織と協同組織に分かれるが，いずれも預金受入や為替取引（資金の移転・決済）を固有の業務とし，運用は貸出（与信）を主としている。

株式会社組織の金融機関のなかで，都銀（都市銀行）および信託（信託銀行）等は大手行ともいわれ，国内全域を対象とするほか海外で活躍する銀行も多く，わが国で中心的な役割を果たしている。大手行は，金融グループを形成し，持株会社の下に各種の金融機関を含む形式をとっている。地域銀行は，地銀（地方銀行）および第二地銀（第二地方銀行協会加盟地方銀行）を指し，特定の都道府県内の企業・家計等を対象としている。通常，都道府県内では地銀が最も大きく，第二地銀は規模が相対的に小さい。また，近年は営業店舗を持たずインターネットを通じて取引を行う銀行（ネット銀行）も活動している。

図表 2.4　わが国の主要金融機関

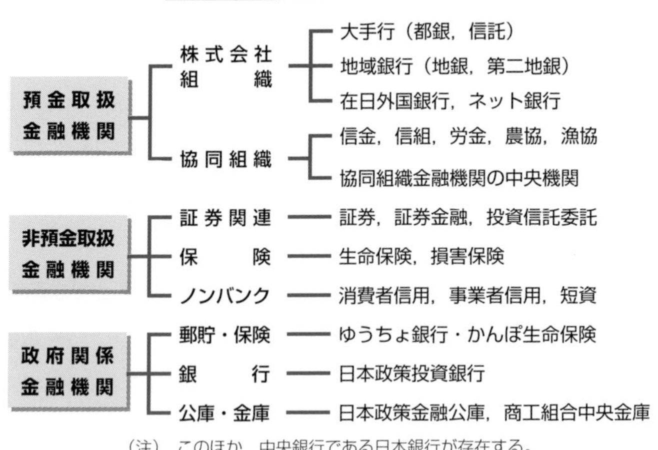

（注）このほか，中央銀行である日本銀行が存在する。

協同組織金融機関には，信金（信用金庫），信組（信用組合），労金（労働金庫），農協（農業協同組合）および漁協（漁業協同組合）がある。そうした機関の目的は，会員（組合員）である中小・零細業者等への資金融通をはじめとする相互扶助にある。利益や企業価値の追求は必ずしも大きな目的とはされず，税制面等で優遇措置がある反面，取引対象等については一定の制約も課されている。このような措置は，諸外国でも共通している。通常は，都道府県内の特定地域を営業対象とし，地域銀行と比べれば規模もかなり小さい。なお，これらの機関には中央機関があり，資金運用の効率化や業界内の相互扶助・情報交換等が図られている。

その他の金融機関

非預金取扱金融機関は，大別すれば証券関連，保険，およびその他に分類される。証券会社は，資金調達者の証券発行業務を取り扱うほか，資金運用者である投資家が保有する証券の売買を斡旋・仲介することによって，証券を流通させる役割も果たす。また，自己の勘定で売買も行う。証券金融会社は，証券の円滑な発行・流通に伴う資金や証券の供給を目的としている。また，投資信託委託会社は，資金や知識面から証券市場での資金運用が難しい小口投資家等に対して，効率的な投資機会を提供する業務を行っている。

保険会社は，保険加入者に所定の事故が生じた場合の保険金支払を業務とし，生命保険会社と損害保険会社に分かれる。保険料として集められた「お金」は有価証券等に運用され，資金運用者としても重要な役割を果たしている。

これ以外の民間金融機関の代表例はノンバンクで，預金ではなく借入等によって「お金」を調達し，与信業務（特に貸出）を行う。これには，消費者信用会社（消費者金融会社，信販会社等），事業者信用会社（リース会社，ファクタリング会社等）が含まれる。

一方，政府関係金融機関には，代表例としてゆうちょ銀行があり，貯金で「お金」を調達し，主として国債・財投債で運用している。また，政策金融を担当する金融機関の例としては，大規模プロジェクト等を対象とする日本政策投資銀行と，中小企業向け融資等を対象とする日本政策金融公庫がある。これらの資金源は，いずれも預金ではなく財投機関債の発行等で賄われている。

I

● 重要用語チェック

2.1	□ 金融機関	□ 規模の経済性
	□ 取引コストの節約	□ 専門化の利益
	□ 決済機能	□ 金融仲介機能
	□ 金融分配機能	
2.2	□ 情報生産機能	□ 通信的不確実性
	□ 情報の非対称性	□ 逆選択問題
	□ 審査（スクリーニング）	□ モラル・ハザード
	□ 監視（モニタリング）	
2.3	□ 資産変換機能	□ 直接証券（本源的証券）
	□ 間接証券	□ 取引単位の変換
	□ リスク変換	□ 流動性変換
	□ 短期借り・長期貸し	□ 大数の法則
2.4	□ 預金取扱金融機関	□ 大手行
	□ 地域銀行	□ 協同組織金融機関
	□ 非預金取扱金融機関	□ ノンバンク
	□ 消費者信用会社	□ 事業者信用会社
	□ 政府関係金融機関	

第3章
通貨の役割

POINT――本章で学ぶことがら

1　金融資産は，決済への利用可能性，収益の確実性，発生形態等の基準で類型化できる。決済に利用可能で収益の確実な資産が，「お金」つまり通貨で，その価値は材質に依存しない。

2　通貨は，価値尺度，交換（決済），価値保蔵といった機能を備えている。通貨の最も基本的な形態は現金で，強制通用力を持つ法貨であり，具体的には銀行券および硬貨である。

3　通貨は，含まれる資産の範囲によりM_1，M_3等と定義される。現金のほとんどを占める銀行券は日本銀行が供給する。各銀行が持つ日銀当座預金は現金と全く同一の機能を果たす。

4　銀行が貸出を行い，預金を通じて連鎖することで当初の預金を上回る通貨が創出される（信用創造）。通貨は，取引や価値保蔵のために必要とされるが，近年は通貨に類似した電子マネーによる支払等も増えつつある。

● 3.1　金融資産の類型

》決済用資産と投資用資産

「お金」の融通の背後に存在する債権，すなわち各種の金融資産は，家計・企業等によって保有されている。それらのうち典型的な金融資産を，①支払ないし決済への利用可能性，②収益の確実性，③発生の形態といった基準によって類型化し，特性を考えてみよう（図表 3.1）。

まず，金融資産は債権債務関係を終了させるといった決済の手段としての利用可能性を基準に，決済用資産と投資用資産に大別される。前者は，余った「お金」ないし貯蓄の運用手段としてだけでなく，各種取引の決済手段としても利用される金融資産である。そうした利便性を持つことから，収益性は低い。その代表例として，現金，預金者の要求に応じていつでも現金へ交換することが保証されている要求払預金（当座預金，普通預金等）がある。

他方，投資用資産には決済機能を持たないすべての金融資産が含まれ，利回りは相対的に高い。定期預金，信託，公共債，金融債，事業債，株式，投資信託等が代表的な例である。定期預金は，その金額の範囲内で自動的に支払ないし決済への使用を銀行等が認める総合口座の形式で持たれていることが多い。その限りでは，決済用資産のイメージに近づく。しかし，基本的には定期預金残高の範囲内で要求払預金へ振り替えられることで支払が可能となっているのであり，定期預金自体が支払に使用されているわけではない。

》安全資産と危険資産

収益の確実性も金融資産の分類基準となる。安全資産は，その収益が確実に

図表 3.1　金融資産の類型基準

決済への利用可能性	決済用資産 vs. 投資用資産
収益の確実性	安全資産 vs. 危険資産
発生の形態	直接証券 vs. 間接証券

予見できる（期待収益率の分散がゼロである）。これに対し危険資産は収益が確実ではなく，予想より大きくなることも小さくなることもある（期待収益率のバラツキ［分散］がゼロではない。**6.1** を参照）。

決済用資産のほとんどは安全資産であり，現金のほか公的に元本が保証されている決済用預金つまり当座預金や無利子の普通預金等がこの例である。他方，危険資産には，収益の確実性がない債券や株式，投資信託等が含まれる。外貨預金も，外国為替相場（第15章を参照）の変動を受けて価値が変化するので，危険資産である。

なお，有利子の普通預金は決済用資産ではあるが，銀行等が経営破綻した場合は元本が必ずしも保証されず，危険資産とみなされる。ただし，有利子の普通預金等と投資用資産のうち定期預金を併せ元本1,000万円まで（およびその利子）の金額は公的にも保証されている（**25.4** を参照）。当座預金および無利子の普通預金以外でこの金額の範囲に含まれる預金は，安全資産に属するとみなしてよい。これ以外の多くの種類の金融資産は，危険資産に含まれる。

直接証券と間接証券

最後に，金融資産の発生の形態を基準にみていこう。これは，直接証券（本源的証券）または間接証券といった区分である。すでにみたように，前者は資金調達主体が「お金」の調達に際して発行する債務証書・金融商品であり，国債や企業の発行する社債（事業債），株式，CP（**8.3** 参照）等がその代表例である。後者は，金融仲介機関が直接証券の購入資金として，資金運用主体から「お金」を受け入れるに際して自らが発行する金融商品で，預金，金融債や保険証券等である。

直接証券はすべて危険資産で，投資用資産である。また間接証券には，すべての決済用資産および投資用資産のうち銀行等が発行する金融商品が含まれる。もっとも，近年は，「お金」が不足している資金調達主体が調達した「お金」を金融市場で運用するケースや，逆に資金運用主体がさらに「お金」を調達するケースも増えており，「発生の形態」を基準に判断することが難しくなっている。その意味で，金融資産の類型に関しては，「決済への利用可能性」および「収益の確実性」の2つが基準となると考えられる。

● 3.2　通貨とその機能

通貨の定義と機能

金融資産のうち，決済用資産で安全資産でもある資産が，「お金」つまり通貨（マネー）である。現代の経済活動では，通貨が血液ないし潤滑油として循環している。しかし，通貨の価値は，その材質（たとえば紙，金属）に依存して決まるわけではない。ノーベル賞経済学者のJ. ヒックスは，著書の『貨幣理論』のなかで，「通貨はその機能によって定義される。……通貨とは通貨が行うことである（What is money is what money does.）」と述べている。

通貨の本来的な機能は，3つある。価値尺度（価格の基準ないし計算単位），交換手段（決済・支払手段），および価値保蔵手段としての機能である。通貨を受け渡すことによって，財・サービスあるいはほかの金融資産を取得し，過去の債務の清算もできる。こうした交換・支払手段としての機能は，価値尺度としての機能を備えていることからきており，両者は通貨の本来的な機能である。ただし，たとえば欧州でユーロが共通の価値尺度として導入された後も，各国が従来の自国通貨（ドイツマルク等）を使っていた2000年前後の時期のように，両者が別個に存在するケースもある。なお，価値（購買力）保蔵手段としての機能は通貨特有の機能ではなく，程度の差はあれ，ほかの金融資産等も備えている。

通貨の最も基本的な形態は現金（現金通貨）である。これは，最終的な支払・決済手段として公的に認められた法貨（Legal Tender）であり，強制通用力を持つ。現金は具体的には，銀行券および狭義の貨幣すなわち硬貨であり，銀行券は無制限，硬貨は額面価額の20倍までの強制通用力を持つ。現金通貨のほとんどを占める銀行券は，金等との交換の保証がない不換紙幣である。それは，国債等を裏付けとして日本銀行が発行し，負債項目に計上される（＝日本銀行券）。現金は，①汎用性（すべての取引の決済に利用可能），②支払完了性（現金を引き渡すことで当事者間の決済が完了），③匿名性（そのため利便性は大きいが，不正取引等にも利用されやすい）等の特徴がある。

現金は，紙や金属で示されるその材質よりも遥かに大きい価値が付与されている。それは，人々の信認を得ていることにより使用され機能を果たしている。

通貨の範囲

このように，通貨の基本は現金（法貨）にある。こうした現金への交換の容易性（ないし完全性）を基準として，各種の通貨（マネーストック）が定義されている。一般には，現金および要求払預金（当座預金，普通預金等）を，狭義の通貨と定義する。前記のように要求払預金は，文字通り預金者の要求に応じて現金へ交換することが保証されている預金で，支払・決済手段としても機能しており，預金通貨とよばれる。こうした狭義の通貨に，直接の支払手段ではないが，容易に狭義の通貨に転換しうるものを含めて広義の通貨が定義されている。特に定期預金は投資用資産ではあるが，預金者が期限の利益（利子）を放棄すれば容易に現金へ転換でき，またそれを担保に借入も可能である。その意味では，定期預金は流動性が高いと考えられ，狭義通貨に類似した機能を持つ準通貨として，広義の通貨の概念に含まれる（準通貨には定期預金のほか，定期積金，外貨預金等も含まれる）。

わが国では，日本銀行が国内の民間非金融部門の保有する通貨量（マネーストック）を定義し，公表している。このうち重視されているのは，狭義の通貨である M_1（現金通貨＋預金通貨。金融機関の保有する現金を除く），それに準通貨およびCD（譲渡性預金）を加えた M_3 である。後者は指標として安定しているほか，実体経済活動との関係も深いとされる。また，M_3 に民間非金融部門の持つ金銭の信託や投資信託，国債等を加えた指標として，広義流動性も定義されている（図表3.2。M_3 と比べて調査の対象範囲が狭い M_2 は割愛した）。もっとも，通貨の範囲を広げると（たとえば M_3→広義流動性），購買力の保蔵手段としての機能を重視した定義となっていく点に留意すべきである。

図表3.2　マネーの定義と規模

マネーの範囲	2020年12月の残高（兆円）
広義流動性	1,932.2
M_3	1,482.2
M_1	931.8
現金通貨	110.2
預金通貨	821.6
準通貨・CD	550.3
金銭の信託・投資信託	390.2
その他（金融債・国債等）	59.8

（注）日本銀行マネーストック統計より作成した。

● 3.3　通貨の供給と信用創造

≫ マネタリーベースの供給

わが国の現金のほとんどを占める銀行券（無利子）は，日本銀行が保有する国債等の有利子資産を裏付けとして発行される。現金の製造・発行に伴う費用は，額面と比べればわずかである（紙幣1枚につき16～17円である）。このように，通貨発行機関が無利子で集めた資金を有利子の金融商品で運用することから生じる利益が，通貨発行益（Seigniorage）である。こうした利益は，本来的には国民に帰属すべき利益であり，ほとんどの国では中央銀行は諸経費を控除した残額としての利益を全額国庫に納付している。

日本銀行の主要な負債項目には，現金（日本銀行券）のほかに，民間金融機関からの預り金である日本銀行当座預金（日銀当座預金）がある。民間金融機関は，この預金をいつでも現金に交換することができ，その限りで日銀当座預金は現金と全く同一の機能を果たす。こうした日銀当座預金と，民間が保有する流通現金を合わせた概念が，マネタリーベース（ハイパワード・マネーまたはベース・マネー）である。

日本銀行は，マネタリーベースの量を調整する。図表3.3にみられるように，日本銀行が民間金融機関から債券等を購入し，その代金を日銀当座預金に振り込むと，マネタリーベースが増加する（資産・負債の増加）。金融機関は，必要に応じて日銀当座預金を現金に換える（負債項目間の振替）。

≫ 信用創造のメカニズム

民間の銀行（信用金庫等を含む）は，こうした現金ないしマネタリーベースをもとに信用創造，すなわち預金通貨（D）の供給活動を営む。これを図表3.4をもとにみていこう。銀行は，現金（V）で受け入れた預金のうち，引出に備

図表 3.3　日本銀行の主要バランス・シート項目

	（資　産）	（負債・資本）	
	貸　出	銀　行　券	(+)
(+)	債券（国債等）	日銀当座預金	(+)(−)
	外貨建資産	資　本	

えてその一部を現金のかたちで保有する（$=R$，日本銀行当座預金を含めて考えることもできる）。この支払に備えて残しておく現金割合（支払準備率：$\alpha=R/D$）について，銀行は経験的に承知しており，それを控除した額を貸し出す。つまり，最初に現金を受け入れた銀行（預金額は$D_1=V$）は，αVを残して$(1-\alpha)V$を企業等に貸し出す（L_1）。貸し出された額は一旦預金となるが（D_{11}），すぐに全額が引き出され支払等に使用される。そして，使用された後は全額が再び銀行（2番目の銀行）に預金される（D_2）。そこでも，同様に一定の現金準備を控除した額$(1-\alpha)^2V$が貸し出される（L_2）。こうしたメカニズムを経て，銀行組織全体としてみると，当初受け入れた預金（本源的預金：$D_1=V$）を上回って新たに預金ないし通貨が創出される（派生的預金：D_2，D_3，……）。これが，信用創造である。

このように創出された預金と本源的預金との比率が，信用乗数である。本源的預金を含めると，その値は支払準備率の逆数に等しくなる（$1+(1-\alpha)+(1-\alpha)^2+\cdots=1/\alpha$）。なお，貸出の際に民間非金融部門によって引き出された現金の一部を，その部門が保有し続けるケースも考えられる。その預金に対する割合（$\beta=V/D$）を考慮した場合には，信用乗数は小さくなる（$=1/[\alpha+\beta]$）。

こうした信用創造のメカニズムは，銀行および民間非金融部門の現金保有比率（α，β）がいずれも安定的であること，そして貸出案件も多く存在することが前提となっている。銀行および民間非金融部門の現金保有比率が上昇する，ないし貸出案件が少ないと，信用乗数は小さくなる。現実にこれまでの信用乗数をみると，その値はかなり大きく変動している。

図表3.4　信用創造のメカニズム

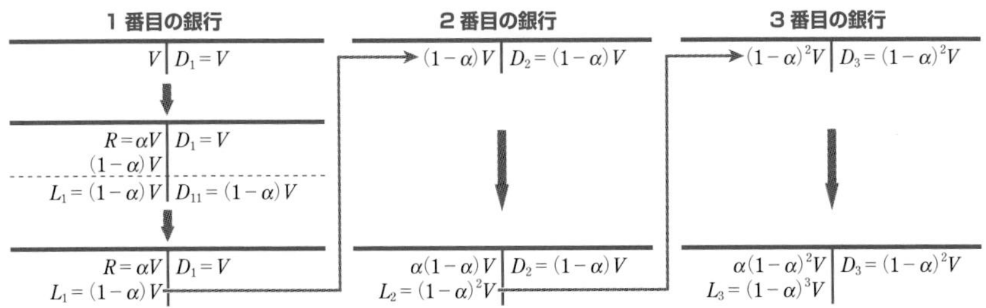

（注）1番目の銀行は貸し出された額が引き出される過程も示しているが，2番目および3番目の銀行については省略している。

I

● 3.4　通貨に対する需要

≫ 取引動機に基づく需要

各経済主体の通貨に対する需要は，換言すれば流動性に対する需要でもある。ここでは，それを決める要因は何かをみていこう。まず，経済取引の規模が通貨への需要と強く結び付いていることが考えられる。近年はこのほか，不確実性下における経済主体のリスク回避行動（6.2 を参照）といった側面からの需要も加え，①取引動機，②資産動機に分けて通貨需要を説明する考えが一般的である（かつては『一般理論』［1936］を著したJ. ケインズに基づき，取引動機，投機的動機および予備的動機の 3 つに分類していた）。

取引動機に基づく通貨需要は，通貨の支払・交換手段としての機能に着目し，その受取・支払のズレ等に伴う不規則性に対処することを目指した需要である。この需要に関する代表的な考えに，ボーモル=トービンによる在庫理論的アプローチがあり，取引規模のほか，有利子の金融資産に替えて各種取引のために通貨（無利子）を持つ費用を考察する。そして最適な通貨保有量は，①取引ないし支払の金額，および，②金融資産を通貨に転換する際の費用の両者の増加関数であり，③通貨以外の金融資産の利回り，すなわち通貨保有に伴う機会費用の減少関数となることが示される。ただし，取引動機に基づく通貨需要は，取引額①の平方根に依存するため，取引額が増えてもその伸びほどには増えず，一種の規模の利益が存在する（いわゆる在庫理論の平方根公式）。

この考えをもとにすれば，GDP で示される経済活動の活発化は通貨需要を増加させる。一方，金利の高い商品の出現は，通貨保有の機会費用を高める。また，総合口座の普及やネット・バンキングによる資金移動の容易化は，通貨への転換費用を小さくし，いずれも通貨需要の減少要因として作用する。

≫ 資産動機に基づく需要

一方，取引動機以外の通貨需要は，通貨の価値保蔵手段としての機能に着目したもので，通貨と通貨以外の金融資産の収益率ないし利回り格差が基準とされる。この需要に関する代表的な考えは，流動性選好理論に基づく説明である。すなわち，各資産（特に通貨と債券）の間の利回り格差は，流動性を手放すことに対する対価（流動性プレミアム）であり，均衡時には流動性の低い資産ほど利回りは高くなる。そして，利回りの低下は，流動性の低い資産に対する需要を減らし，通貨需要を増やす。この考えでは，利回りないし金利が異常に低い水準となった場合，通貨に対する需要がきわめて大きくなり，金利変化に対する通貨需要の反応を表す利子弾力性は無限大に近づく（流動性の罠）。

近年の取引動機以外の通貨需要については，資産動機，すなわち流動性以外のリスクも考慮し，資産選択行動の一環として説明されることが多い。前記のように，通貨は収益率は低いが確実な安全資産（期待収益率のバラツキないし分散がゼロ）であり，債券や株式等は期待収益率の分散がゼロではない危険資産である。こうした危険資産を保有するには，安全資産と比べて期待収益率が高くなる必要があり（リスク・プレミアムの存在），それによって金融市場で需給が均衡する。通貨に対する需要も，こうした多様な資産保有との関わりから説明される。

各経済主体（通常はリスク回避型［**6.1** を参照］）は，多様な収益性および危険性を持つ資産のなかから最適と考える組合せ（ポートフォリオ）を選択する。これが，資産選択の理論である（第6章を参照）。この場合，資産全体としての期待収益率は，これら資産の期待収益率の加重平均となる一方，分散は各資産の収益率の相関度合いに依存し，そうした相関度合いは正の場合も負の場合も存在する。そして，先行きの予見が困難な状況のもとでは，経済主体は期待収益率の最も高い資産のみを保有するのではなく，全体としての収益率のバラツキ，すなわち分散を縮小するため，通貨に代表される安全資産を含めて保有する。この場合に生じる通貨保有が，資産動機に基づく需要である。この需要は，金融資産の大半を占める危険資産の期待収益率が大きくなるに従って減少する一方，危険性ないし先行きの不確実性が大きくなるとともに増大する。このほか，資産総額の影響も受け，資産残高が大きいほど通貨に対する需要も大きくなるといった傾向がある。

このように，通貨に対する需要は，取引規模および資産規模の増加関数である一方，期待収益率ないし市場金利の減少関数として表すことができる。

I

● 3.5　デジタル通貨

》電子マネーの機能

近年，とくに小口の支払等に際して，現金に類似した機能を持つ通貨代替物が使われるケースが増えてきた。支払・決済方法自体の多様化については次章でみることとし，ここではいわゆるデジタル通貨を取り挙げる。デジタル通貨は紙幣や硬貨と異なり，電子情報に変換され支払に使用される手段を指す（広義には電子情報・データとして管理される預金等の支払手段も含まれる）。その代表は，電子マネー（Electronic Money），そして暗号資産（仮想通貨）である。

代表的な電子マネーあるいはデジタル・キャッシュ（Digital Cash）は，プリペイド（事前入金［チャージ］）方式で，金銭的価値をICカード等に蓄えておき，取引の際に電子的な方法によってその価値を相手に移転し支払う。すなわち，既存の支払手段･支払方法の電子化･デジタル化であり，現金通貨が持つ役割を一部代替する機能を持つ。交通系や流通系の電子マネーが代表的である。

この電子マネーには，チャージした価値の保管方法によって2つのタイプがある。一つはIC型で，ICカード等に貨幣価値の残額を記録し，財・サービスの購入や入金に連動して価値が増減する。このタイプは，小口支払のスピードと利便性を向上させ，現金取り扱いコスト節減につながることから，小口の支払に使用されている。もう一つはサーバ型（ネットワーク型）と呼ばれ，インターネット上での利用を前提に，運営会社のサーバ上に電子的価値を保管し，それをネットワーク経由で支払に使用するタイプである。

我が国ではプリペイドIC型電子マネーの利用が圧倒的に多い。このタイプの電子マネーは，チャージした価値が利用の都度減少する点では，プリペイド・カードと類似している。その限りでは，プリペイド・カードがICカード化等により安全性が向上して使用範囲も拡大した商品と捉えることもできる。ただし，チャージ額に上限があり，高額の支払いには利用し難い。

近年は，ポストペイ（後払い）方式の電子マネーもみられる。この場合は金銭的価値のチャージが不要で，基本的にクレジット・カードと機能も類似して

図表 3.5　小口支払手段の棲み分け状況

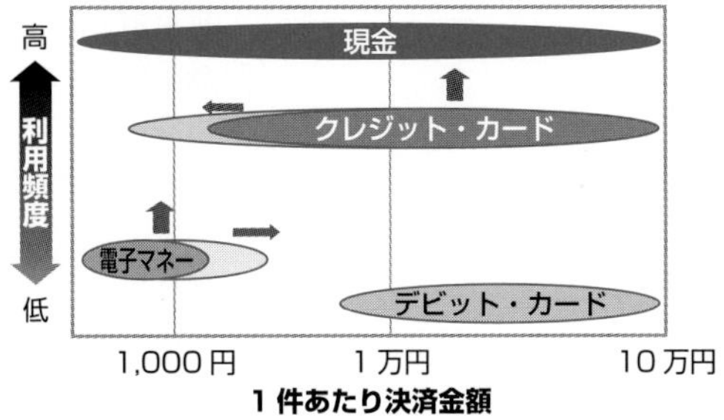

（注）日本銀行決済機構局「最近の電子マネーの動向について」2008年8月をもとにした（各種カードについては4.1を参照）。

いる。クレジット・カードと比べると，使用に際して暗証番号入力等が不要で容易に支払ができる利点がある。

電子マネーは，それを扱う端末機とともに，現金と同様に使用出来る保証ないし信頼がなければ，広範囲に流通するのは難しい。こうした点を考慮すれば，電子マネーは法貨の代替物としての性格と同時に，便宜性の高まった預金としての性格が強い。現状では電子マネーの発行枚数やそれを扱う端末台数も増加傾向を辿っている。図表3.5に示されるように，既存の支払手段等との関係では，小口支払（平均1千円前後）の手段として利用されている。

仮想通貨の特徴

今ひとつのタイプのデジタル通貨が仮想通貨（Virtual Money）である。一般的にはネットワーク上で電子的な決済の手段として流通し，暗号通貨とも呼ばれる。電子マネーが法定通貨の代替物であるのに対し，仮想通貨には強制通用力がなく，一般には流通量に対する需要と供給によって価値が変動する。近年は，法定通貨などに価値を結び付けるタイプも登場している。

その利点は，たとえば海外送金等も安い手数料で可能，かつスピーディに何時でも取引が可能なところにある。他方，特定の環境下では通貨と同様な役割を果たすが，一般的受容性は備えておらず安全性の確保も大きな課題である。

近年は，中央銀行によるデジタル通貨の発行も検討されている。

I

● 重要用語チェック

3.1	□ 決済用資産	□ 投資用資産
	□ 安全資産	□ 危険資産
	□ 決済用預金	□ 当座預金
	□ 無利子の普通預金	□ 有利子の普通預金
	□ 直接証券（本源的証券）	□ 間接証券
3.2	□ 通貨（マネー）	□ 価値尺度
	□ 交換手段	□ 価値保蔵手段
	□ 現金（現金通貨）	□ 法貨
	□ 銀行券	□ 貨幣（硬貨）
	□ 不換紙幣	□ 要求払預金（預金通貨）
	□ 準通貨	□ マネーストック
	□ M_1	□ CD
	□ M_3	□ 広義流動性
3.3	□ 通貨発行益	□ 日本銀行当座預金（日銀当座預金）
	□ マネタリーベース	□ 信用創造
	□ 本源的預金	□ 派生的預金
	□ 信用乗数	
3.4	□ 取引動機	□ 資産動機
	□ 在庫理論の平方根公式	□ 流動性選好理論
	□ 流動性プレミアム	□ 流動性の罠
3.5	□ デジタル通貨	□ 電子マネー
	□ IC 型	□ サーバ型
	□ 仮想通貨	

■Column　通貨の信認と恐慌

銀行券や預金が交換手段として通用するのは，その材質が優れているからではなく，それが利便性を持ち，通貨としての機能を果たすという信認を人々が持っていることに依存する。そうした信認が崩れる場合，たとえば銀行倒産が相次ぐ金融恐慌や国家的な危機の深刻化といった事態が発生すると，人々は銀行預金はもとより銀行券すら交換手段や価値保蔵手段として機能しないと考えるようになり，それらを持つインセンティブをなくす。それらに替えて，材質自体が価値を持つモノを通貨として使用するようになる点について，20 世紀前半の経済学者である R. ヒルファーディングは，人々が「絶望のはて初恋である金のもとにかえる」と述べている。その意味でも，決済システムの安定性（**4.2** を参照）ないし信用秩序の維持（**25.1** を参照）が重要となる。

第4章
資金の決済

POINT——本章で学ぶことがら

1 決済は，資金の受渡によって債権・債務関係を終了させることである。小口決済では現金が使用される一方，大口決済は銀行の要求払預金の入出金を通じて行われる。小切手・手形やデビット・カード，クレジット・カード等は，支払指図手段である。

2 多数の決済を扱う金融機関同士のやりとりは，集中決済制度の利用に集約される。その代表である手形交換，内国為替については，金融機関ごとに受取・支払差額が算出され（クリアリング），日本銀行の口座を通じて決済される（セトルメント）。

3 日本銀行は，日銀ネットを通じて日銀当座預金を振り替え，最終的な銀行間の決済を行っている。その場合，決済できなくなった銀行の影響を防ぐため，決済は1件ごとに即時に行われる（即時グロス決済）。一時的に資金の不足する金融機関に対しては，日中流動性を供給する。

4 近年は，小口の支払に際して現金以外の手段が使用されるケースも増えており，これがキャッシュレス決済である。その代表が電子マネーによる決済やモバイルペイメントである。それを仲立ちする資金移動業者も増えている。

● 4.1 資金決済

》決済とその手段

決済は,「お金」すなわち通貨ないし資金を受け渡すことによって債権・債務関係を終了させる行為である(**2.1** を参照)。企業,家計,政府等の経済主体は,金融・経済活動のなかで財・サービスあるいは金融商品を取引し,その代価を支払う,ないし資金の受払を行う。そこで用いられる支払のための手段が,決済手段である。

決済の具体的な方法は,基本的には取引当事者間の合意に基づいて行われる。その意味では,たとえば商品等の受渡で代替することも可能であるが,実際には稀であろう。わが国で一般的に決済に使用されている決済手段は,現金(通貨)および預金である。現金はそれを使うと,①すべての決済に利用できる(汎用性),②その受渡によって支払が完了する(支払完了性)といった特徴がある。そして現金は,小口取引を中心に家計や企業によって広く利用されている。反面,決済金額が大きいと大量の現金が必要で搬送するにはかなりの手間とコストがかかり,また紛失や盗難のおそれも大きい。

そのため,代替的な手段として銀行(以下,特に断らない限り信金等を含む預金取扱金融機関を指す)の要求払預金を使った決済が利用されている。これは,預金を引き出して現金を相手に渡すのではなく,預金口座間での振替あるいは振込といった方法が利用されている。振替は,支払人の預金口座から資金を引き落とし,同一銀行内にある受取人の預金口座へ入金することを指す。また振込は,ある銀行の支払人の預金口座から資金を引き落とし,異なる銀行の受取人の預金口座へ入金することを意味する(**4.2** を参照)。企業間の取引等,大口資金の決済にはこれらの手段が利用される。

》預金と支払指図手段

預金を使って決済を行う際に利用される代表例として,小切手,手形,各種カード,あるいはオンライン・システムを利用した依頼がある(図表 4.1)。

小切手は，振出人と当座預金取引のある銀行が，所持人（名宛人）に対して券面に表示された金額を支払うことを約束する支払委託証券である。手形は，その発行者が受取人に対して一定額の支払を約束する証券で，為替手形と約束手形が代表例である。前者は，振出人が第三者（引受人）に委託して受取人に支払ってもらう証書である。後者は，振出人が受取人等に対して，一定の期日に一定額の支払を約束する証書である。カード払いには，購入と同時に利用代金を預金口座から支払うデビット・カード，商品購入等の利用代金を後払いするクレジット・カード，一定額をあらかじめ購入しておき，商品購入等の都度その価値を減らしていくプリペイド・カードがある。**3.5** の電子マネーは，この最後のタイプの支払手段である。

これらは，持ち運びに便利で，盗難等のおそれも相対的に少ない。もっとも，小切手・手形やクレジット・カード等は，預金者の指図によりただちに引き落とすことが可能な，銀行の要求払預金の存在を前提とした支払指図手段である。その受渡自身が支払完了を意味する決済手段ではない。オンライン・システムを利用した依頼，あるいは小切手や手形など現金以外の手段によって支払が行われる場合には，資金の支払人の取引先銀行から受取人の取引先銀行へと資金移転が行われてはじめて支払が完了する。

要求払預金を利用した決済のウェイトは，企業間の取引を中心に非常に大きく，金融機関の要求払預金は重要な役割を果たしている。決済手段は，銀行の提供する要求払預金（銀行の当座預金・普通預金等のほか，ゆうちょ銀行の通常貯金・振替貯金を含む）と，日本銀行当座預金そして現金に集約される。

図表 4.1　要求払預金を利用した支払例

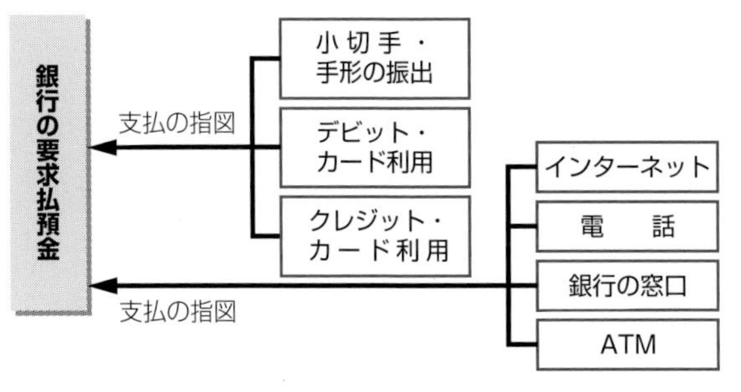

（注）日本銀行金融研究所『日本銀行の機能と業務』2011 年をもとに加筆した。

I

● 4.2 銀行振込と決済

≫ 振込・送金

銀行の要求払預金口座を利用した決済には，前記のように振替と振込がある。決済の当事者がともに同一銀行内に預金口座を持つ場合，振替すなわち支払人と受取人の口座間で資金を移し替えることで受払・決済は終了する。一方，振込ないし送金は，異なった銀行が関係してくる。

ここでは，遠隔地への送金のメカニズムについてみていこう（図表 4.2）。ある都市に居住する A 銀行に預金口座を持つ甲が，別の都市に居住し B 銀行に預金口座を持つ乙へ送金するケースを例にとると，

①・②　甲は乙からの送金依頼を受け，A 銀行に所定額の送金を依頼する。
③　A 銀行は甲の依頼を受けて甲の預金口座から所定額を引き落とし，同時にオンライン・システム等を利用して B 銀行に送金，乙の口座への入金を依頼する。甲は乙に送金した旨，連絡する。
④・⑤　B 銀行は A 銀行からの依頼を受けて，乙の口座に所定額を入金し，通知する。こうした処理の結果として，B 銀行は A 銀行に対し所定額の支払請求権を持つ。
⑥・⑦・⑧　A 銀行は日本銀行を通じて所定額を B 銀行に支払い，債権・債務関係を終了する。

このような一連の事務処理が行われて，送金・決済は完結する。こうした銀行を通じた決済を利用することによって，資金の受払の両面で効率性が向上する。それは，甲・乙ともに直接的な決済事務の負担を軽減し，経済活動等への余裕を拡大する方向に作用する。

≫ クリアリングとセトルメント

銀行を利用した資金決済について，顧客サイドにおいては，前記の①～⑤で取引が終了する。そしてそれを受けて顧客へ資金を支払う，あるいは顧客から入金を受けた銀行は，相手の銀行との間で逆方向の資金の受払を行うことによって（前記の⑥～⑧），決済に関する一連の処理が完了する。

各銀行の資金の受払は，一方向のみで生じるのではない。また，遠隔地への

送金ないし決済を必要とする件数自体も，日々膨大な量に達する。

そこで，顧客との資金の受払を行った多数の銀行間で資金の受取・支払をまとめて行う必要が生じてくる。こうした金融機関同士の受取額と支払額を集計してその差額を計算し，資金決済を一括して行う仕組みとして，民間が運営する集中決済制度が設けられている（4.3 を参照）。そこでは，各金融機関の資金の受払差額が算出される（精算［クリアリング］）。そして，算出された各銀行の受取額と支払額の差額は，日本銀行当座預金（日銀当座預金）を通じて最終的に決済される。具体的には，日本銀行と各銀行がコンピュータ・ネットワークで結び付いた日銀ネット（日本銀行金融ネットワークシステム）を利用して，日銀当座預金の口座間振替，つまり入金・引落しの指図が行われる。日本銀行はそれに基づいて振替を行い，決済が完了する（セトルメント，図表 4.2）。

こうした決済手段を提供する金融機関が，相互につながりを持ちつつ，円滑な決済のために形成した様々な仕組みを総称したものが，決済システムである。換言すると，決済システムは決済が円滑に営まれるような組織的な仕組みである。一国における決済システムのあり方は，その国の歴史的背景・経済構造・技術水準・決済慣行等により規定される。わが国の決済システムの特徴は，個人の資金決済において現金利用のウェイトが高いこと，そして預金口座を利用した自動引落し・振込制度が発達しているところにある。

図表 4.2　口座振込による送金の決済

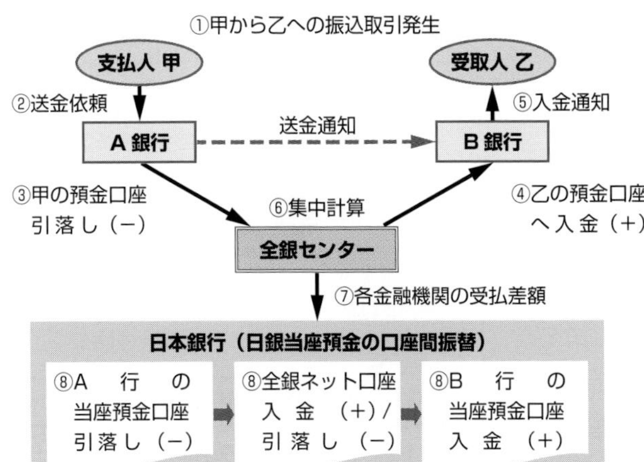

（注）　日本銀行信用機構局「日本銀行による当座預金取引について」2003 年に加筆した。

I

● 4.3　決済に関する中央銀行の役割*

≫ 日銀ネット

決済システムでは，前記のように多様な資金取引の結果生じた金融機関相互間の受払差額は，各銀行とコンピュータ・ネットワークで結び付いた日銀ネットを通じて，各金融機関が持つ日銀当座預金の口座振替で受け渡され，最終的な決済が完了する。日銀当座預金は，現金と同じく最終的な決済機能を持ち，中央銀行である日本銀行は，最終的な決済機関として決済システムの中心的な地位を占めている。

この日銀ネットは，当座預金関係では短期金融市場での取引，国債取引にかかる資金決済や内国為替制度，手形交換制度等の民間決済システムに関わる資金決済を行っている（図表4.3）。また国債関係では，売買に伴う国債の決済，国債発行時の入札・発行・払込などをオンラインで処理している。

≫ 決済処理とチェック

その決済処理は，即時グロス決済（Real Time Gross Settlement）とよばれる（図表4.4）。これは，日銀ネットでの金融機関間の振替処理に関して，決済を1件ごとに即時に行う方法である。他方，あらかじめ定められている決済の時点で各銀行ごとに受払差額をまとめて入金・引き落とす方法が時点ネット決済である。この方法をとると，ある銀行が決済不能となればその銀行からの入金を支払に充当する予定であったほかの銀行も

図表 4.3　日本銀行を通じた決済（手形の場合）

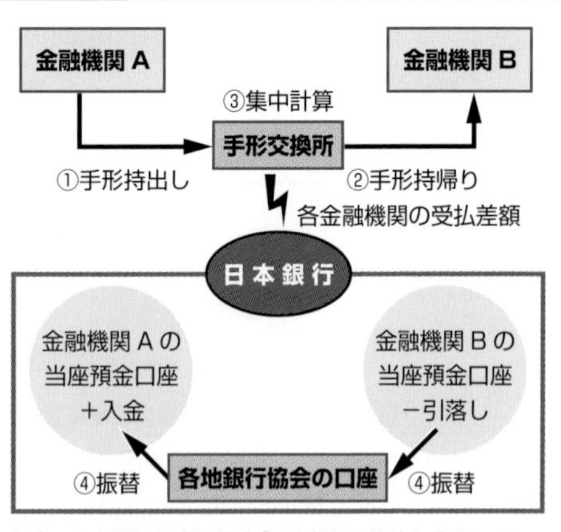

（注）日本銀行金融研究所『日本銀行の機能と業務』2011年に加筆した。

決済ができなくなり，多くの銀行の決済が停止するおそれが生じる（システミック・リスクの顕現化。**25.1** を参照）。こうしたリスクを回避するため，即時グロス決済方式がとられる。この方式であれば，仮に1つの金融機関の決済が滞っても，影響を受けるのはその取引相手の金融機関だけで済むこととなり，決済全体が停止することはないといった利点がある。

決済を行っていく場合，金融機関の日銀当座預金が一時的に不足する事態が発生しうる。即時グロス決済によって決済全体の安全性を向上させるには，個々の金融機関がほかの金融機関からの受取を待つことなく，中央銀行（日本銀行）に対して他の金融機関への支払を依頼する必要がある。換言すれば，金融機関が中央銀行から日中に随時，迅速に資金（流動性）を調達して，これを支払に充てることが可能な環境が必須となる。そこで日本銀行は，一時的な資金供給として担保の範囲内で当座貸越（預金残高以上の支払）を行う日中流動性という「決済の潤滑油」により資金不足を解消する。この貸出は，当日中に返済されることが前提となっている。

また，日本銀行は資金決済の分野において，自らが運営しない決済システムについても機能不全を診断し，必要に応じて働きかけを行う。これは，決済システムのオーバーサイトとよばれ，設計や運営上の問題から決済システム全体が円滑に運営されなくなる事態に陥ることを防止し，決済全体の安全性・効率性を確保することを目的とするものである。

図表 4.4　即時グロス決済の仕組み

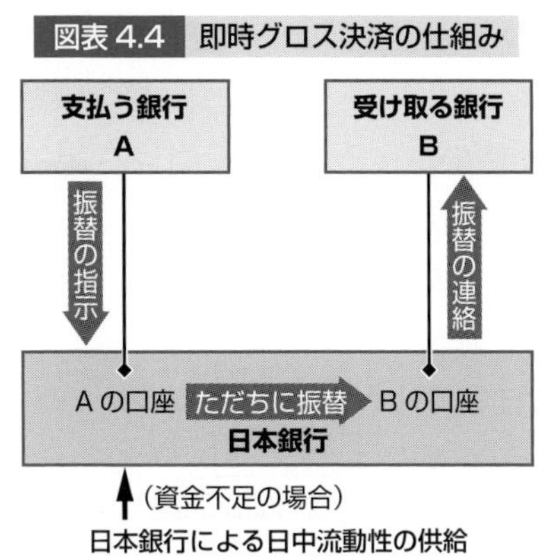

（注）日本銀行金融研究所『日本銀行の機能と業務』2011 年をもとにした。

● 4.4　決済に関する近年の傾向

≫ 消費者のキャッシュレス決済

我が国では，小口の支払いに現金が使用されることが多いが，近年は現金以外の手段で支払を行うケースも増えている。これがいわゆるキャッシュレス決済である。これは広義には企業間の取引で使用される銀行振込や小切手・手形による支払い等も含まれるが，一般には消費者が買い物等で使用する現金以外の決済方法，とくに電子的なデータの送受信によって処理する方法を指す。その代表として，前出のクレジット・カード，デビット・カードや電子マネー，各種プリペイド・カードのほか，モバイルペイメント（スマートフォン上にQR/バーコードを表示して決済）が挙げられる。ちなみに，クレジット・カード，デビット・カード，電子マネーの合計でみたキャッシュレス支払額の民間最終消費額に対する比率は上昇傾向にあり，近年は25%程度に達している。

近年使用されるようになったモバイルペイメントすなわちQR/バーコード決済には，決済方法の電子化（クレジット・カード等と結び付け）や，決済手段の電子化（サーバ型電子マネーを内包）等のタイプがある。これまでの電子マネーは専用のICチップが使われ，使用にも専用の読み取り装置が必要となるのに対し，QR/バーコード決済はスマートフォンの画像データを媒介として行われ，専用の装置が不要である等の相違がある。

図表 4.5　現金以外の決済手段の利用状況（複数回答）

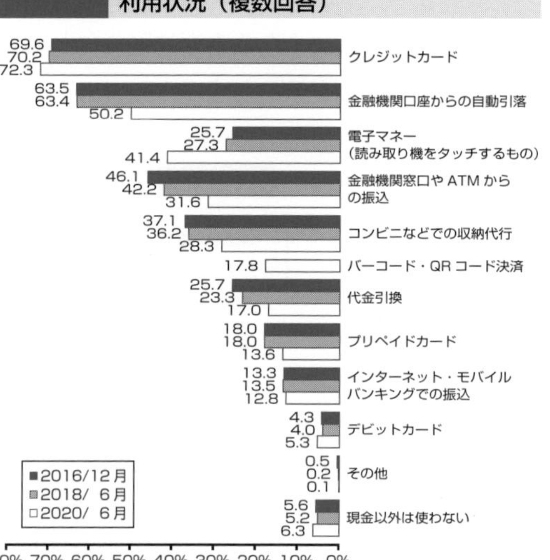

（注）日本銀行「生活意識に関するアンケート調査」第82回2020年6月による。

キャッシュレス決済の手段として具体的には，クレジット・カードの使用や口座からの自動引落，金融機関窓口やATMからの振込が利用されることが多いが，近年は電子マネーによる支払が伸びているほか，QR/バーコード決済も多い（図表4.5）。

キャッシュレス決済の利点として，現金引き出しや両替の手間/時間の節約，現金決済に伴う付帯業務（集金，集計，管理，ATM設備費等）の効率化や，盗難リスクの削減，資金決済の透明性の確保等が挙げられる。逆に弱点として，使用できる店舗が限られることや決済手数料がかかること，災害や事故等のインフラ障害に弱い等が挙げられる。我が国では少額決済に関して，引き続き現金使用比率が高い。これには，現金利用の容易性（ATM網の発達）や，（クレジット・カード等）後払いをためらう国民性，安全性指向（キャッシュレス払いに関するセキュリティへの不安）等があると考えられる。

資金移動業

キャッシュレス決済の増加とともに，それを仲立ちする企業も増えている。それが資金移動業者で，事業者とクレジット会社や電子マネー事業者等との間を取り持つ役割を果たす（図表4.6）。店舗や業者は，資金移動業者を利用することにより，顧客の多様な決済手段毎に必要となるカード会社等との契約や精算業務を一元化することができる。また，早期入金等のサービスを受けることも可能となり，より広い消費者層の取り込みを可能とする方向に作用する。ただし，資金移動業者への手数料支払いが加わり，個別契約の場合と比べて手数料が割高となる可能性もある。その取扱高は近年急速に拡大している。

図表4.6　資金移動業者の役割

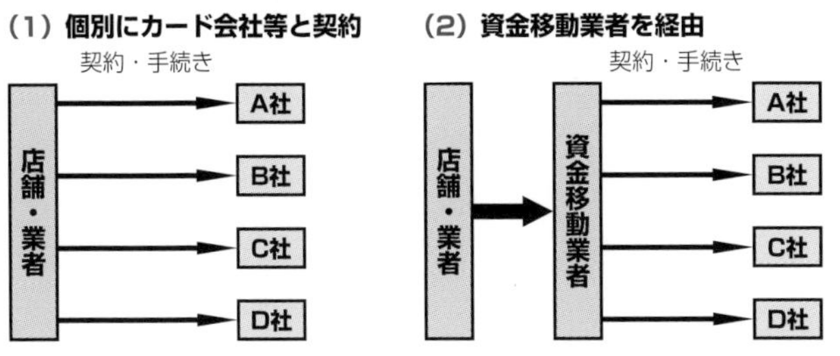

● 重要用語チェック

4.1	□ 決済	□ 決済手段
	□ 要求払預金	□ 小切手
	□ 手形	□ デビット・カード
	□ クレジット・カード	□ プリペイド・カード
	□ 支払指図手段	
4.2	□ 振替	□ 振込
	□ 送金	□ 集中決済制度
	□ 精算（クリアリング）	□ 日本銀行当座預金
	□ 日銀ネット	□ セトルメント
	□ 決済システム	
4.3	□ 即時グロス決済	□ 時点ネット決済
	□ 日中流動性	□ 決済システムのオーバーサイト
4.4	□ キャッシュレス決済	□ モバイルペイメント
	□ 資金移動業者	

第 5 章
金融商品の価格

POINT——本章で学ぶことがら

1 金融取引は，基本的に資金の貸借取引である。金利は，資金提供の対価，すなわち「お金」の価格であり，その需給状況によって変化する。

2 元本にのみ利子が付く単利に比べて，利子部分にも利子が付く複利のほうが利子は大きくなる。また，物価変動を考慮するものを実質金利，しないものを名目金利とよぶ。

3 金融商品の価格は，その商品が将来生み出すキャッシュ・フローを現在時点の価値に割り引いた現在価値を合計した値が基本となる。割引に使用する金利は，そのキャッシュ・フローのリスクが考慮される。

4 金融取引には，利益の獲得ないし損失回避を動機とする取引もある。前者には，市場間の価格差に着目する裁定取引や，価格予想をもとにする投機取引があり，後者にはヘッジ取引がある。

●5.1　金利の役割

金利の意味

金融取引は金融市場で行われ，金融資産ないし金融商品と資金が交換される。たとえば，企業は金融商品として各種の債務証書（借入証書・債券等の有価証券）を発行して資金を調達する。他方，銀行等の資金運用者（投資家）は，そうした金融商品を購入し，一定期間保有することにより収益を得る。

金融取引の基本は資金の貸借取引であり，通常は利子の受払を伴う。将来時点で借り手から貸し手に渡される額は，当初提供された額を上回り，その差額が利子（利払い額）である。資金の貸し手は，資金を回収するまでの間，その額を使用することはできない。利子は，貸し手の時間選好に対する代償ないし流動性プレミアムでもある。この額を当初提供される資金との対比で計算した値が，金利ないし利子率である（1.2を参照）。

このように，金利は，「お金」つまり資金の価格であり，一般の財・サービスにおける価格と同様の機能を果たす。そして，財・サービスの種類が異なればその価格も異なるように，金利も資金貸借の内容，つまり各金融商品の満期までの期間，返済方法，借り手の信用度等，その商品特性に対する評価によって異なる。一般の財・サービスに対する需要は，価格が低いほど多くなる。同様に，「お金」つまり資金に対する需要も，その価格すなわち金利が低いほど多くなり，金利が高くなると少なくなる。

注意すべきは，資金の価格である金利は，貸し手が資金と引き替えに借り手から受け取る金融商品の価格とは異なることである。金利が低い，すなわち資金の価格が低いことは，経済全体として資金が豊富に存在する（借り手が少ない，ないし貸し手が多い）ことを意味する。換言すれば，金利が低いことは資金に対する需要が少ない，すなわち借り手にとって金融商品を発行して資金を調達する必要性が小さいことを意味する。したがって，金融市場で金融商品の供給が少なくなり，その価格は高くなる。一方，金利が高いことは資金に対する需要が多く，借り手は金融商品の発行に積極的であることを意味し，その価格は低くなる。このように金融商品の価格と金利は逆方向に動く。

単利と複利，名目金利と実質金利

利子の計算方法は，2つのタイプがある。一つは元本に対してのみ利子が付けられる単利方式であり，もう一つは運用期間中に発生する利子を，その都度元本に組み込んで利子を付ける複利方式である。たとえば，元本がX円，1年当たり（年率）金利が$100 \cdot i$%の金融商品の場合，n年後の元利金を計算すれば，単利方式では$X \cdot (1+i \cdot n)$ 円，複利方式であれば$X \cdot (1+i)^n$円となる。前者は，国内債の市場等で慣例として用いられる。複利方式は，期間が長くなるほど利子が累積し，単利方式と比べて利子収入が大きくなる。本書では，複利方式を念頭に置きつつみていく。

他方，金融取引は現在の「お金」，すなわち購買力と将来の購買力との交換である。したがって，期間中に物価が上昇すると将来時点で返済を受ける元本の購買力は減少する。その結果，貸し手から借り手へと購買力が移転し，貸し手は損失を被る。期間中に物価が下落する場合は，逆の効果が生じる。金利については，こうした物価変動の影響も考慮する必要がある。

一般に，貸し手と借り手の間で取り交わされる契約では，元本・利子ともに物価変動を考慮しないベースで表示される。これが名目金利（名目利子率）である。これに対し，物価変動を考慮した実質的な購買力を前提として算出される金利が，実質金利（実質利子率）である。換言すれば，実質金利は名目金利から物価変動の影響を除いたものであり，長期間資金を必要とする経済主体は，実質金利を基準に行動すると考えられる。名目金利を一定とすると，物価の上昇は実質金利を低下させ，資金調達主体に有利に，資金運用主体には不利に作用し，物価の下落は逆方向の効果が生じる。

名目金利と実質金利は，物価変動（予想）がない場合にのみ一致する。物価変動予想が生じると両者は乖離し，実質金利rが一定であれば名目金利iが予想物価上昇率ρ（ロー）だけ上昇する。これはフィッシャー効果とよばれる（$i=r+\rho$）。ただし名目金利のみが変化するのではなく，通常は名目金利が上昇する一方で，実質金利は下落する（マンデル=トービン効果）。物価上昇予想は，両者を変化させる方向に作用する（**29.3** を参照）。

● 5.2　金融商品の価格

キャッシュ・フローと現在価値

資金の価格は金利であることをみてきた。それでは，金融商品の価格を決める要因は何であろうか。金融商品に限らず商品の価格は，市場における需要・供給によって決定され，買い手は便益を，売り手は費用との兼ね合いを重視する。そして，高すぎる価格あるいは逆に低すぎる価格では，買い手ないし売り手がなく，価格が変化・調整される。その意味では，市場における需要・供給が見合う便益ないし費用が基本となる。

こうした考えをもとにすれば，金融商品の価格は，それが将来にわたってもたらす「お金」で表される便益，すなわちキャッシュ・フローの評価を基本として決定される。その場合，経済主体は将来の様々な時点で発生するキャッシュ・フローに直面する。そこで，こうした時点の異なるキャッシュ・フローの価値を現在時点で評価した値，すなわち（割引）現在価値（[Discounted] Present Value）を算出する必要がある。その基本は，現在の1円を利子が付くリスクのない金融資産で運用した場合，将来時点では1円以上の値となるところにある。現在価値は，逆に将来時点の x 円が現在の何円と等しいとみるかを表す概念である。

現在価値は，キャッシュ・フローの大きさ，および現時点からキャッシュ・フロー発生までの経過時間と金利をもとに算出される。これを割引という。まずリスクがない場合，現在の1円が将来いくらになるかを考えてみよう。一定額の資金 G 円を金利（年率）$100 \cdot i$%で運用した場合，1年後の元利合計額は $(1+i) \cdot G$ 円である。この額をさらにもう1年運用すると，$(1+i)^2 \cdot G$ 円となる。これを一般化すると，現在の G 円は n 年後には $(1+i)^n \cdot G$ 円となる。この両者は無差別ないし等しい価値を持つ（等価である）。これを応用して，n 年後に実現する G 円を現時点の価値に換算すると，$G/(1+i)^n$ 円となる。この値が，（割引）現在価値である。現在価値は，金利 i が高くなればなるほど，また期間 n が長くなればなるほど小さくなる。なお，金利 i は，将来の n 時点におけ

る額の現在価値を決定する割引率であり，スポット・レートとよばれる。こうした現在価値が，金融商品の価格の基本となる。 5

≫ 現在価値と価格

将来時点で発生するキャッシュ・フローは，1回限りではなく複数回生じるケースが一般的である。将来の n 期間にわたって発生が予想されるキャッシュ・フローを C_1，C_2，…，C_n とし，現在からそれぞれの将来の期間まで適用される金利（年率で表示）を i_1，i_2，…，i_n とすると，各年の（予想）キャッシュ・フローの現在価値は，各々 $C_1/(1+i_1)$，$C_2/(1+i_2)^2$，…，$C_n/(1+i_n)^n$ となり，このキャッシュ・フローの合計額は，次式で示される（Σは合計を表す記号である。図表5.1）。

$$\sum_{t=1}^{n}\frac{C_t}{(1+i_t)^t}=\frac{C_1}{(1+i_1)}+\frac{C_2}{(1+i_2)^2}+\cdots+\frac{C_n}{(1+i_n)^n}$$

債務証書をはじめとする金融資産（商品）の価格は，基本的にこうした（予想）キャッシュ・フローの現在価値の合計として表される。

このような資産の評価法によって得られた値は，特に長期の債務証書等（債券や株式）の価格を判断する目安となる。そして，金融資産の価格は現在価値の算出に使用される金利が上昇すると小さくなる。換言すれば，金融商品の価格は金利と逆方向に動くのである。もっとも，長期間にわたる収益や金利の予想は難しく，その結果として市場で形成されるそれらの予想も振れ幅が大きくなる，すなわち価格の変化が大きくなることが考えられる（詳しくは第9・10章を参照）。この点，対象とする期間の短い金融市場では，そうした予想の振れ幅等も小さく，政策変更の影響を除くと価格も安定的である。

図表5.1 キャッシュ・フローと割引現在価値

	1年後	2	3	…	n
各年のキャッシュ・フロー	C_1	C_2	C_3	…	C_n
適用される金利	i_1	i_2	i_3	…	i_n
割引現在価値	$C_1/(1+i_1)$	$C_2/(1+i_2)^2$	$C_3/(1+i_3)^3$	…	$C_n/(1+i_n)^n$

（注） $C_1=C_2=C_3=\cdots=C_n$，$i_1=i_2=i_3=\cdots=i_n$ であれば，期間が長くなるほど現在価値は小さくなる。

● 5.3 リスク・価格と取引行動*

金融リスクと価格

5.2 でみた金融商品の価格決定では，リスクの存在を明示的には考慮していない。しかし金融取引は，異なる時点（典型的には現在と将来のある時点）にまたがる資金の融通であり，それゆえに様々な不確実性ないしリスクに直面する。リスクは，ある事態の発生によって収益が損なわれる，ないし予想した値と実現値が乖離する可能性を意味し，それは危険資産（リスクのある金融商品）の取引に付きまとうものである（第6章を参照）。そのため，リスク回避型の投資家は，金融商品を購入するに際して，安全資産と比べた利回りの上乗せ，つまりリスク・プレミアムを求める。資金の価格である金利ないし利回りが高いことは，金融商品自体の価格が低いことを意味する（5.1 および 5.2 を参照）。

これを，先行きも同額のキャッシュ・フローの発生が見込まれる2つのタイプの資産，すなわち安全資産と危険資産の価格を例にみていこう。安全資産の価格は，キャッシュ・フローを市場金利（安全資産の金利）を用いて割り引いた現在価値の合計となる。一方，危険資産についてはキャッシュ・フローが予想値であるだけに，割引に適用される金利は，市場金利＋リスク・プレミアムであり，したがってその合計値である価格は，安全資産の価格に比べて低くなる。同額のキャッシュ・フローが見込まれていても，リスクのある金融商品は安全資産と比べて利回りが高くなる一方，価格は低くなるのである。逆に，市場で両者の価格が同一である場合，安全資産と比べて危険資産のキャッシュ・フローが相対的に大きくなっている。

各種の取引行動

金融取引は，資金の貸借・融通が基本である。しかし，このほかにも様々な目的のもとに取引が行われている。その代表は，①裁定取引，②投機取引，そして，③リスク回避のためのヘッジ取引である（図表 5.2）。

まず，裁定取引は，価格差を利用して確実に利益をあげることを目指した取引である。金融商品に，将来発生するキャッシュ・フローを割り引いて得られる現在価値の合計と異なる価格が付けられている場合，リスクなしで確実に利益を得ることが可能となる。たとえば，ある金融商品の現在価値の合計が 2,000 万円であるのに対して市場における価格が 1,800 万円の場合，市場で購入して年ごとのキャッシュ・フローを手に入れるならば，結果的に両者の差額である 200 万円分を確実に入手することができる。そのようなケースを，裁定機会があるという。これは，同一の商品に関して市場によって異なる価格が付いている場合も同様である。裁定によって確実な利益を求める取引（裁定取引）は，現在において将来のキャッシュ・フローが確定できる場合に行われ，その場合の将来収益の標準偏差はゼロである。もっとも，裁定機会は一時的な現象であり，市場参加者が裁定取引を行った結果として価格が調整されると，裁定機会は消滅する。各種金融商品について，たとえば金利や価格の裁定取引が活発に行われる結果，各金融市場は密接に連動し，相互に影響を及ぼすといった関係が成立している。

次に，裁定取引と紛らわしい概念に，投機取引がある。これは，市場における価格予想をもとに利益をあげようとする行動である。この場合，将来利益の標準偏差はゼロではなく，自身の予想に基づいて行動するため，利益の実現が確実ではなく，損失を被ることもありうる。

最後に，ヘッジ取引は，予想されるリスクそのものを回避する，あるいはその影響を小さく抑えることを目指す取引である。たとえば病気や怪我に備えて保険に入ったり，航空会社が燃料代を一定に抑えるために原油相場の変動を受けないような契約を結んだりする。ただ，このような取引はリスクを軽減できる反面，大きな利益をあげる機会を逸することもある。

図表 5.2　各種取引行動の動機と利益

	取引の動機	取引の着眼点	利　益
裁　定	利益の獲得	価格差の利用	確　実
投　機	利益の獲得	価格予想に依存	不確実
ヘッジ	損失の回避	価格予想に依存	一般には無し

● 重要用語チェック

5.1
- □ 金融取引
- □ 資金の貸借取引
- □ 利子
- □ 流動性プレミアム
- □ 金利（利子率）
- □ 単利
- □ 複利
- □ 名目金利（名目利子率）
- □ 実質金利（実質利子率）
- □ フィッシャー効果
- □ マンデル=トービン効果

5.2
- □ 金融商品の価格
- □ キャッシュ・フロー
- □ （割引）現在価値
- □ スポット・レート

5.3
- □ リスク
- □ リスク・プレミアム
- □ 裁定
- □ 投機
- □ ヘッジ

■Column　利子が付かないイスラム金融

金利は，貸し手が一定期間流動性を手放すことへの代償であり，資金の価格でもある（**5.1** を参照）。しかし，イスラムの世界では，利子は働いて得た所得ではないとして受渡が禁止されており，利子が存在しない。では，資金の移転や銀行のビジネスはどのように行われているのだろうか。

基本となるのは 4 つの形態で，それらの組合せもある。第 1 は，商品の希望者に代わって銀行が商品を購入し，より高い価格で転売し差額を受け取るムラーバハである。第 2 は，商品の希望者に，銀行が購入した商品を貸し与えて収入を得るイジャーラである。第 3 は，銀行が投資家から資金を集めて事業に投資し，その収益を投資家に還元するとともに，自身は仲介者として利益を受け取るムダーラバで，投資信託に似た仕組みである。第 4 は，ムダーラバに似ているが，銀行と投資家がともに事業に資金を出し，収益還元を受けるムシャーラカである。イスラム金融の規模はオイルマネーの拡大とともに増えている。

第6章
金融資産のリターンとリスク

POINT——本章で学ぶことがら

1 投資家は，金融資産の選択にあたり，特に当該資産のリターンとリスクを考慮する。リターンは予想値であり，それゆえ予想のバラツキといったリスクを考慮しつつ，許容度に応じて資産を選択する。

2 収益の期待値の増加とともに投資家の効用水準も高くなるが，逓減するタイプをリスク回避型とよぶ。このタイプの投資家は期待収益が同じ場合，危険資産よりも安全資産を選択する。

3 リスクの増加に際してリスク回避型の投資家は，同一の効用水準を維持するには，それ以上のテンポでリターンが上昇すること（リスク・プレミアムの増大）を求める。

4 一般に，投資家は複数の金融資産に分散・投資する。保有資産数を増やすと，市場リスクは残るが，各資産に内在する固有リスクの縮減を通じて全体としてのリスクを小さくすることができる。

5 CAPMは，「十分に分散化されたポートフォリオのリスクは，そのポートフォリオを構成する証券の市場リスクによって決まる」ことを示す理論である。

I

● 6.1　不確実性の存在と選好

≫ 意思決定に関わる２つの要素

これまで，金融取引に関する留意点として **1.4** で取りあげた３点のうちの２つ，すなわち取引コストと情報の非対称性の存在については，金融取引を専門ないし集中して取り扱う金融機関によって，かなりの程度緩和されることをみてきた。それでは，第３の留意点である将来所得の確実性についてはどう考えるべきであろうか。金融資産保有に伴う資金の流出入ないし移動，すなわちキャッシュ・フローは，一般に現時点のほか，将来においても発生する。ただし，一般に将来の値を確実に予見することはできず，（環境的）不確実性が存在する。そして損失を被る可能性，すなわちリスクのある資産も多い。本章では，予想収益率，すなわちリターンとの関係でこの問題を考えていこう。

各金融資産の保有ないし選択を決定する要因は，①資産総額ないし所得額，②ほかの資産と比較した場合に予想される収益率ないし利回り（リターン），③その実現の不確実性（リスク），そして，④当該投資家の選好である。これらはいずれも，短期間では変化しないと考えられる。投資家は一定額の資産ないし所得（①）と自身の選好（④）のもとで，リターン（②）とそのリスク（③）の組合せを決定するのである。

投資家はほかの金融資産と比較しつつ，その資産の将来の価値つまりリターンを推し量ることが重要となる。前章 **5.2** でみたように，将来時点で発生する「お金」であるキャッシュ・フローを，金利を用いて現時点の価値に換算し，有利な資産の選択を検討する。ただし，**3.1** でみたように危険資産の場合，投資家が直面するリターンは将来時点のものであるだけに，期待値，つまり実現する確率で加重した予想値にすぎない。将来の価値は必ずしも予想通りに実現するものではなく，価格変動等による損益を含む不確実なものである。つまり，リターンは予想（期待）であり，したがって実現値との間にズレ，もしくはバラツキが発生する。そして，そうしたズレやバラツキが大きいほど，リスクが大きくなる。

リターンとリスクの関係

金融資産には不確実性があることを念頭に置きつつ，リターンとリスクの組合せをどのように選択し保有するかについて考えてみよう。保有する金融資産の価値（ないしその収益の期待値）が大きくなると，それからもたらされる投資家の満足度ないし効用は大きくなるが，当該資産の持つリスクに対する評価は，投資家によって異なる。つまり，収益の期待値が大きくなるとともに生じる効用の増加の度合いは，投資家のリスクに対する態度によって異なってくる。

図表 6.1 は，資産から得られる収益の期待値つまり期待収益と，それから得られる効用との関係を，リスク回避型，リスク愛好型（リスク追求型），リスク中立型の 3 つのタイプに分けて示している。期待収益が大きくなるとともに，それから得られる効用の増加（限界効用）が逓減するようなタイプの投資家はリスク回避型であり，収益と効用との関係を示す曲線が①のように下に凹状（上に凸状）となる。逆に，②のように期待収益の増大とともに限界効用が逓増する投資家は，リスク愛好型（リスク追求型）であり，③のように期待収益と限界効用に変化がなく一定であるタイプの投資家をリスク中立型とよぶ。

投資家のうち，リスク愛好型（②）のケースは稀で，リスク中立型（③）も少なく，通常はリスク回避型（①）の投資家が多い。リスク回避型の投資家は，リターンの高さも重視するが，将来のリターンが確実ではないだけに，リスクの増加を避けるように行動すると考えられる。本書では，リスク回避型の投資家を中心に検討していく。

図表 6.1　期待収益と効用の関係

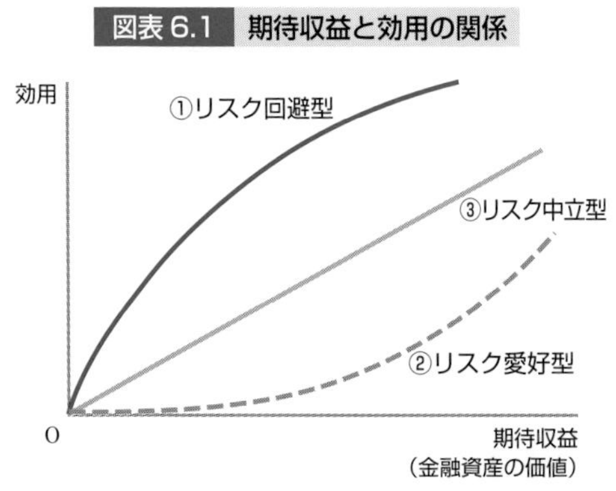

（注）　期待収益と効用との関係が，①は逓減，②は逓増，③は一定であることを示す。

I

● 6.2　リスク回避型投資家の行動

期待効用と確実性等価

2つのタイプの金融資産，つまりリターンが将来にわたって確実な資産（安全資産）と，リターンにバラツキのある資産（危険資産）があるとする。この場合，リスク回避型の投資家は，期待値が同額ならば安全資産を持つ場合に得られる効用を，危険資産を持つ場合に得られる効用よりも大きく評価する。

リスク回避型投資家の場合，期待収益から得られる限界効用は逓減し，図表6.2のように示すと，下に凹状のかたちとなる。リターンより得られる効用の期待値が期待効用である。

リスク回避型の投資家は，リスクを小さく期待効用を最大化するように最適な資産選択をする（期待効用仮説)。将来時点で確実にリターン（O*C*）が得られる場合の効用水準（*CG*）と比べて，リターンが不確実な場合，期待値自体は同じ水準であってもリスクがあるため，期待効用は小さくなる（*CG*→*CI*)。逆に，リターンが不確実な資産の期待効用と同一の効用水準（*CI*＝*BF*）をリターンが確実な資産から得ようとすると，リターン（O*B*）は不確実性のある資産の期待値（O*C*）よりも小さくなる。しかし投資家は，リスクを回避して確実に入手できるのであれば，こちらを選択する。このときの収益（O*B*）を確実性等価とよび，その対価として放棄する差額*BC*（＝O*C*－O*B*）を，リスク・プレミアムとよぶ。このリスク・プレミアムは，図表6.2で効用の水準を表す曲線の曲がり具合が大きい（下に凹，ないし上に凸の形状度合いが強まる）ほど大きくなり，それはリスク回避度合いがそれだけ強くなることを意味し

図表 6.2　リスク回避型投資家の特徴

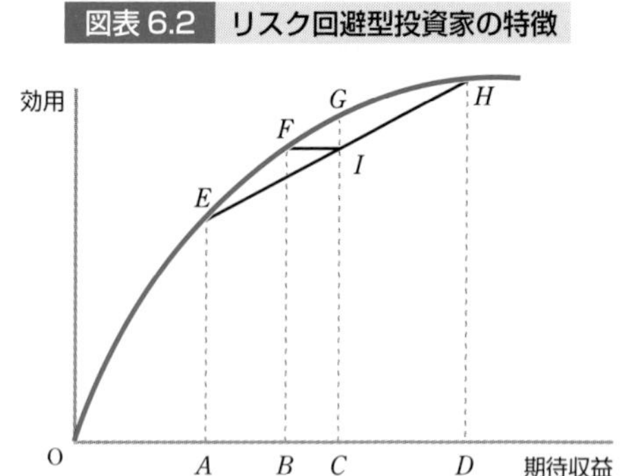

ている。

リスク回避型とリスク・プレミアム

このように，予想利回りで示されるリターンと，その不確実性を表すリスクとの関係は，投資家のリスクに対する態度いかんで大きく異なってくる。図表6.3（1）は，期待収益と効用を軸にとった平面で，リスク量（σ（シグマ）で表示）の変化と，一定の効用水準（OA）との関係を描いたものである。前記のようにリスク回避型投資家の場合，期待収益の増加がもたらす効用の増加テンポは逓減する。そして，δ（デルタ）で示した具体的なリスクが増加していくと（$\delta \to 2\delta \to 3\delta$），同一の効用水準（ないし無差別曲線）に留まるには，より大きなリターンの上昇つまりリスク・プレミアムの増大が必要となる（$E_1E_2 < E_2E_3 < E_3E_4$）。

これをリスクの指標（σ）と期待収益を軸とする平面で，効用水準が同一の組合せを表す無差別曲線として示すと，図表6.3（2）のように右上がりで下に凸状の曲線となる。すなわち，リスクが増大する場合，リスク回避型の投資家が同一の無差別曲線上に留まるには，リスクの増大以上のテンポで期待収益ないしリターンが上昇していく必要があることを示している。

また，リスク回避志向が強いと，リスクの増加に対してより大きなリターンの増加を求めることになり，無差別曲線の傾きは急となる。

図表6.3　導出される無差別曲線

（1）期待収益とリスク・効用

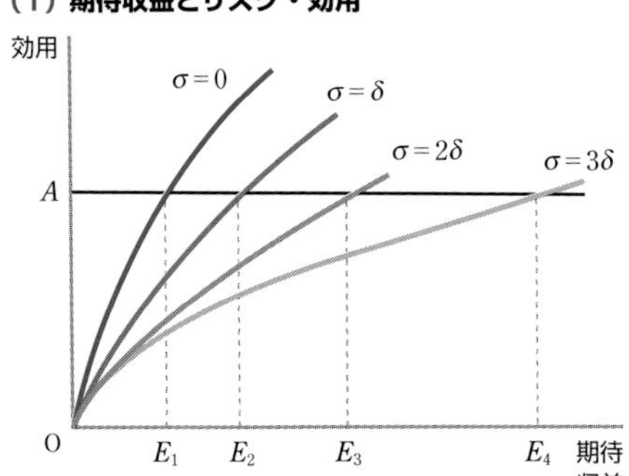

（2）リスクと期待収益の関係

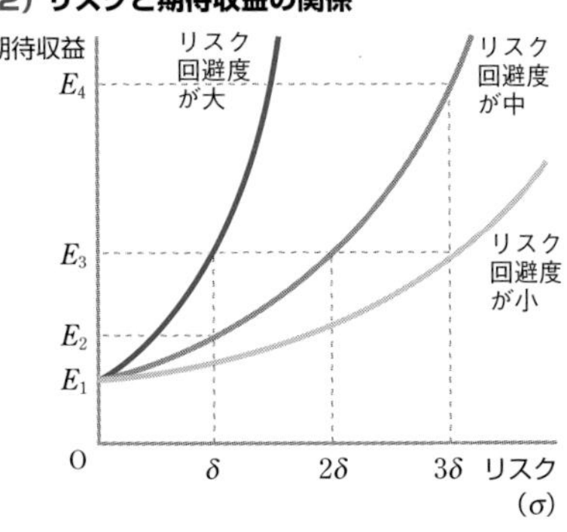

● 6.3 金融資産の選択

金融資産のリターンとリスク

6.2 で述べたように，リスク回避型の投資家が金融資産を選択する際，各資産のリターンとリスクが基準となる。この場合，リターンを期待収益率（予想利回り），リスクをリターンの標準偏差（ないし分散）で定量化し，これらを考慮して最適な資産選択を分析する方法が，平均・分散アプローチ（2 パラメーターアプローチ，Mean-Variance，MV 法）である。リターンは予想値（期待値）であり，投資する前に確率計算で求められる収益率の平均値（Mean）である。ここで，2 種類の証券のリターンについて，縦軸に確率（確率密度），横軸に収益率をとった確率分布をみておこう。確率分布は収益率が実現する確率を示した分布図で，図表 6.4 のように描かれる。平均・分散アプローチでは資産のリターン（期待収益率）をそれぞれの資産の確率分布における平均値（つまり最も実現する確率が高い値）とする方法である。

次に，平均・分散アプローチでは各資産のリスクを，6.1 でみたように「リターンのバラツキ」，つまりリターンの実現値が変動する度合いとして表す。この実現値の変動度合い，すなわち確率変数の分布が期待値から散らばる度合いを示す値が分散（Variance）である。図表 6.4 では，収益率が高い領域（図上右側）では証券 1 が証券 2 よりも発生する確率が高い一方，低い領域（図上左側）でも証券 1 で発生する確率は高い。他方，証券 2 は平均値周辺で非常に高い確率をとり，証券 1 を上回っている。つまり，証券 1 は収益率が高い場合も低い場合も有り得るという意味で，「リターンの変動が大きい」，すなわち「リスクが大きい」。これに対し証券 2 は，証券 1 よりも

図表 6.4 金融資産のリターンとリスク

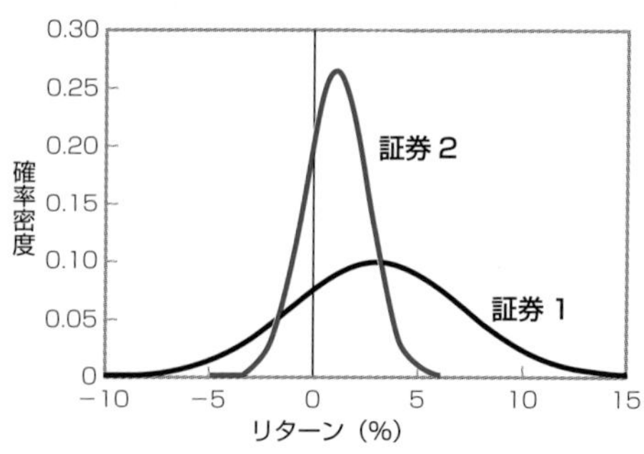

リターンの変動の幅が小さく（バラツキが小さく分布の幅が狭い），相対的に「リスクが小さい」。平均・分散アプローチでは，リスクをこうした分散のほか，その平方根である標準偏差（Standard Deviation）で表して資産の特徴をとらえ資産選択の要素としている。

リターンとリスクの組合せ

金融資産はリターンの確実性を基準にすると2つのタイプに分かれる。一つは，そのリターンが将来にわたって確実である安全資産であり（リスクがゼロ，すなわちリターンの標準偏差ないし分散がゼロの資産），代表例として決済用預金や短期国債等があげられる。もう一つは，そのリターンが確実ではない危険資産ないしリスク資産（リターンの標準偏差がゼロではない資産）である。これには，債券や株式のほか，投資信託や外貨預金等が該当する。

各金融資産のリスクとリターンの関係については，リターンが大きい（小さい）資産ほどリスクが大きい（小さい）という，いわゆるトレードオフの関係が成立すると考えられる。つまり，リスクが小さい場合には，（リスク回避型の）投資家が要求するリターンも低く（ローリスク・ローリターン型），逆にリスクが大きい場合には安全な資産の利回りを上回る度合いもそれだけ大きなものが要求される（ハイリスク・ハイリターン型）。このことは図表6.5で示され，金融商品のリスクとリターンは，全体として右上がりの関係となる。

たとえば，ほかの商品と比べてローリスク・ハイリターン型の商品が登場すると，投資家は争ってそうした商品を購入するため価格が上昇し，利回り（リターン）は低下しローリターンとなる。逆に，ハイリスク・ローリターン型の商品は，需要が少ないため価格が下落し，リターンが上昇する。このように，金融資産のリスク・リターンの間にはトレードオフの関係が存在し，またその想定も妥当性があると考えられている。

図表6.5　リスクとリターンの関係

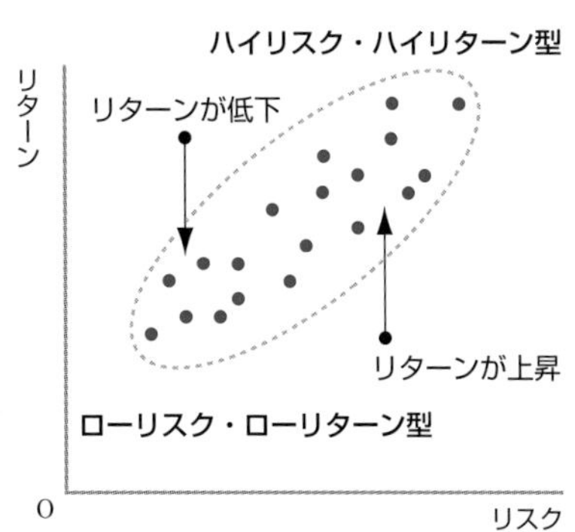

I

● 6.4　ポートフォリオの選択*

分散投資とポートフォリオ

分散投資とは，複数の異なる資産や銘柄を組み合わせて投資することである。そして，分散投資を行って数種類の資産を組み合わせたものがポートフォリオである。6.3 で紹介した平均・分散アプローチはこの分散投資の効果も組み込んだ資産選択理論（ポートフォリオ決定理論ともいう）である。

分散投資の効果は，ほとんどの資産のリターンの変動は同じではない，という事実に由来する。つまり，複数の資産を持つと，各資産のリターンの変動は相互に相殺し合うのである。多数の資産あるいは銘柄を組み合わせると，相殺の度合はさらに大きくなるため，全体でみたポートフォリオのリターンの変動は均され，リターンの変動が小さくなる可能性を示す。この点について，ポートフォリオのリスクを示す式で説明しよう。

まず，ポートフォリオが2つの証券（たとえば株式1および株式2）で構成されているケースをとりあげてみよう。ウェイトは，$w_1 : w_2$ である（$w_1 + w_2 = 1.0$）。このポートフォリオのリターン R_P の期待値（$E(R_P)$）は，各証券のリターンの期待値（$E(R_i)$）を構成比（w_i）で加重合計した値となる（$E(R_P) = w_1 \cdot E(R_1) + w_2 \cdot E(R_2)$）。

一方，リスクを表す指標（分散 $\sigma_P{}^2 = E\{R_P - E(R_P)\}^2$）は，ウェイトを乗じた各証券の分散（$\sigma_1{}^2$，$\sigma_2{}^2$）と，両者の共分散（$\sigma_{12} = E\{(R_1 - E(R_1)) \cdot (R_2 - E(R_2))\}$ の和となる。両証券の相関係数を $\rho_{12}(=\sigma_{12}/(\sigma_1 \cdot \sigma_2))$ とすれば，

$$\sigma_P{}^2 = w_1{}^2 \cdot \sigma_1{}^2 + w_2{}^2 \cdot \sigma_2{}^2 + 2 \cdot w_1 \cdot w_2 \cdot \rho_{12} \cdot \sigma_1 \cdot \sigma_2$$

となる。すなわち，分散で示されるポートフォリオのリスクが，各証券のウェイトと両証券の相関係数に依存することを表している。一般的には，リスクの相関係数（ρ_{12}）が最大値である $+1.0$ あるいは最小値である -1.0 といったケースは少なく，その間の値となると考えられる。この値が $+1.0$ よりも小さい場合，組入比率ないしウェイトを調整することによって，各証券のリスクの加重平均値よりもポートフォリオ全体としてのリスクを小さくすることができる。

効率的フロンティア

図表 6.5 と同様に縦軸にリターン，横軸にリスク（標準偏差）としたとき，上記の式で示す 2 つの証券（証券 1 および証券 2）で構成されるポートフォリオ全体のリスク・リターンは，その構成比の変化とともに軌跡を描く。そのポートフォリオの軌跡は，相関係数が +1.0 のとき（完全に正の相関），図表 6.6 の破線 AB で示される直線となる。相関係数が −1.0 のとき（完全に負の相関），その軌跡は A から縦軸上の点 Z を通り，屈折して B に至る破線 AZB となる。完全に負の相関の場合，ポートフォリオのリスク（σ_P）がゼロとなる証券 1 と 2 の構成比が存在する。相関係数が −1.0 と +1.0 の間にあるとき，ポートフォリオの軌跡は A から点 X を通り B に至る実線 AXB で示される曲線となる。完全な正の相関ないし負の相関となるケースは事実上存在せず，リスク・リターン平面上では実線で示されるような軌跡となるのが一般的である。

2 つの証券のポートフォリオにさらに証券を追加する場合，証券 1 と 2 を組み合わせたポートフォリオを 1 つの証券 Y とし，新たに加えた証券 3 と Y で同様の作業を行う。証券を追加していくと，曲線ではなく領域を示すようになる。結果，選択可能な「ポートフォリオの領域」は図表 6.7 の灰色の領域となる。6.1 で示したように，一般的な投資家はリスク回避型である（リスクが一定であればリターンを大きくしようとする）。その場合，投資対象として意味をもつ組合せは領域の境界線で，そのうち線分 VW の太線部分のみとなる（領域内部の点 U は選択できるが，投資家にとり有利ではなく選択されない）。この VW で示される曲線は，効率的フロンティア（Efficient Frontier）と呼ばれる。

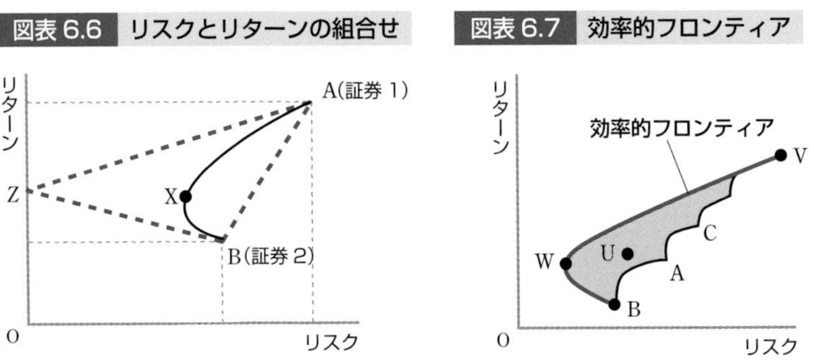

● 6.5　最適ポートフォリオと CAPM *

》最適ポートフォリオ

安全資産（リスクゼロ）がある場合の効率的フロンティアは，図表 6.8 で示される直線 ZT（Z は安全資産を示す）となる。図上，点 T を接点ポートフォリオ，直線 ZT を資本市場線と呼ぶ。このフロンティア上のポートフォリオはいずれも効率的でかつ選択可能である。実際の選択は 6.2 でみた無差別曲線と効率的フロンティアの接点で選ばれることになる。ただし，選択されるポートフォリオは点 U や V など，無差別曲線の形状によって異なる。選ばれたポートフォリオは，最適ポートフォリオ（Optimal Portfolio）である。

》分散投資とリスク低減効果

6.4 でみた分散投資のリスク縮減効果は，様々な資産に分散投資すればポートフォリオのリスクが低下することを指した。2 資産だけでなくさらに投資する資産を増やすと，さらにポートフォリオのリスクが縮減すると推測されよう。証券投資を例にとれば，分散する銘柄を 5，50，100……と増やすと，ポートフォリオのリスクは縮減していく（図表 6.9）。これは，分散することでお互いリターンの変動が相殺し合う効果が働き，その効果は逓減するが，全体のリスクは小さくなることを示している。この分散投資の効果を最大限享受するには，市場の全銘柄に分散投資すればよいという結論となる。この市場で購入可能な全銘柄で構成されるポートフォリオを市場ポートフォリオ（Market Portfolio）と呼ぶ。市場ポートフォリオよりもリスクを縮減することはできない。市場ポートフォリオの持つリスクは市場リスク（システマティック・リスク）と呼ばれ，市場全体に影響する要因，例えば経済全体に影響するような要因から生じるリスクである。一方，個々の企業業績の変動など分散することで相殺・消去可能なリスクは固有リスク（アンシステマティック・リスク）と呼ばれ，投資する証券数を増やして組み合わせて相殺することにより縮減可能なリスクである（図表 6.9）。

図表 6.8 最適ポートフォリオの選択

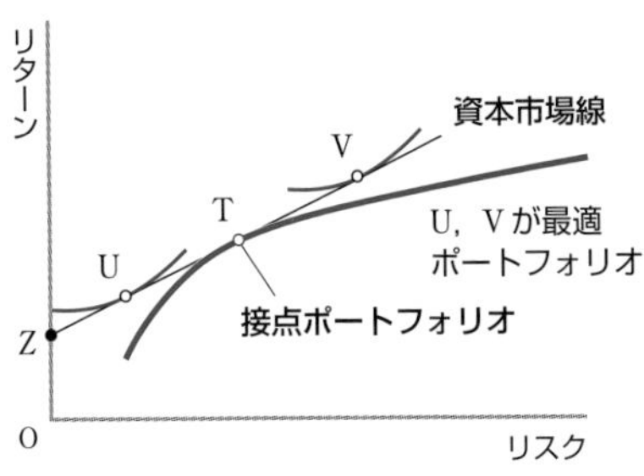

図表 6.9 ポートフォリオに含まれる証券の数とリスクの関係

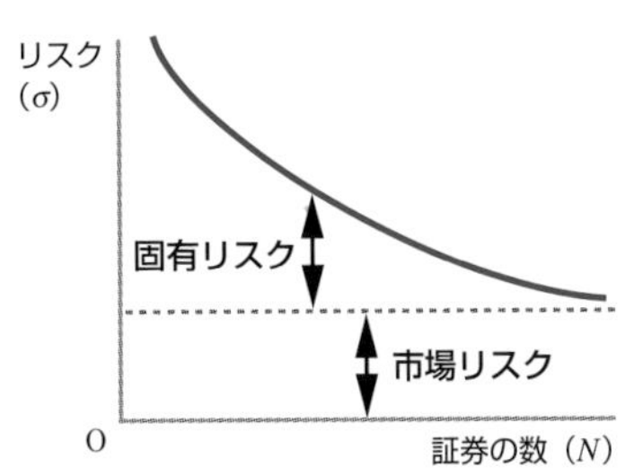

CAPM（資本資産評価モデル）

以上の市場リスクと固有リスクの議論から，「十分に分散化されたポートフォリオのリスクは，そのポートフォリオを構成する証券の市場リスクによって決まる」という結論が導かれる。この結論をモデルで示したものが資本資産評価モデル（Capital Asset Pricing Model, CAPM）である。CAPMは，ポートフォリオの対象とする証券 i のリターン（R_i）を市場ポートフォリオのリターン（R_m）と，リスク・フリーレート（R_f, 安全資産のリターン）との関係で表わされる。証券 i の（超過）リターンの市場ポートフォリオのリターンに対する感応度を β_i（ベータ）とすると，

$$E(R_i) = R_f + \beta_i \cdot \{E(R_m) - R_f\}$$

で示される。なお，$\beta_i = \sigma_{m,i}/\sigma_m^2$ であり，$\sigma_{m,i}$ は R_m（市場ポートフォリオのリターン）と R_i（証券 i のリターン）の共分散（相関の強さを示す統計値），σ_m^2 は R_m の分散である。（β_i は証券 i と市場ポートフォリオの共分散と市場ポートフォリオの分散との比率である）。

CAPMが示す最も重要な含意は，ポートフォリオに含まれる証券 i 自身のリスクは，その証券のリターンには直接影響せず，リスクは市場全体の動向との相関の強さのみに依存するということである。つまり，ポートフォリオを構成する証券の数を増やしていくことによって取り除かれる固有リスクはもはやリスクではなくなるため，市場リスクのみを考慮すべきで，それが価格に反映されることを意味する。

I

● 重要用語チェック

6.1	□ 不確実性	□ リターン
	□ リスク	□ 期待値
	□ 期待収益	□ リスク回避型
	□ リスク愛好型	□ リスク中立型
6.2	□ 期待効用	□ 確実性等価
	□ リスク・プレミアム	□ 無差別曲線
6.3	□ 分散	□ 標準偏差
	□ 平均・分散アプローチ	□ 安全資産
	□ 危険資産（リスク資産）	□ ローリスク・ローリターン型
	□ ハイリスク・ハイリターン型	
6.4	□ 分散投資	□ ポートフォリオ
	□ 資産選択理論	□ 分散
	□ 共分散	□ 相関係数
	□ 標準偏差	□ 効率的フロンティア
6.5	□ 資本市場線	□ 最適ポートフォリオ
	□ 分散投資	□ 市場ポートフォリオ
	□ 市場リスク（システマティック・リスク）	
	□ 固有リスク（アンシステマティック・リスク）	
	□ 資本資産評価モデル（CAPM）	□ β（ベータ）

■ Column　CAPM と現実のポートフォリオ

市場ポートフォリオは全銘柄で構成され，日本株式のみで考える場合は東証株価指数（TOPIX，第 10 章参照）をあてることが多い。この東証株価指数とリスク・リターンが連動する投資信託（第 11 章参照）は株式のインデックス・ファンド（あるいはパッシブ・ファンド）と呼ばれ，ファンドの運用者は CAPM で評価する際，$\beta=1$ を目指す運用を行っている。インデックス・ファンドは TOPIX や日経平均株価と連動する商品で，個人投資家にわかりやすく，また手数料も安く長期投資に向いており，近年，高い人気を集めている。

第7章
金融取引と金融システム

POINT——本章で学ぶことがら

1 金融市場は，資金の円滑な貸借・移転を実現する役割を果たしている。それに関連して，金融商品の価値の評価，リスク移転，そして情報提供といった機能を果たしている。

2 金融市場は，相対取引型市場と，市場取引型市場に大別される。前者は貸出市場に代表され，特定の相手と個別に取引条件が決められる。後者は，不特定多数の取引者が標準化された条件で取引する。

3 金融取引は資金移動の形態を基準に直接金融と間接金融に分かれ，取引の形態によって相対取引型と市場取引型に分かれる。一般に貸出は相対型間接金融，個人の株式購入等は市場型直接金融である。近年は投資信託等の市場型間接金融も増えている。

4 金融取引の前提となっている制度的な枠組みを金融制度とよぶ。そして，その下で営まれる各経済主体の行動の特性を含む概念が金融システムである。

5 金融システムは，公開市場型と金融仲介型に類型化される。わが国は後者のタイプであり，相対型間接金融のウェイトが高い。金融システムは実体経済も大きく影響することから，その安定が求められる。

I

● 7.1　金融市場の機能とタイプ

金融市場の機能

金融市場を広い意味に解釈すれば，金融商品の取引が行われる場，あるいは資金の需要者と供給者が出会い，貸借や需給の調整が行われる場である。金融市場が存在すると，資金の需要者・供給者の出会いが容易となる。そして，規模の経済性を生かし多くの取引を低コストで処理することが可能となり，資金の貸借・移転が円滑に行われる。これが金融市場の最も重要な役割である。

これに関連して金融市場は，主として3つの機能を果たしている。第1は，金融商品の価値の評価，すなわち取引価格の決定である。金融市場では様々な商品が取引され，それらの価値はその時々の経済環境やその商品独自の情報によって絶えず市場参加者に評価される。そして，需要・供給の調整・バランスによって決定された価格のもとで取引が行われる。

第2は，リスクの移転である。取引に参加する経済主体が多いことから，リスクを分散・分担することが可能となる。また，取引の当事者がいずれもリスク回避型であっても，リスク回避の度合いが強い経済主体と弱い主体との間でプレミアムの受払とともにリスクが移転されると，両者ともに経済厚生水準が高まる可能性もある。なお，こうしたリスク移転・引受機能に特化した債務保証やクレジット・デリバティブ，証券化商品等も取引されている。

第3は，情報の提供である。市場は各種金融商品の発行・転売状況やそれに伴う資金移動等に関する情報を市場参加者に伝達・提供する。そのような情報は市場内で消化され，それらを反映して価格や取引量が変化していく。

このほか，どのような取引が行われたのかを残す取引記録機能もある。

相対取引型と市場取引型

金融市場では，様々な金融商品（資産・負債）やそれらに関連した権利・義務が取引される。たとえば，資金調達主体は将来の債務履行を確約した証書や，持分を表す証券（株式）を発行し，それらが金融商品として受け渡される。

図表 7.1 金融取引のタイプと市場

金融市場	**相対取引型市場**……特定の相手・条件も個別的（例：貸出市場） （顧客市場）
	市場取引型市場……不特定多数・条件は標準化（例：株式市場） （競売市場）

金融市場は，取引の形態を基準に2つのタイプに分かれる（図表7.1）。一つは，相対（あいたい）取引型市場であり，特定の相手との間で条件が個別に決められ，取引が行われる。この典型は，貸出や保険の市場であり，それぞれ性質の異なる経済主体が，特定の金融機関との顧客関係をもとに相対で交渉し，金利や期間等の条件が決定される。この市場は通常，顧客市場とよばれており，取引相手との人的関係が重要となる等，文字通り個別性が強いが，そうした取引が行われる場も金融市場の一つである。このタイプの市場では，ニーズに応じた複雑な取引も可能であり，また相手が特定化されていることから，長期・継続的な取引の維持も可能となる利点がある。相対取引型市場は，わが国における資金の運用調達のなかで，貸出を中心に引き続き大きな役割を果たしている。

もう一つは，市場取引型市場である。この市場においては，取引対象の金融商品が品質や条件等の面で標準化され，したがって買い手は金融商品を容易に評価でき，原則として不特定多数の競り合い（競売）によって価格や取引量が決定される。換言すれば，このタイプの取引は，対象とする金融資産の同質性，取引内容に関する情報の完全性，取引相手の匿名性（参加者相互に固定的な結び付きや関係がない）といった特徴を持ち，当該金融商品の価格は需給関係によって調整される。この典型は，株式や債券等の市場である。このような市場は，伝統的に経済学で想定してきた競売市場に相当する（これが狭義の金融市場である）。市場取引型では取引条件が標準化されていることから，市場参加者は金利や価格の動向に集中して取引を行うことが可能となる。

もっとも，相対取引型市場と市場取引型市場の違いは，程度の差こそあれ連続的なものである。また，これら金融市場の形態は，取引所のような物理的な特定の場所で行われる取引に限らない。このほかに，インターネットや電信・電話を通じた取引等，様々なタイプが含まれる。以下では，金融市場として狭義の金融市場を対象に取りあげてみていく。

Ⅰ

● 7.2　金融取引の類型

取引タイプの区分

金融取引を考える場合，その方法ないし形態を基準に2つに大別し，さらに各々を2つのタイプに分け，それらの組合せとしてみるとわかりやすい。

その基準の一つは，3.1 でみたように，資金移動の発生形態，すなわち資金が運用主体から調達主体へと移動する形態を基準とする方法である。すなわち，金融の仲介機能・分配機能の区分を基準とし，これは2つに分かれる（図表7.2）。一つは直接金融であり，資金運用主体（図では家計）から資金調達主体（同企業）へと資金が直接提供され，資金運用主体が資金調達主体の発行する債務証書（すなわち直接証券，本源的証券）を購入する方式である。この場合，通常は証券会社等が両者の間に入り，斡旋を行う（金融分配機能）。

もう一つが間接金融であり，資金調達主体の発行する直接証券を金融機関が取得し，資金運用主体に対して自分の債務である間接証券を発行して資金を調達する方式をとる（金融仲介機能）。3.1 でみたように，間接証券（預金，保険，信託，投資信託等）は，直接証券と比べ収益性は劣るが流動性や可分性が大きく，一般に元本確実性も大きい。わが国ではこれまで，金融仲介機能を果たす機関（すなわち金融仲介機関）を経由する間接金融が圧倒的に大きな割合を占めている。

図表 7.2　資金移動の発生形態

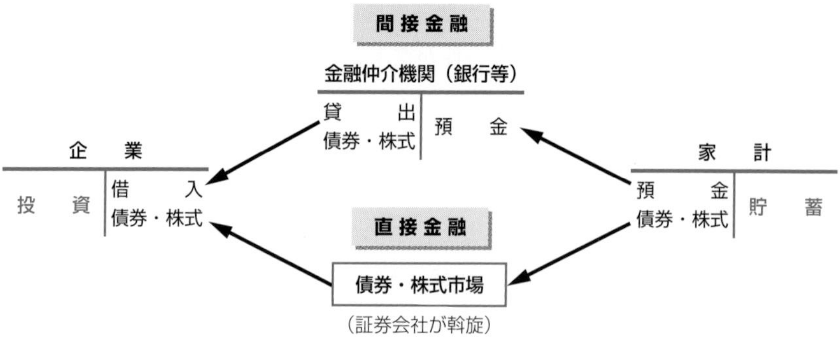

直接金融，間接金融の違いによって，資金運用者が負うリスクの大きさも異なる。直接金融で購入した証券の価値は，企業の経営状態により変化し，そのリスクは保有者が負う。これに対して間接金融の場合，企業の経営状態等の変化に伴うリスクは，一般的には金融仲介機関が負い，家計等には生じない。

いま一つは，前記（**7.1**）のように，取引を行う市場の形態を基準とする方法で，相対取引型と市場取引型に大別される。前者は，特定の借り手と金融機関の個別的な取引で，代表例が貸出取引である。取引条件は，長期にわたる顧客関係によって様々である。他方，後者は標準化された金融商品を取引対象とし，原則として不特定多数による競り合いを通じて金利・価格が決定される。この代表例が証券市場である。

各タイプの組合せ

間接金融と直接金融の区分は，相対取引型と市場取引型の区分に対応することも多いが，すべてに対応するわけではない。図表 7.3 は，代表的な取引を示している。企業同士の直接的な資金の貸借である企業間信用の授受は，当事者間で行われる直接金融であるが，条件は個別に決められる相対取引型である。逆に，金融仲介機関が保有する証券による資金移動は，間接金融であるが，市場の需給を反映して金利等の条件が決定される市場取引型である。

近年は，金融商品類の拡充や各種金融市場の整備等が進み，市場取引型と間接金融双方の性格を持つ市場型間接金融が台頭しつつある。すなわち，専門の仲介機関が間接証券を発行し（間接金融の性格），それを資金運用者が購入するが，投資収益の変動リスクは資金運用者が負う（直接金融に近い）形式である。その代表として投資信託受益証券がある（**11.3** を参照）。

図表 7.3　金融取引の類型

		資金移動の形態	
		直接金融	間接金融
取引の形態	相対取引型	企業間信用	貸出 信託 保険
	市場取引型	株式等の証券 （金融機関の保有を除く）	株式等の証券 （金融機関が保有する場合）

● 7.3 経済活動と金融システム

≫ 金融システムと相互依存性

これまでみてきたように，金融市場では多種多様な取引が行われ，参加する経済主体も企業・家計や政府のほか，各種の金融機関や海外の投資家等も含まれ広範囲にわたる。こうした金融取引が円滑に営まれるには，その基盤ともいうべきインフラストラクチャーの整備，すなわち通貨制度や資金の決済ないし各種証券・証書の受渡等，具体的な取引の手順等をルール化しておくことが必要となる。そうしたインフラである法律・規制や金融に関わる各種の慣行等，取引の前提となっている金融の制度的枠組みを，金融制度とよぶ。

金融取引は，こうしたインフラないし枠組みのもとで，経済主体が金融に関した活動を営むことで実現する。そして，各経済主体の行動には，一定の特徴ないし傾向が存在する。こうした金融制度とその具体的な機能状況，すなわち金融機関や企業・家計等の資金調達・運用行動の傾向を併せた概念が，金融システムである。金融制度が金融取引のインフラないし静態的な枠組みといった側面を重視した概念であるのに対し，金融システムはそうしたインフラのもとで営まれる経済主体の金融活動の特性も包含する。換言すれば金融システムは，多くの金融機関や金融市場，決済システムといった，各種のサブシステムを対象に含み，そのなかで企業・家計等の経済主体が具体的に資金やリスクの移転・配分を行う仕組み全体を指している。

一般にシステムは，多様なサブシステムや制度が体系的に結び付いて成り立っている。それらは，いわばネットワークとして相互に依存ないし補完しあう関係にあり，ほかに依存しつつ機能を発揮し，システム全体としての安定性に寄与している。金融システムも例外ではない。たとえば金融システムの一部である決済システムは，各種の経済取引や銀行の貸出行動あるいは証券市場の売買等を前提としつつ，機能している。また逆に，決済システムが存在することは，これら各種取引がスムーズに行われていくための前提ともなっている。そして，こうした補完関係の存在を裏付けとしつつ，金融システム全体が機能していくのである。

金融システムは，各国において歴史的に形成されたものである。各時代において，その時々の経済的状況ないし技術の水準等を反映して，それに合わせて形成され，そうした枠組みのなかで各経済主体の金融ニーズが充足されてきたのである。そして，新しい技術の発達や経済の循環構造の変化が生じると，各経済主体の金融ニーズが影響を受けて変化し，それに応じて金融制度や金融システムも変化していく。これを示す概念が金融構造である。これは，金融制度と，その下で営まれる経済主体の活動のパターン，およびこうした経済的・技術的条件の3者の相互依存関係を示す。金融構造の変化は，金融制度および金融システムのほか，実体経済活動自身の変化の影響も受けて生じてくるものである。

金融システムの安定性

財・サービスの受払に伴う決済や生産活動につながる資金調達・運用などの活動は，金融システムに支えられている。安定した金融システムのもとで資金の決済をはじめとする各種の金融機能が果たされ，さらにそれを前提として財・サービスの生産・販売等の経済活動が安定的に営まれていくことが可能となる。その意味で金融システムは，経済活動を円滑に営むうえで大きな役割を果たしている。

こうした金融システムの安定性は，「お金」の貸し借りや受払が安心して行われる状態」（日本銀行金融研究所［2011］）を指す。より詳しくは，通貨制度および支払・決済システムや金融・為替市場等が，全体として整然かつ円滑に機能している状態を意味する。

昨今の金融危機で，金融市場の動揺が実体経済に広く波及したことを考えると（第26章を参照），金融システムの安定性の維持は重要な課題である。そのためには，個々の金融機関が相互の信用供与や金融取引，決済等を通じて密接に結び付き，依存しあっていることを考慮し，個々の金融機関に対する信認を確保することが不可欠である。したがって，金融システムの安定性を維持する観点からも，個々の金融機関には経営の健全性および節度ある経営態度が求められる。この点は第Ⅳ部で取りあげる。

I

● 7.4　金融システムの類型化

≫ 公開市場型

このように金融システムは，多くの金融機関や金融資本市場，決済システムから構成されている。金融システムは，**7.1** でみた取引の形態，すなわち市場取引型と相対取引型の区分を基準とすれば，①公開市場型と，②金融仲介型に大別することができる。こうしたタイプの差異は，発生する金融資産の性格をも大きく左右し，それは一国の金融システムを特徴づける。

①の公開市場型システムは，不特定多数の資金提供者からなる公開市場において，標準化された金融資産の売買を通じて資金移転が行われるシステムである。公開市場での取引においては当事者は互いに一定の距離を置きつつ条件等を交渉し（Arm's-length Rule），取引は毎回独立的に実行される。資本市場中心型の金融ともよばれる。この場合，企業の長期資金は資本市場で調達される。借入は一般に短期資金のみであり，借入依存度は低くなる。したがって，企業と銀行との結び付きは比較的弱く，銀行による企業のモニタリングが働きにくい。かわりに，たとえば株式市場における敵対的買収の圧力がその役割を担う。

≫ 金融仲介型

②の金融仲介型は，銀行貸出を中心とする金融仲介型のシステムである。特定の相手と長期的な取引関係を形成し，その下で資金量や期間，金利等が決定され，資金移転が行われる。銀行を中心とする相対取引型を基本とし，当事者である銀行と企業は密接な関係を維持しながら継続的に取引を行う。このタイプは，銀行中心型の金融ともいわれる。銀行は，短期資金のみならず長期融資も行うことから，銀行への依存度が高くなる。また，銀行は取引先企業の株式を安定的に保有する場合も多く，債権者かつ株主の立場から企業経営に関わることとなる。企業経営は，株式市場よりも銀行によりモニターされ，規律付けられることとなる。

わが国は，上記②の金融仲介型システムであり，いわゆる相対型間接金融のウェイトが高い（この点はドイツも同様である）。もっとも，近年は市場取引のウェイトが上昇しており，市場型間接金融の側面も強まっている（図表7.4）。一方，米国や英国は公開市場型システムと考えられる。特に米国では，家計部門等が証券を購入する直接金融が盛んであるが，間接金融のウェイトも高く，市場型間接金融が中心である（社債やCPを投資信託や年金ファンド等の金融仲介機関が保有している）。

このような類型化には限界がある。特に近年は，金融の証券化の動きのほか，グローバル化から金融システムが平準化する一面も持つ。しかし，金融システムには各国が経済発展の過程でたどった歴史的経路に依存する面が強く，金融システムの類型化は，依然として大まかな特徴付けの方法として意義を持つ。こうした2つのシステムのうち，いずれが効率的かについて，正解はない。金融市場は不完全であり，また取引に際してはコストないし制約がかかるといった現実に対応するメカニズムとして，2つのいわば対照的なシステムが存在する。これらの金融システムは，それが作動する環境（歴史的な諸条件や国民の行動様式等）のもとで存在するのであり，そのままで優劣を判断することはできない。一般には，情報の集約に関する優位性があるのが公開市場型システムであり，情報コストの節約については金融仲介型システムが優れているといわれている。

図表 7.4　近年の金融システム

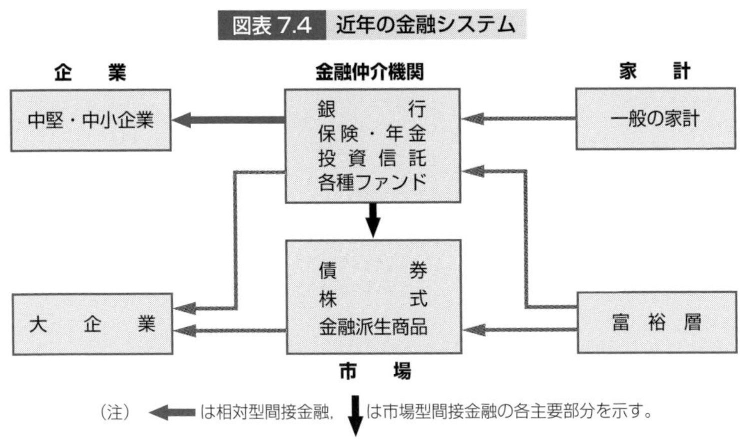

（注）←は相対型間接金融，↓は市場型間接金融の各主要部分を示す。

I

●重要用語チェック

7.1	□ リスクの移転	□ 取引価格の決定
	□ 情報の提供	□ 金融市場
	□ 相対取引型	□ 顧客市場
	□ 市場取引型	□ 競売市場
	□ 狭義の金融市場	
7.2	□ 直接金融	□ 直接証券
	□ 金融分配機能	□ 間接金融
	□ 間接証券	□ 金融仲介機能
	□ 金融仲介機関	□ 相対取引型
	□ 市場取引型	□ 顧客関係
7.3	□ 金融制度	□ 金融システム
	□ 金融構造	□ 金融システムの安定性
7.4	□ 公開市場型	□ 金融仲介型
	□ 相対型間接金融	□ 市場型間接金融

第Ⅱ部
金融市場の類型

CONTENTS

第8章
市場取引型市場

POINT——本章で学ぶことがら

1 市場取引型市場，すなわち狭義の金融市場は発生の形態を基準に，原資産市場，証券化商品市場，金融派生商品市場に類型化される。原資産市場は，取引される金融商品の期間により，短期金融市場と資本市場に分かれる。

2 金融市場には，取引円滑化等のための専門機関が存在し，その代表例として証券会社，証券取引所，格付機関がある。

3 短期金融市場は一時的な資金の過不足が調整される場である。そのうちインターバンク市場は，日本銀行の金融政策上も重要である。

● 8.1　金融市場の類型化

発生形態を基準とする類型化

金融市場はいくつかの基準で類型化できる。前記の相対取引型と市場取引型は，金融の仲介形態を基準としたものである。図表 8.1 では，市場取引型市場について，発生の形態を基準に類型化した。すなわち狭義の金融市場は，①直接的な資金の運用・調達に関連した金融商品である原資産を取引する「原資産市場」（本源的証券市場）ないし「現物市場」と，②そうした原資産の生み出すキャッシュ・フローを裏付けとして新たに発行される証券を取引する「証券化商品市場」，そして，③その価値が原資産に依存して変化する条件付請求権を取引する「金融派生商品市場」に大別される。近年は，信用リスクを内包する商品を取引する市場を総称して，クレジット市場とよぶこともある。

図表 8.1　わが国金融市場の概要

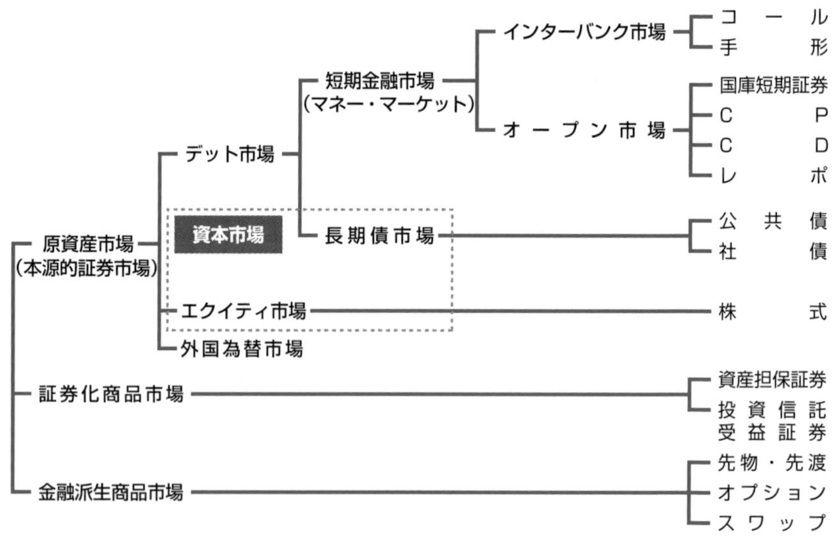

各市場の特徴

原資産市場は，債券のように金利や元本の支払パターンがあらかじめ決められているデット市場と，株式のように収益が事前には確定しないエクイティ市場，および内外通貨の交換を行う外国為替市場に分かれる。外国為替市場は，購買力の移転が発生しない点でほかの市場とは異なる（第15章で扱う）。

デット市場はさらに，取引商品の満期期間（発行時の償還期間）を基準として，短期金融市場（原満期期間あるいは条件付売買の期間が1年以内）と，国や企業等が発行する債券等を主に取引対象とする長期債市場（同1年超）に区分される。短期金融市場は短期資金を融通しあう市場であり，金融機関等が一時的な余裕資金の効率的運用や不足資金の調達のために利用する。専門色が強く，マネー・マーケットともよばれる。この市場は，参加者の範囲を基準として，インターバンク市場とオープン市場に分類される。インターバンク市場は，参加者が銀行，協同組織金融機関や，証券会社，証券金融会社，短資会社等の金融機関に限定されるのに対し，オープン市場は金融機関のほか一般事業法人や地方公共団体等も参加できる。短期金融市場については8.3で取りあげる。

一方，長期債市場およびエクイティ市場は，最終的借り手である企業や政府，あるいは専門金融機関等が，長期資金や資本性のある資金の運用・調達を行う場である。図表8.1で破線で示される市場であり，資本市場（Capital Market）ともよばれ，証券市場を代表する（第9・10章で詳しく取りあげる）。

証券化商品市場は，第一次的な資金の貸借で発生した証券・債権等を前提とした証券を取引する。資産担保証券や投資信託受益証券等が含まれ，第11章で取りあげる。

金融派生商品市場は，原資産市場での取引の結果生じたポートフォリオに内在するリスクの管理・調節手段として利用される。いわゆるデリバティブ（先物・先渡，スワップ，オプション）市場である。この市場は，市場リスクに対する効果的なリスク回避手段として，あるいは現物市場との間での裁定取引や投機取引などを通じた新たな収益獲得手段として大きく発展した。

証券化商品市場や金融派生商品市場は，ヘッジや裁定取引の機会を増やし，市場間の金利変動の波及をスムーズにする。同時に，金融資産保有者への売却手段の提供等を通じて，原資産市場の流動性を高める機能も果たしている。

● 8.2　金融市場の専門機関

Ⅱ

≫ 金融商品取引業者

金融市場の参加者は多様である。すぐに思い浮かぶのは，金融機関のうち銀行や，非金融部門の企業・個人等である。対象を狭義の金融市場に絞ると，これら経済主体のほかに，多様な金融商品を斡旋する証券関係業者や，取引が行われる空間（場所）の管理あるいは企業を評価する機関等が重要な役割を果たしている。そのうちの主なものをみておこう（図表 8.2）。

金融商品取引法に基づき金融取引を業として行う金融機関は，金融商品取引業者とよばれ，有価証券関連取引や金融投資の助言・代理あるいは運用等を行う。具体的には，証券会社や投資信託委託会社等を指す。後者は，資金や知識面から証券市場での資金運用が難しい小口投資家等に対し，投資信託受益証券のかたちで簡便かつ効率的な投資機会を提供する。近年は，不動産投資信託（REIT）や上場投資信託（ETF）等も取り扱っている。

証券会社は，金融商品取引業者（第一種）で，資金調達者の証券発行事務を取り扱うほか，投資家の証券売買を斡旋して，証券に流動性を付与し流通させる役割を果たす。具体的には，①顧客の注文を受け売買を取次ぎする委託売買（ブローキング），②債券等の公募，すなわち幅広い層を対象とする募集・売出等に際して，証券の全部ないし一部，または売れ残り分を取得する引受（アン

図表 8.2　証券取引の主要経路

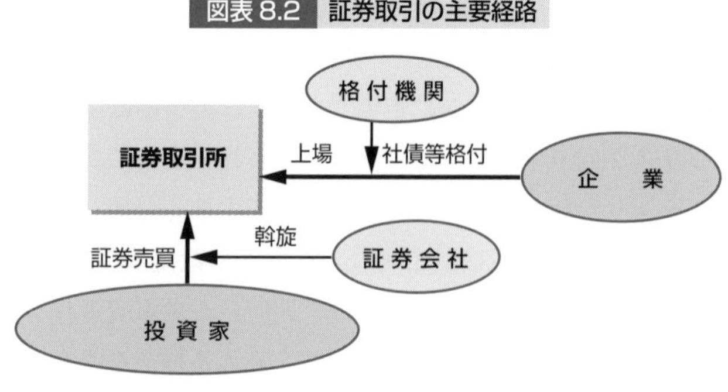

ダーライティング)，③発行体等の依頼による証券の売りさばき（セリング）④自社の資金・判断による自己売買（ディーリング）である。近年は，インターネットを通じて証券売買を斡旋するネット証券も登場している。

8

証券取引所

証券取引所は，金融商品が売買される空間（場所）を指し，取引をそこに集中することで証券の流動性を高め，公正に価格を形成する機能を果たす。わが国の株式取引はほとんどが東京証券取引所に集中している（10.2 を参照)。

会社が東京証券取引所等に上場する，すなわち自社の株式が取引所で売買される資格を得ると，当該企業の株式・社債等は不特定多数の投資家の取引対象となる。上場することにより，一定の基準を満たす企業として信頼性が高まるほか知名度も上がり，その後の資金調達や人材確保，取引拡大等の面で有利となるといった利点がある。

格付機関

市場では様々な企業の債務証書や株式等が売買される。その際，企業の状況に関する投資家自らの情報収集力には限界があり，それを補うべく様々な仕組みが設けられている。代表的には，一定形式による財務関連情報等の開示制度や，企業が作成する財務諸表の適正状況をチェックする監査制度がある。このほか，2.2 でみたように独立した第三者による格付がある。すなわち，資金調達対象の企業を調査し，負債等の期日通りの返済能力に関する安全度の等級付け，いいかえれば発行体の格付を行う専門機関が，格付機関である。

代表的な機関として，スタンダード・アンド・プアーズ（S&P）社，ムーディーズ（Moody's）社，格付投資情報センター（R&I）がある。なお，発行体が同一であっても，種類が異なると格付も異なる場合があること，同一の債券等でも格付機関によって異なった評価が付けられることもあるほか，格付は情勢の変化を織り込んで変更されていくことに注意したい。

格付を取得すると投資家は証券を購入しやすくなり，企業は資金調達をしやすくなる。もっとも，先般の金融危機では，証券化商品の格付審査の甘さが問題となり，格付機関への評価は厳しくなった。

● 8.3　短期金融市場

Ⅱ

インターバンク市場と金利の波及

短期金融市場は，一時的な資金の過不足が調整される市場である。前記のように短期金融市場は，銀行や証券会社等の金融機関が参加するインターバンク市場と，金融機関だけでなく一般事業法人等も参加できるオープン市場に分かれる。このほか図表8.1では省略しているが，非居住者間で円資金を貸借（外—外取引）するユーロ円市場や，無担保コールレート・オーバーナイト（O/N）物と固定金利を交換するオーバーナイト・インデックス・スワップ（OIS）市場等も，短期金融市場に含めることがある（OIS市場は第14章で扱う）。

インターバンク市場は，金融機関同士が短期資金を融通しあう場で，コール市場と手形市場から成る。コール市場は，金融機関同士が短期資金（主に1日～1週間）を相互に融通しあう市場であり，呼ぶと手に入る資金（Money at Call）を扱う市場であることを意味している。担保の有無等により，無担保コール市場と有担保コール市場に分かれる。一時的な余裕資金はローン放出（コール・ローン）として運用され，一時的な不足資金はマネー取入れ（コール・マネー）として調達される。主な資金の出し手は地銀・第二地銀・信託銀行等であり，取り手は都銀・外銀・証券会社等である。

一方，手形市場は1週間から数か月の資金を取引し，資金運用手段として手形を購入し，資金調達の場合は手形を売り出す。対象は，優良な商工業手形や日銀売出手形等である。近年は，企業の短期資金の利用形態が預金残高を越えても一定枠内で資金を使える当座貸越へとシフトしたことから，市場規模が大幅に縮小している。

日本銀行は，インターバンク市場に参加して資金の需給を調整する。無担保コールレートO/N物（翌日物ともいう）の水準の変更を通じて経済活動全体に影響を与えている（近年は長期債利回りを重視している。第28・29章を参照）。2000年春以降は，日本銀行による資金の大量供給を受けて，インターバンク市場の資金需給が大幅に緩和した状態が続いている。

オープン市場

オープン市場には，国庫短期証券（Treasury Discount Bills［T-Bill］），譲渡性預金（CD），コマーシャル・ペーパー（CP），レポ等の市場がある。いずれも，一時的な余裕資金の運用・不足資金の調達が行われている。

国庫短期証券市場は，国庫や特別会計の一時的な資金不足を補うため発行される資金繰り債を取引する市場である（従来は政府短期証券と割引短期国債に分かれていた）。償還期限は2・3・6か月および1年で，割引形式で発行され，購入者は法人に限定される。この証券は，信用力や流動性の高さ・商品の均質性からみて，短期金融市場の中核として相応しい商品である。これらの市場が十分な厚みを持ち，期間に応じた円滑で透明性の高い金利・価格形成がなされることは，金融市場の機能を高めることにつながる。

CD・CP市場は，それぞれ金融機関と一般事業法人等が短期資金を調達する市場である。CDは，第三者に譲渡可能な定期預金証書を意味する。この商品は，主として金融機関の資金ディーリングの対象ないし資金繰りの調整手段として利用されている。取引は，無条件売買（買切りまたは売切り）の方法と，条件付売買（CD現先）の方法があり，実際の取引はCD現先が中心となって行われている。

一方，CPは，非金融事業法人が短期的な資金調達のために発行する商取引の裏付けのない短期無担保の約束手形である。機関投資家や事業法人等が短期資金の運用手段として購入している。当初設けられていた期間等の条件が緩和されたことや，金融機関の発行が可能となったこともあり，急速に市場は拡大した。

レポ市場は，債券と資金を相互に融通する市場であり，現金担保付債券貸借（現担レポ）および買戻条件付債券売買（現先）の両市場を含む。実質的に現金を担保とした特定債券の貸借を主目的とするSC（Special Collateral）と，実質的に債券を担保とする資金貸借を主目的とするGC（General Collateral）取引に分かれる。債券の貸し手（現金担保の取り手）は，貸借料を受け取り，受け入れた現金に対する金利（担保金金利）を支払う。担保金金利と貸借料の差がレポレートである。レポ取引は，債券の貸借と資金の運用・調達という2つの側面を持ち，GC取引はマネー・マーケットの中心的存在となってきている。

● 重要用語チェック

8.1	□ 原資産市場	□ 証券化商品市場
	□ 金融派生商品市場	□ クレジット市場
	□ デット市場	□ エクイティ市場
	□ 短期金融市場（マネー・マーケット）	
	□ 長期債市場	□ インターバンク市場
	□ オープン市場	□ 資本市場
8.2	□ 金融商品取引業者	□ 証券会社
	□ ブローキング	□ アンダーライティング
	□ セリング	□ ディーリング
	□ ネット証券	□ 証券取引所
	□ 開示制度	□ 監査制度
	□ 格付機関	
8.3	□ インターバンク市場	□ オープン市場
	□ コール市場	□ 手形市場
	□ 国庫短期証券（T-Bill）	□ 譲渡性預金（CD）
	□ コマーシャル・ペーパー（CP）	□ レポ

第 9 章
債券市場の特徴

POINT――本章で学ぶことがら

1 債券は，資金の貸借取引のうち，市場で価格等が決定される借入証書であり，新規に発行される市場を発行市場，既存の債券が売買される市場を流通市場とよぶ。

2 債券価格は，債券保有から得られるキャッシュ・フローの現在価値の合計額を基本として決定される。その利回りは，クーポン部分と価格変動部分の和の購入価格に対する比率として示される。

3 利回り曲線は債券の残存期間と利回りの関係を示し，その形状を説明する理論として，純粋期待仮説，市場分断仮説，流動性プレミアム仮説がある。

4 債券購入に投下した資金の回収期間を示す概念にデュレーションがあり，それは残存期間が長いほど，クーポンが小さいほど，そして金利が低いほど，大きくなる。デュレーションはまた，金利変化に対する債券価格の感応度も表す。

● 9.1　債券市場と価格

》債券の種類と市場

債券は，資金の貸借取引のうち，市場で価格等が決定・発行される借入証書で，有価証券の代表例である。債券は基本的に，利子支払の方法によって利付債と割引債に分かれる。

利付債は，一定期間ごと（日本・英国・米国等は半年ごと，欧州大陸諸国は1年ごとが多い）に，決められた利子（クーポン）が支払われ，満期日に額面として債券に記載された金額（元本）が支払われる。利付債には，利子の額が確定している固定利付債と，指標となる金利（東京銀行間取引金利等）に連動して利子が変わる変動利付債があるが，固定利付債が基本である。

割引債は，満期まで利子の支払がなく，額面を下回る水準で（割り引かれて）発行され，満期に額面が支払われる債券である。換言すれば，額面には元本のほか，額面と元本の差額としての利子相当額が含まれ，ゼロクーポン債ともよばれる。このほか，償還されることがなく利子が半年ないし1年ごとに定期的に支払い続けられる永久債（英国のコンソル国債等），債券発行者が繰上償還する権利を持つ繰上償還条項付債券，決められた一定の価格で株式を買い取る権利が付いている新株予約権付社債等がある。

債券は，発行主体によって，公共債，民間債および外国債に分かれる（図表9.1）。公共債は国債が代表格であるが，地方公共団体も発行している（地方債）。また，民間債は事業会社の発行する社債（事業債）が代表的で，金融機関の発行してきた金融債も，近年は社債形式で発行されるようになった。

債券や株式等の有価証券が取引される市場は，発行市場と流通市場に大別される。債券の発行市場（Primary Market）は，資金調達のために新たに発行される債券（新発債）の募集や売出が行われる。一方，流通市場（Secondary Market）は，すでに発行された債券，つまり既発債を保有する投資家が必要に応じて売却する市場で，満期到来前の債券が売買される。この市場は，債券の流動性を高める機能を果たす。また，流通市場における発行済み債券の価格・利回りの水準は，その債券の発行体に対する市場での評価を表し，資金調達を目指す企業等にとって重要な情報である。発行市場における発行条件（金利，価格等）は，流通市場における価格や利回りの動向を反映して決定される。

債券の価格

まず，固定利付債（利付債）からみていこう。金融資産の価格は，将来にわたるキャッシュ・フロー（発生する資金）の現在価値の合計額が基本となっている（第5章を参照）。利付債の価格 P は，毎期支払われるクーポン C と，n 年で示される満期に償還される額面価額 F を，各期間に対応する金利 i_t で割り引いた値，すなわちキャッシュ・フローの現在価値の合計として示される。

$$P=\sum_{t=1}^{n}\frac{C}{(1+i_t)^t}+\frac{F}{(1+i_n)^n}$$

この式から明らかなように，金利が変化すると債券価格も変化する。債券価格は，各期間に対応する金利が上昇すると下がるといった負の相関関係にある。

次に割引債は，上記の式の右辺の第1項がなく，将来のキャッシュ・フローは償還金額（＝額面 F）だけのケースに相当する。したがって，満期までの期間が n 年の割引債の価格 P は，$P=F/(1+i_n)^n$ で示される。この場合の n 期間ものの金利 $i_n(=[F/P]^{1/n}-1)$ は，n 年後のキャッシュ・フローに対する割引率（年率）であり，スポット・レートとよばれる。このように割引債の価格は，額面と n 年物スポット・レートとの関係から決まってくる。

逆に永久債の場合は，上記式の右辺第2項がゼロ（$F=0$）で，第1項の t が無限大のケースに相当する。永久債の価格は，各年に発生するクーポン C をスポット・レート i_t で割り引いた現在価値の合計となる。スポット・レートが一定（$=i$）の場合，$P=C/i$ といった簡単な式で示される。

図表9.1　発行者別にみた債券の種類

名称		発行者	主要例
公共債	国債	政府	長期国債，国庫短期証券
	政府関係機関債	政府関係機関	政府保証債，財投機関債
	地方債	都道府県市町村	東京都債，大阪府債
民間債	社債	一般企業	普通社債，新株予約権付社債
	金融債	一部の金融機関	利付金融債，割引金融債
外国債	外債	外国政府・企業等	円建外債，外貨建外債

● 9.2　債券の利回りと変動

Ⅱ

債券の利回り

債券の利回りないし収益率は，債券を一定期間運用することから得られる利益を当初の運用額（購入額）との対比でみた値である。通常の場合，これは利子率ないし金利とは異なる（**1.2** を参照）。

債券を購入する際の利回りは，価格予想に依存する。固定利付債の場合，クーポンは定められていることから，保有期間利回りは売却価格いかんによって変動する。投資家は，債券を満期まで保有することなく，途中の時点で市場で売却することができる。もっとも，原則元本保証があり売買ができない預金と異なり，債券は，売買差額であるキャピタル・ゲイン（ロス）が存在するところに特徴がある。その場合の利益は，①受取利子であるクーポン（インカム・ゲイン）のほかに，②購入時と売却時の市場価格差に伴う利益（キャピタル・ゲイン）ないし損失（キャピタル・ロス）の両者が含まれる。債券を1年間保有した場合の利回りは次式で示される。

$$\text{保有期間利回り}=\frac{\text{1年間保有したときの総収益}}{\text{購入価格}}$$

$$=\frac{\text{受取利子＋キャピタル・ゲイン（ロス）}}{\text{購入価格}}$$

固定利付債券を満期まで保有した場合の利回りである最終利回り（Yield to Maturity，i_m）は，前記（**9.1**）の式のスポット・レート（i_t および i_n）を i_m に置き換えた，

$$P=\sum_{t=1}^{n}\frac{C}{(1+i_m)^t}+\frac{F}{(1+i_m)^n}$$

をもとに算出される（P は価格，C はクーポン，F は額面である）。

債券利回りと価格は負の相関関係にある。債券の価格が額面を下回っている場合（アンダーパー），利回りはクーポン利率 C/F を上回り，逆の場合（オーバーパー）は利回りよりもクーポン利率が高くなる。

9

利回り曲線

債券は，永久債を除くと償還期限が定められているが，将来時点で償還が可能か否かについては，発行主体の信用に関わってくる。こうした（信用）リスクのある債券は，基本的にはそれがない債券（国債）と比べて高い金利が付けられる。両者の金利格差が信用リスク・プレミアムであり，リスクの拡大とともにこの値も大きくなる。信用リスクが大きく投資適格に満たない債券は，ジャンク債（Junk Bond，High Yield Bond）とよばれる。債券等の信用度合いをチェックする格付機関（米国のスタンダード・アンド・プアーズ［S＆P］社等）は，8.2 でみたように各種債券類を格付し，信用状態に関する情報を提供している（格付の内容等については第 24 章を参照）。

信用リスクの度合いが同じ債券（銘柄）であっても，残存期間の長さによって利回り格差がみられる。債券利回りの格差には，信用状態に関する情報から生じる上乗せ分，つまりプレミアムのほか，期間等に関する情報から発生するプレミアムも含まれる。一般にはこれらを含めて，リスク・プレミアムと称している。以下では，信用リスク以外の要因をみていこう。

一般に，債券利回りと満期までの期間との間には一定の関係がある。すなわち，国債に代表されるように満期以外の特性（リスク，流動性，課税条件等）は同一であるが，満期に至る期間だけが異なる債券利回り（スポット・レート）を取り出し，横軸に満期に至る期間，縦軸に利回りを描いた場合，一つの滑らかな曲線が描かれる。この曲線が利回り曲線（イールドカーブ）である。この曲線の形状は様々で，右上がりの場合を順イールド型，逆に右下がりの場合を逆イールド型，期間に関係なく利回りが一定の場合をフラット型，こぶ状の場合をハンプ型とよぶ（図表 9.2）。現実のイールドカーブは，金融市場の状況を反映して形状が変化するが，右上がりつまり順イールド型となることが多い。

図表 9.2　利回り曲線のタイプ

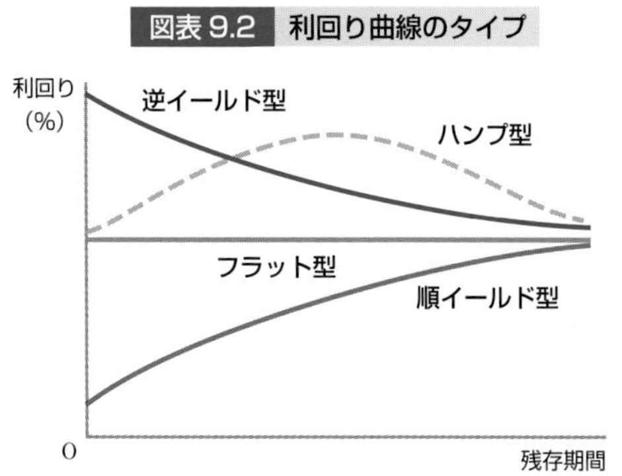

● 9.3　債券利回りの決定要因

Ⅱ

純粋期待仮説 vs. 市場分断仮説

前記のように，ほかの条件を一定とすると満期に至る期間と各期間に対応する債券利回り（金利）との間に一定の関係がみられる。これが金利の期間構造である。金利の期間構造には，次のような性質がある。

① 利回り曲線は時間の経過とともに同一方向に上昇，または下落する傾向がある。
② 短期金利が低いときにはイールドカーブは右上がりとなる場合が多く，逆に高い場合には右下がりとなることが多い。
③ イールドカーブは，通常の場合は満期に至る期間が長くなるほど金利が高くなる（図表 9.3）。このとき，イールドカーブは順イールド型となる。

こうした3つの現象の説明を試みるいくつかの理論がある。一つは純粋期待仮説であり，長期金利（長期債券の利回り）が，その満期に至る期間において予想される短期金利の平均値に等しいとする考えである。満期ごとの債券利回りが異なるのは，先行きの短期市場金利が変化すると予想することによる。その基本的な前提は，人々の選好が債券の満期に関して無差別（満期間について選り好みをしない），つまり完全代替性を持つとするところにある。この理論は，先行きの予想金利形成を考えるうえで有力な仮説である。しかし，リスクに関して中立的，また期間についての完全代替性を前提とするといった極端な

図表 9.3　期間別にみた国債利回りの推移

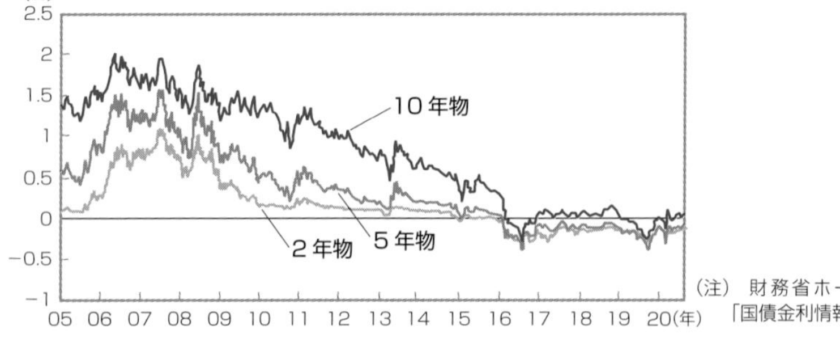

（注）財務省ホームページ「国債金利情報」による。

側面を持つ。また，上記の①および②の現象を説明することができるが，③の現象，すなわち現実には順イールド型のケースが多く観察されるという事実に関しては説明できないといった弱点がある。

これに対して市場分断仮説は，債券市場が期間ごとに完全に分断されていると考え，各期間に対応する債券の利回りは各々の債券の需給状態によって決定され，満期の異なるほかの債券の利回りとは無関係であるとする。この理論では，満期の異なる債券間では代替性がなく，ある期間の債券から得られるリターンがほかの満期を持つ債券の需要に全く影響しないとする。これは，純粋期待理論と並んで期間構造に関する，もう一方の極端な考えである。

この考えをもとにすれば，イールドカーブは満期の異なる債券に対する需給バランスによって説明される。投資家が短期債を選好するならば，長期債に対する需要がそれだけ少なく，価格がより安く利回りが高くなり，順イールド型のカーブを説明することができる。しかし，①の利回りの同方向への変動や，②の短期金利の低いときのイールドカーブの右上がり等を説明することはできない。

流動性プレミアム仮説

流動性プレミアム仮説は，長期金利が満期に至る短期金利の平均と，当該債券の需給状態を反映して変動するプレミアムとの和であるとする。この理論では，満期の異なる債券の代替関係は不完全であると考える。純粋期待仮説では，長期市場と短期市場を完全に代替的としているが，投資家は短期間で資金が必要となる事態に備えて，保有資産の現金化の容易性，すなわち流動性も重視して行動すると考えられる。その意味では，投資家にとり長期・短期市場間の代替性は完全ではない。

投資家が短期の債券に替えて長期債を保有するには，それに見合う金利の上乗せ・プレミアムが必要となる。この考えでは，期間プレミアムは常に正で，期間の長期化とともに大きくなる。この流動性プレミアム仮説に従うと，①～③のすべての現象を説明することができる。近年の研究では，期間ごとのプレミアムはかなり大きく変動し，長短金利格差は必ずしも将来の短期金利予想のみを表すものではないことが明らかとなっている。

● 9.4　債券のデュレーション*

II

デュレーション

流動性プレミアム仮説は，金利変動に関するリスクを説明する。他方，投資家の大きな関心は，投資資金をどの程度の期間で回収できるかにあり，それが利回りにも影響すると考えられる。こうした投下資金の回収の速さを示す指標が，デュレーション（Duration）である。

債券のデュレーションは，債券に投下した資金が各年に発生する利子等のキャッシュ・フローも勘案してどの程度で回収されるのかを示す。換言すれば，そうしたキャッシュ・フローが実現されるまでの年数を，毎年のキャッシュ・フローの現在価値で加重平均した，投下元本の平均回収期間である。通常，「満期」が額面の支払われる時点までの期間を意味するのに対して，デュレーションは途中の利子支払時期も考慮した回収期間の平均値であり，通常は満期と比べて短い。

$$\text{デュレーション}=\frac{\left(\begin{array}{l}\text{各年に回収されるキャッシュ・フロー}\\ \text{の割引現在価値×回収までの年数}\end{array}\right)\text{の合計値}}{\begin{array}{l}\text{各年に回収されるキャッシュ・フロー}\\ \text{の割引現在価値の合計値}\end{array}}$$

分母は債券価格である（5.2，9.1 を参照）。デュレーションは，満期までの期間（残存期間）が長く，クーポンが小さく，金利が低い（価格が高い）ほど，大きくなる。割引債の場合，クーポンの支払がなく満期までの期間がそのままデュレーションとなる。図表 9.4 は，残存期間と金利が等しく，クーポンのみが異なる債券のデュレーションを比較している。

図表 9.4　債券のデュレーションと残存期間

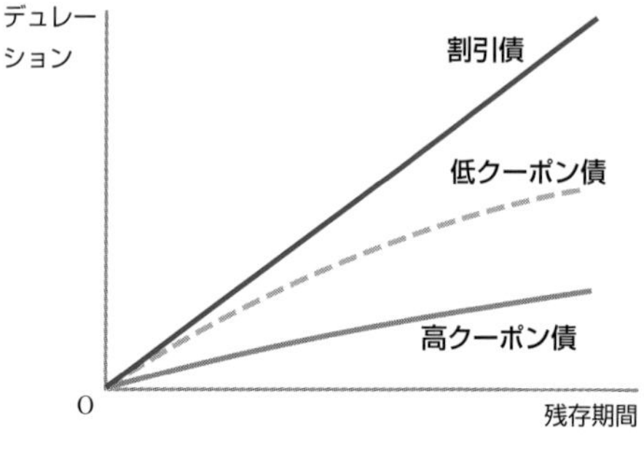

9

債券価格とデュレーション

ここで，債券価格（現在価値）と金利の関係をみておこう。満期に額面100円を得る割引債の価格について，2年物と5年物および10年物を比較すると，金利が3%の場合，2年物では94.26円（$=100/1.03^2$円）であるが，5年物では86.26円（$=100/1.03^5$円），10年物では74.41円（$=100/1.03^{10}$円）となる。こうした金利と価格の関係を図示すると，右下がりの下に凸の曲線となる（図表9.5）。右下がりの度合いは，期間が長いほど大きく，たとえば2年物より10年物は傾きが急である。デュレーションは，この曲線の接線の傾きとして示される。

このように，もう一つのデュレーションの意味は，金利変化に対する債券価格の感応度である。つまり，金利が変化した場合，債券価格がどの程度変化するのかを示す。一般には，債券価格の変化率$\Delta P/P$と金利変化Δiとの間には，デュレーションDを介して次のような関係があることが知られている（この式は前記の式を偏微分して得られるが，式展開の詳細は省略する。$D^*=D/(1+i)$は修正デュレーションとよばれる）。

$$\frac{\Delta P}{P}=D^*\times\Delta i$$

この式は，デュレーションが大きいほど，また金利の変化幅が大きいほど，債券価格の変動が大きくなることを示す。たとえば，デュレーションが2.0の債券は，金利が1%上昇（下落）すると，債券価格は2%下落（上昇）する。

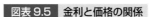

図表9.5　金利と価格の関係

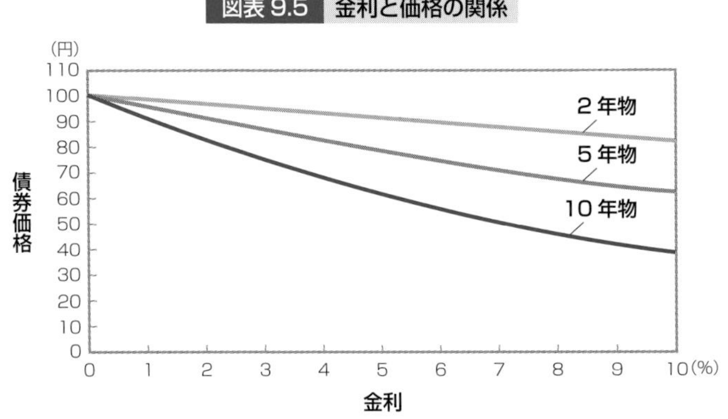

Ⅱ

● 重要用語チェック

9.1
- □ 債券
- □ 利付債
- □ 利子（クーポン）
- □ 割引債
- □ ゼロクーポン債
- □ 永久債
- □ 発行市場
- □ 流通市場
- □ 新発債
- □ 既発債
- □ キャッシュ・フロー
- □ スポット・レート

9.2
- □ インカム・ゲイン
- □ キャピタル・ゲイン
- □ キャピタル・ロス
- □ 最終利回り
- □ 債券利回り
- □ ジャンク債
- □ 利回り曲線（イールドカーブ）
- □ 順イールド
- □ 逆イールド
- □ フラット
- □ ハンプ

9.3
- □ 債券利回り
- □ 金利の期間構造
- □ 純粋期待仮説
- □ 市場分断仮説
- □ 流動性プレミアム仮説

9.4
- □ デュレーション
- □ 平均回収期間
- □ 金利変化に対する債券価格の感応度

第10章
株式市場の特徴

POINT――本章で学ぶことがら

1 株式は企業が発行する返済義務のない有価証券であり，保有者である株主は企業に対して共益権および自益権を持つ。株主としての権利・義務は，所有する株式数に応じて平等である。

2 普通株式が主であり，一部に権利等に制限が付く株式もある。市場には新規に株式が発行される発行市場と，既存の株式が売買される流通市場がある。流通市場での株価動向を表す代表的指標として日経平均株価，東証株価指数がある。

3 株式の理論価格として，配当割引モデルによるファンダメンタル価格が代表的である。株式への投資に際しては，収益性を表すいくつかの指標が参照される。

● 10.1　株式の意味

Ⅱ

≫ 株式と株主

株式会社は，返済義務がなく長期的に使用できる資金を集めて，大規模な経済活動を可能とする仕組みである。株式会社である企業は，資金提供者（出資者）に対して有価証券である株式（株券）を交付する。

株式は，保有者である株主が企業に対して権利を持つことを表す。それは具体的には，①企業経営に関与する共益権，および，②企業から直接的に経済的利益を受け取る権利を指す自益権である。①共益権は，株主が会社経営に関与する，あるいは役員の行為を監督是正する権利であり，株主総会の議決権のほか，説明請求権や提案権等がある。②自益権には，剰余金（利益）の配当請求権，および残余財産分配請求権（会社が全債務を弁済後に残る財産の配分を請求する権利），株式買取請求権等が含まれる。

株式会社形態の企業は，資金提供者（出資者）である株主が経営権を持ち，株式発行で得た資金は自己資金として活用される。株式は，企業統治に関する事項の投票権（一株一議決権）や，金銭的な便益の取り分を表している。株主としての権利・義務は，所有する株式数に応じて平等である（株主平等の原則）。そして企業は，取締役会によって統治され，その役員を決定する株主総会が重要な意味を持つ（株主総会に出席しない株主は代理人による議決権行使ができる）。ただし，後述のように議決権のない株式もある。

企業は，事業で得た利益の一部を出資比率に応じて配当として株主に分配する。赤字の場合は無配となる。また，廃業や経営破綻となると，株式の価値がゼロとなる可能性もある。しかし，企業に返済能力がなくなり多額の債務が残っても，株主は出資額を上回る負担義務を課されることはない（有限責任）。この点は，法人化されていない個人企業の経営者が，個人財産についても債権者に請求権を行使される可能性があることと大きく異なる。

他方，利益配当や残余財産は，経済情勢によって変化し，債券の利子のように確定したものではない。また，株主は企業に対して株式取得時に提供した資

図表 10.1 投資家別株式保有比率

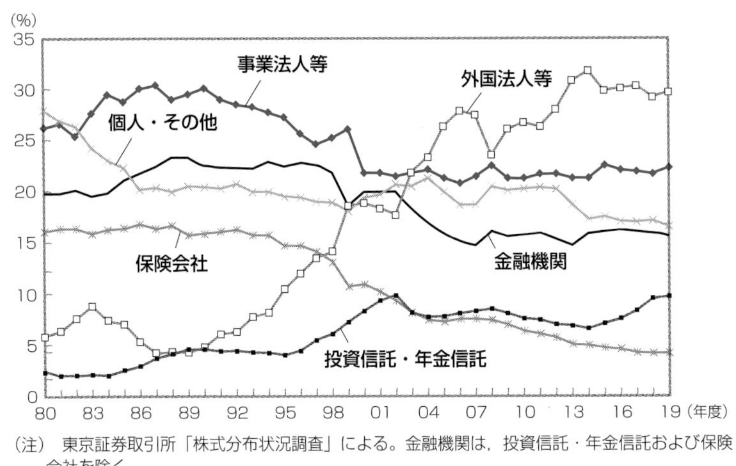

（注） 東京証券取引所「株式分布状況調査」による。金融機関は，投資信託・年金信託および保険会社を除く。

金の返還を求めることはできないが（例外は取得請求権付株式），原則譲渡は自由であり，市場で売却して資金を回収する。株式の保有者として近年は金融機関の比率が低下し，外国人の割合がもっとも高くなっている（図表 10.1）。

株式の種類

「株式」は，一般には普通株式を指す。その大きな特徴として，前記の共益権つまり経営参加権等（①）のほか，剰余金の配当請求権等（②）といった権利があること，かつ有限責任であることがあげられる。普通株式は，わが国で発行されている株式のほとんどを占める。

普通株式以外にもいくつかのタイプの株式（種類株式）がある。優先株式は，普通株式と比べて配当や残余財産の分配に際し優先的な権利を持つ。安定的な配当収入を目指す投資家には望ましいが，一般には議決権がない。一方，劣後株式は普通株式の保有者へ配当等を分配した後に受け取る権利が発生する株式である。普通株式の魅力を増す効果を持ち，通常は経営者など株式発行企業と特殊な関係にある経済主体が購入する。このほか，議決権制限株式や譲渡制限株式，取得請求権付株式，黄金株（あらかじめ定款に定めた事項について拒否権を持つ種類株式）等がある。以下では，普通株式を念頭に置きつつみていく。

●10.2　株式市場

発行市場

株式には，債券と同様に発行市場（一次市場）と，流通市場（二次市場）がある。発行市場は，企業が株式を新たに発行し，それを投資家が購入する取引が行われる市場である。新しく上場（公開）する企業の株式や，増資すなわち上場済みの企業が資本金を増やすために発行する株式が取引される。発行体である企業にとり，発行市場は資金調達の重要な場であると同時に，投資家にとっては新たな資金運用の場でもある。

企業が追加的に株式を発行する増資には，有償増資と無償増資がある。有償増資は，既存株主を含む投資家による資金払込に対して株式を発行する方式であり，時価（その時点の価格）が基準となる。有償増資の募集方法としては，既存の株主に対して新株予約権を持株数に応じて与える株主割当，株主以外の取引先や自社の役員等の縁故者に与える第三者割当（縁故募集ともいう），および不特定多数を対象とする公募がある。他方，無償増資は企業の資本構成の是正や株主への利益還元を目的として，資本準備金や利益準備金を資本金に組み入れて新株を発行し株主に割り当てるもので，株主に資金払込の負担は生じない。株式発行の際，証券会社は様々なアドバイスや事務手続きの代行のほか，引受，投資家への販売等を行う。

なお，不特定多数の投資家が株式を保有するには，株式会社が市場に株式を上場して広く投資機会を提供する必要がある。新たに株式を東京証券取引所等（市場）で売買可能とすることを，新規公開（Initial Public Offering［IPO］）とよび，その際の価格決定は，仮条件を提示し投資家の需要を調べた後に引受証券会社が決めるブックビルディング方式が主流である。そして，この市場で取引される価格が，その後の発行市場における価格決定にも反映されていく。

流通市場

流通市場は，すでに発行されている公開株式を売買する市場である。証券取引所で売買が行われる取引所取引と，証券会社の店頭で売買が行われる店頭（Over the Counter［OTC］）取引がある。証券取引所は全国で東京・名古屋・福岡・札幌にあるが，売買高のうち9割以上が東京に集中している。東京証券取引所は，プライム，スタンダード，グロースの市場に区分される（以前は市場第一部，第二部，JASDAQ，東証マザーズに分かれていた）。上場されている株式の取引所への集中義務はなく，取引所外取引も行われ，注文等の競争が活発化している。このほか，新興企業向けの市場として，前記グロースや，セントレックス（名古屋），Q-Board（福岡），アンビシャス（札幌）がある。上場基準は緩く，創業後日の浅い企業の成長を支援する役割を果たしている。東京証券取引所のこれまでの上場会社数は図表10.2に示される。

取引される株式の価格を示す代表的な指標として，日経平均株価と東証株価指数（TOPIX）がある。日経平均株価は，東京証券取引所の市場第一部上場企業から採用された代表的な225種の株価（みなし額面50円に換算）の単純平均である。そのため，採用企業の入れ替えや株価水準が高い企業の影響が生じることがある。東証株価指数は，東京証券取引所市場第一部の全上場企業の時価総額（＝株価×上場株式数）に基づいて算出されてきた（市場区分変更に伴い2025年1月までに見直し）。1968年1月4日の時価総額を100として指数化した値である。新規上場・上場廃止等の影響を除外し価格変動だけを示すように修正されている。株価の推移は，**10.3**の図表10.3に示される。

図表10.2　東証上場会社数の推移

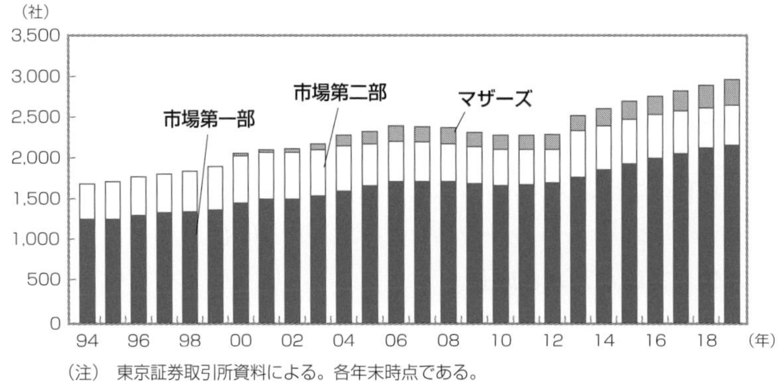

（注）　東京証券取引所資料による。各年末時点である。

● 10.3　株価の変動

II

≫ 株式評価モデル

株式の保有者すなわち株主は，前記のように利子や税金を支払った後に残る利益について分配請求権を持つ。そして，利益のうち内部留保として企業内の留める部分を差し引いた額が，株式の持分に応じて分配される。これが配当である。それは，たとえば確定した利子が支払われる国債等の債券とは異なり，あらかじめ一定の金額を株主に配分することを約束したものではない。企業の業績が上向き，利益が増えると配当も増加するが，業績が低迷すると配当も減少し，配当がなくなること（無配）もありうる。

第 5 章でみたように，基本的に金融商品の価格は，将来得ることのできるキャッシュ・フローの現在価値の合計であり，これは株式にも当てはまる。株式の理論価格は，将来にわたって得られる配当の現在価値の合計である。保有株式について各期 D_t 円の配当が支払われ，また，各期の金利を i_t とすると，株式の価格すなわち株価 P は，

$$P=\frac{D_1}{(1+i_1)}+\frac{D_2}{(1+i_2)^2}+\frac{D_3}{(1+i_3)^3}+\cdots$$

である。簡単化のために毎期継続して一定の配当 D 円が支払われ，また市場金利も i で一定とすると，株価 P は，

$$P=\frac{D}{(1+i)}+\frac{D}{(1+i)^2}+\frac{D}{(1+i)^3}+\cdots=\frac{D}{i}$$

となる。すなわち，今期の株価は，投資家が受け取る毎期の配当を市場金利で割り引いた値に等しくなる。これが配当割引モデル（Dividend Discount Model）であり，株価のファンダメンタルズないしファンダメンタル価格とよばれる。

≫ リスク・プレミアムと成長

上記の関係式は，元本の償還がないかわりに，将来にわたって永続的に毎期 D 円の利子の支払を約束する永久債券の現在価値を表す式と同一である（9.1

を参照)。しかし，両者は満期がない点では共通するが，永久債券については収益（利子）に関する不確実性がないのに対して，株式は収益（配当）に関する不確実性が大きい。

10

したがって，株式は債券と比べて収益に関するリスクの大きい資産である。投資家がリスクを避けようとするならば（リスク回避型，**6.2** を参照），株式の予想利回りが債券の利回りに代表される市場金利 i よりも高くなければ，すなわち上乗せ分であるプレミアムがなければ誰も株式を持とうとはしない。したがって，その予想利回り i_e は，市場金利にリスク・プレミアムを加えた，

$$i_e = i + \rho$$

ρ（ロー）：リスク・プレミアム（投資家が上乗せを要求するリスク相当分の収益率）

である。こうした，リスク・プレミアムを考慮すると，株価は，

$$P = \frac{D}{(i+\rho)}$$

となる。この場合，配当が一定ではなく毎期 g の割合で増大すると仮定すると，

$$P = \frac{D}{(1+i_e)} + \frac{D(1+g)}{(1+i_e)^2} + \frac{D(1+g)^2}{(1+i_e)^3} + \cdots$$

$$= \frac{D}{(i_e - g)} = \frac{D}{(i+\rho-g)}$$

となり，株価はより高くなる。

このように株価は基本的に，①１株当たりの配当（その増加は株価の上昇要因［＋］である)，②配当の成長率（同＋)，③市場金利（同－)，④リスク・プレミアム（同－）といった４つの要因によって決定される。このモデルが，広義のファンダメンタル価格とよばれる適正価格を決定する基本的な公式である。近年の株価（市場価格）の動向は，図表 10.3 に示される。

図表 10.3　東証株価の推移

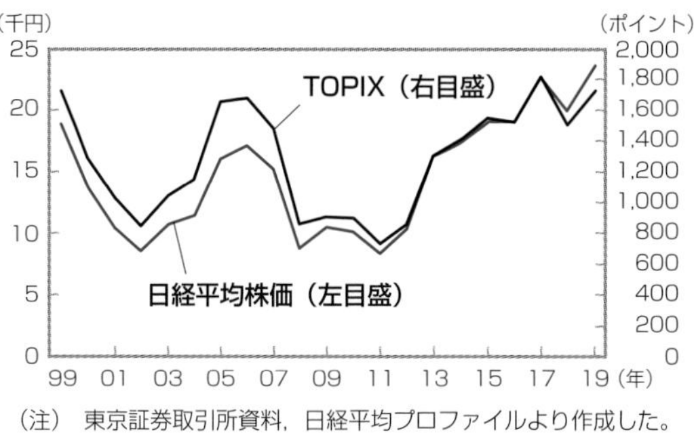

（注）　東京証券取引所資料，日経平均プロファイルより作成した。

● 10.4　株式投資の尺度

Ⅱ

代表的な配当利回りと株価収益率

ここで，株式投資を行う際の評価基準として，株価と関係する収益性を表す代表的な指標を検討しよう。主要な指標は図表 10.4 に示される。

第 1 は，配当利回り（Dividend Yield, D/P）で，株価に対する 1 株当たりの配当の割合として示され，最も基本的な投資尺度である。利益ないし配当に関するリスクが存在せず，税金を支払った後に残る利益の全額が配当として支払われるならば，配当利回りは市場金利と等しくなる。しかし，一般には利益の全額が配当として配分されるわけではなく，内部留保として企業内に蓄積される部分もある。第 18 章でもみるように，内部留保は企業の成長余力を高める投資活動（＝将来の配当増加要因）の原資，あるいは収益落ち込みの際の配当原資等，企業価値の維持・拡大に使用される。その限りでは，投資家の「取り分」（したがって株式投資の採算）に影響しないこととなるが，これを直接的に利益を得るための指標として使うことは難しくなる。

第 2 に，株価収益率（Price Earnings Ratio［PER］）は，株価を 1 株当たり税引き後の利益 E との対比でみた指標である（PER＝P/E）。現在の株価が 1 株当たりの利益の何倍まで買われているかを示し，株価と収益力の比較によってその株式の投資価値を判断する材料として使用される。利益のすべてが配当として支払われる場合（$E=D$），この値は $1/(i+\rho-g)$，すなわち金利とリスク・プレミアムの和から配当成長率を控除した値の逆数として示される。金利やリスク・プレミアムが大きくなると PER は低下し，企業の成長（配当の増加）が予想されると上昇することとなり，株式の評価基準として最も代表的に使用されている指標である。なお，PER の逆数は，株価に対する 1 株当たりの利益である。この指標は株式益回りとよばれ，株主からみて実質的な長期の利回りの指針となる。そして，債券利回りと株式益回りとの差はイールド・スプレッドとよばれる。その値は，債券利回りとの対比でみた株式の割高・割安の判断基準として使用されている。

法学新刊

新法学ライブラリ 10

民事訴訟法 第2版

小林秀之 著　A5判／480頁　本体3,650円

単独著の一貫した論述から民訴法の全体像を説く標準的教科書の新版。近時の民法改正，新判例に対応して内容更新のうえ民事裁判手続のIT化や法定審理期間訴訟創設を行う令和４年改正について補論で解説。

新法学ライブラリ 27

法社会学

和田仁孝 著　A5判／360頁　本体2,700円

法社会学とは，法にかかわる社会現象や人々の行動・認識に関する様々な側面について考察する学問分野である。本書は，法社会学が対象とする広範な研究領域について，斯学の第一人者がその分析の枠組みや理論・方法論を解説した好個のテキストである。

ライブラリ 現代の法律学 JA13

重要判例集 刑法総論 第2版

小林憲太郎 著　A5判／240頁　本体2,300円

改訂に際しては，新たに出された判例を既存の判例と差し替え，解説全般をできるだけ分かりやすくなるように書き直した。『刑法総論　第2版』の副読本としてだけでなく，判例ベースの独立した教科書としても最適の一冊になっている。２色刷。

ライブラリ 今日の法律学 4

物権法〈物権・担保物権〉

藤原正則 著　A5判／448頁　本体3,600円

民法物権法・担保物権法における具体的な問題について約300のケースを援用し，解決の手がかり，思考図式および結論を説く。学説を紹介しつつ，基本的に判例の考え方を重視した解説を心がけた。令和３年民法・不動産登記法改正に対応。２色刷。

コンパクト法学ライブラリ 11

コンパクト 刑法各論

只木　誠 著　四六判／384頁　本体2,450円

刑法各論上の主要なテーマ・問題点について必須かつ基本となる判例・通説の考え方を示し，それを基礎として，学修者各々が自身で考察，検討して，問題解決的思考を組み上げていけるよう導く。好評既刊『コンパクト刑法総論』同様，設問を挿入して一層の理解を配慮。２色刷。

ライブラリ 商法コア・テキスト 4

コア・テキスト 企業法入門

A5判／288頁　本体2,100円

川村正幸・吉田正之・小川宏幸・水島　治 共著

企業のビジネス活動に関わる法律について，商法・会社法を中心に，主要論点を平易な記述でコンパクトにまとめた入門テキスト。手形法などの企業の決済制度や金融商品取引法，独占禁止法，労働法の基礎も解説し，広範な企業法の領域を初めて学ぶのに最適。読みやすい２色刷。

ライブラリ 法学基本講義 1

基本講義 憲法 第２版

市川正人 著　A5判／416頁　本体3,650円

初学者を配慮し平易な叙述に努め，具体例を挙げつつ説明し，２色刷として図解も加えた好評基本書の新版。初版刊行後の法改正や重要判例に対応して改訂，特に安保法制による変更に触れ，憲法の平和主義にとって持つ意味に検討を加えた。また先端的論点をコラムで紹介している。

ライブラリ 法学基本講義 6

基本講義 債権各論 第４版

潮見佳男 著

債権各論分野における基本書として圧倒的支持を得ているテキストの最新版。実務の世界で通説のように受け取られていた考え方とは異なるものや，判例による法創造と言うに値するものを含む，第３版刊行後に出された重要な基本判例に対応。2017年債権法改正以降の理論の展開，改正後に注目されるようになった新たな論点を見据えて加筆・修正を行った。他方で，現行法をよりスムーズに理解できるよう，関連の薄くなった改正前民法に関する記述を整理し，簡略化した。読みやすい２色刷。

Ⅰ 契約法・事務管理・不当利得　A5判／432頁　本体3,050円

Ⅱ 不法行為法　A5判／288頁　本体2,480円

経営学新刊

グラフィック経営学ライブラリ 6

グラフィック 経営史

佐々木　聡 著　A5判／336頁　本体2,900円

左頁に本文解説，右頁に関連した図表・コラムを配した左右見開き構成と２色刷で，経営史を学ぶ面白さと意義をビジュアルに理解できる入門テキスト。第１部では日本経営史，第２部では外国経営史を取り上げ，さらに第３部ではグローバル経営史などについて解説した。

その他の指標

第3は，株価純資産倍率（Price Book-value Ratio［PBR］）であり，株価を1株当たり純資産（簿価ベース）との対比でみた指標で，株価がそれの何倍まで買われているのかを示す尺度である。この指標は，短期の投資価値の判断が難しいといった問題があるが，株価がキャッシュ・フローを生み出す資産価値を正確に反映しているならば，1株当たり純資産より大きくこの値は理論上は1.0倍以下とはならないため，底値の判断として利用することができる。

第4は，キャッシュ・フロー倍率（Price Cash Flow Ratio［PCFR］）で，株価を1株当たり税引き後の利益と減価償却費の和で示されるキャッシュ・フローとの対比でみた指標である。この指標は利益に着目している点で株価収益率と似ているが，キャッシュ・フロー倍率は減価償却費を加えており，償却方法に影響されない収益の実勢をみる指標として使用されている。

もっとも，これら指標間の優劣は付けがたく，各種指標を総合的に判断することも必要である。東証第一部銘柄の収益性の指標は図表10.4に示される。近年は，1株当たり純利益が増加しているほか，配当利回りも以前と比べれば高くなっている。

図表10.4 東証第一部上場企業の株価・収益性

	単純平均株価（円）	1株当たり純利益（円）	1株当たり純資産（円）	配当利回り（%）	PER（%）	PBR（倍）
2000年	542.09	3.08	422.58	0.75	170.8	1.2
05	550.04	12.33	296.92	0.83	45.8	1.9
10	238.36	5.36	245.30	1.81	45.0	1.0
11	210.39	9.94	242.43	2.45	21.0	0.9
12	228.41	9.41	242.94	2.28	24.9	1.0
13	314.10	9.85	237.49	1.56	31.8	1.3
14	312.33	13.03	221.87	1.63	23.8	1.4
15	3,088.77	12.78	214.67	1.69	23.8	1.4
16	2,744.44	10.42	192.00	1.88	26.4	1.4
17	2,929.37	9.98	165.88	1.70	29.3	1.8
18	2,199.54	106.09	1,529.42	2.27	19.5	1.4
19	2,324.77	100.53	1,522.55	2.22	23.0	1.5
20	2,330.18	83.49	1,496.23	2.14	27.8	1.6

（注）1．東京証券取引所統計資料より作成した。
2．各年12月の値である。
3．配当利回りは，単純平均利回りを上場株式数でウェイト付けした値である。

II

● 重要用語チェック

10.1 □ 株式会社 □ 株式（株券）
□ 共益権 □ 自益権
□ 一株一議決権 □ 株主平等の原則
□ 有限責任 □ 普通株式
□ 配当 □ 種類株式
□ 優先株式 □ 劣後株式

10.2 □ 発行市場 □ 増資
□ 株主割当 □ 第三者割当
□ 公募 □ 新規公開
□ 流通市場 □ 取引所取引
□ 店頭取引 □ 日経平均株価
□ 東証株価指数（TOPIX）

10.3 □ 内部留保 □ 配当
□ 株価 □ 配当割引モデル
□ ファンダメンタル価格 □ リスク・プレミアム

10.4 □ 配当利回り □ 株価収益率（PER）
□ 株価純資産倍率（PBR） □ キャッシュ・フロー倍率（PCFR）

■ Column　投資家の「新しい」投資尺度　～ESGとは何か～

環境（Environment）・社会（Social）・ガバナンス（Governance）要素を考慮した株式投資を行うESG投資が拡大している。ESG投資は21世紀入り後，環境・社会問題の深刻化による世界的なESGへの関心の高まりを背景に，機関投資家の間で採用が急速に広まった。特に，国連責任投資原則が2006年に提唱され，わが国では2015年に年金積立金管理運用独立行政法人（GPIF）が同原則に署名したことを受け，ESG投資が増えている。

近年は，国連がSDGs（持続可能な開発目標）を発表し，経済・社会の持続可能性（サステナビリティ）が注目され始め，産業界も取り組むようになっている。企業は社会から受容される方法・手段で収益を上げないと長期的に「持続可能ではない」と評価されるのである。このようにSDGsはESGと同じ内容を含んでいる。ESG投資はESG投資家に限られる訳ではない。伝統的な機関投資家の間でも，企業の持続可能性や長期的な収益性・安全性に結びつくESG要素の評価を取り入れて銘柄を選択する投資方法の「融合化」が進んでいる。

第11章
証券化商品市場

POINT——本章で学ぶことがら

1 証券化商品は，債権や不動産等の資産が生み出すキャッシュ・フローを裏付けとして新たに発行される証券を指す。その代表は資産担保証券である。流動化が容易ではない貸出債権等の資産を特別目的会社に譲渡して発行することで，もとの債権所有者は証券購入者にリスクを移転することができる。

2 資産担保証券の代表例である債務担保証券は，対象となった資産の信用度合いに応じて優先・劣後構造を持つ。もっとも，小口多数の債権を組み合わせると，証券購入者はその内容把握が容易ではなく，信用リスクが顕現化すると大きな問題となる（たとえば，米国のサブプライム・ローン問題）。

3 資産担保証券に類似した投資信託は，個人向けにも販売されている。それらは元金や配当に確実性がない危険資産である。近年は，市場型間接金融市場が拡大するなかで，こうした金融資産が急速に多様化・増加している。

● 11.1　伝統的市場と証券化商品市場

Ⅱ

≫ 証券化の手法

証券化商品は，一定の収益（キャッシュ・フロー）を生み出す債権や証券等の資産を前提として発行される証券である。銀行等が有利な資産への運用（あるいは貸出）を増やす場合，その資金を調達する必要があり，それには2つの方法がある。一つは，外部からの資金調達を増やすことである。もう一つは，資産ポートフォリオを再調整して必要な額を捻出することである。後者の一つが，手持ち資産の生み出すキャッシュ・フローを前提として新たに有価証券を発行し，必要資金を調達する方法である。これが資産の証券化であり，そうした証券が取引される市場が証券化商品市場である。証券化の対象となる資産は，金融資産に限らず，リース債権や不動産あるいは知的資産等も含まれる。国債・社債や株式等の市場は，第一次的な資金の貸借を対象とし，伝統的市場（原資産市場）とよばれる。これに対し，証券化商品市場は，こうした第一次的な資金の貸借等で発生した証券や債権等の生み出すキャッシュ・フローを前提として発行される証券を取引する市場である。

証券化して発行される有価証券は，証券化の対象となった資産の保有者の信用力ではなく，当該資産の生み出すキャッシュ・フローに対する評価をもとに発行される。したがって，キャッシュ・フローの確実性が高い場合には，保有者自身を対象とする場合よりも低コストで資金を調達することができる。また，証券化商品は市場で流通ないし売買が容易な単位で発行され，多くの投資家を販売対象とすることも可能となる。

≫ 資産担保証券の仕組み

証券化商品は，資産担保証券（Asset Backed Securities［ABS］）に代表される。これは，貸出債権やリース債権，クレジット・カード債権，売掛債権，不動産等，一般には流動化が容易ではない資産が生み出すキャッシュ・フローを裏付けとして発行される証券である。これにはいくつかの種類がある。狭義の

ABSは，カードローン，オートローン（自動車関係），リース，住宅ローン等，多数の小口債権を中心にプールないし一まとめにしたものである。

広義には，不動産担保証券（住宅ローン担保証券等を含む）や，CLO・CBOも含まれる。CLO（Collateralized Loan Obligations）は，貸出債権をプールして証券化したものであり，債券を対象としたものはCBO（Collateralized Bond Obligations）とよばれる。これらの証券は，債務担保証券（Collateralized Debt Obligations［CDO］）とよばれる（**11.2**を参照）。対象となる原資産がその発行体にとって負債サイドのものであることから，こうした名称が付けられている。

これらの商品は，特定のものを原資産としつつも，多数の債権をプールすることによって，リスク分散，信用の補完といったメリットが生じる。そして，配当等に関する優先・劣後関係を作り，異なったリスクとリターンを組み合わせて証券発行ができる特性を持つ。この場合，通常は対象資産を原保有者から切り離して譲渡する別の器，すなわち特別目的会社（Special Purpose Company［SPC］）が設立される。そうしたSPCに譲渡された資産が生み出す価値（キャッシュ・フロー）を裏付けとして，資産担保証券が発行される。

資産担保証券発行の概略は，図表11.1に示される。対象となる原債権（同図では金銭債権）がその本来の保有者（オリジネータ）からSPCへと譲渡され，サービサーが回収等の管理を担当する。したがって，オリジネータが経営破綻しても，SPCが保有する原資産（原債務者の支払能力）自体に問題が生じない限り，投資家は利払いを受け取ることができる（倒産隔離）。

図表11.1 資産担保証券の仕組み

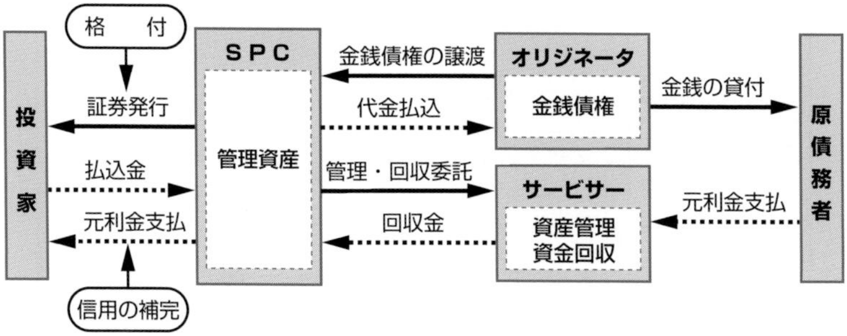

● 11.2　債務担保証券と特徴

≫ 債務担保証券の仕組み

資産担保証券（ABS）の代表例の一つに債務担保証券（CDO）がある。一般の資産担保証券に組み入れられているクレジット・カード債権やリース債権を含まず，企業に対する貸付債権や公社債等を裏付けとして発行されることから区別されている。そして，信用リスクの度合いに応じて，それら証券にはシニア，メザニン，エクイティ等の等級が付けられ，優先・劣後構造を持っていることを特徴とする。前記のように資産担保証券は，原資産保有者の信用力ではなく，対象となった資産の収益力が評価され，したがって，返済能力を含めてその信用度合いが重要となる。そうした資産に返済遅延等が発生した際，シニアから順に優先的に元本が確保されるのである。そして，一般的にCDOは，発行体である特別目的会社すなわちSPCによってシニア，メザニン等の等級ごとに分割された証券・受益権として投資家に販売される。その場合，信用リスクが大きい，つまり等級の低い部分には，高い利回りが付されて販売される（図表 11.2）。

本来の保有者（オリジネータ）は，こうした債権の流動化によって資金を調達すると同時に，SPCに債権を譲渡することで当該資産を自らの貸借対照表

図表 11.2　CDOの基本スキーム（例）

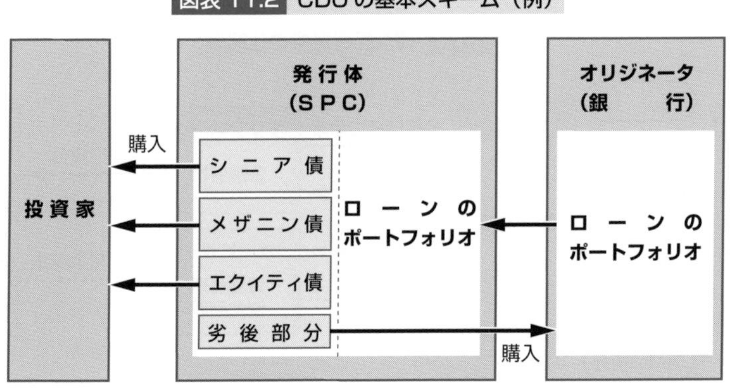

から外すことができる（当該債権のキャッシュ・フローが減少しても投資家への返済義務はない＝ノンリコース型）。したがって，債務者のモニター等も必要ではなくなる。ただ，譲渡後もオリジネータがサービサー等として対象資産に関与を続けるケースも多い（図表 11.2 に示されるように，劣後部分はオリジネータが買い取るケースが多い）。

証券化商品の留意点

オリジネータは，当該資産を自ら所有することなく別会社に譲渡したうえで証券化することにより，もとの資産が抱えるリスクを投資家に移転することが可能である。たとえば，証券化の対象とする資産が貸出債権であれば，不良債権化するリスクは CDO を購入した投資家が負うこととなる。こうした投資家へのリスク移転は，当初の資産保有者（オリジネータ）にとってリスク回避・モニタリング費用節減等の点からも大きなメリットがある。しかし，オリジネータ（銀行等）の手から離れると，本来の資産（たとえば貸出債権）自体について，一般にはモニタリングが行われにくくなる。

特に，小口多数の住宅債権等を組み合わせて販売された CDO 商品等については，市場関係者ないし購入者がモニタリングを行うことは容易ではない。債務者の支払の滞りが一部に留まっている場合には問題は小さいが，それが広がる場合には対応が難しい。そして全体としての信用リスクが顕現化すると，そうした証券化商品を購入した投資家が大きな打撃を受けることは避けられない。

2000 年代後半に米国で生じたサブプライム・ローン問題の出発点は，ローンのうち優良な借り手よりも下位の，通常の信用調査では貸出ができない層向けのローン，すなわちサブプライム・ローンが，住宅バブルもあり膨らんだところにある。そして，そうしたローンを組み込んだ巨額の CDO が発行されていた。しかし，住宅バブルが崩壊して住宅価格が下落し，延滞率が上昇すると，サブプライム・ローン関連証券化商品のうち高く格付されていた債務担保証券も毀損し，多くの投資家が巨額の損失を計上する結果となった。このように，サブプライム・ローン問題に端を発する金融危機は，移転したリスクが顕現化したことが大きな原因である（26.2 を参照）。

● 11.3　投資信託の市場

Ⅱ

≫ 投資信託の特徴

前記の資産担保証券と類似した証券として，投資信託（受益証券）がある。この証券取引も，近年急速に多様化・拡大している。投資信託（投信と略されることが多い）は，多数の投資家が出資・拠出した資金を資産運用の専門機関（アセット・マネジメント会社）が一つの基金・ファンドとして，有価証券や金融派生商品，不動産等に運用するよう指図し，得られた収益を拠出額に応じて配分する金融商品である。投資ファンドともよばれ，資金運用者がリスクを分散しつつ，運用を専門家に委ね，リターンを確保する手段である。

既存の複数の金融資産から生じるキャッシュ・フローを裏付けとして発行される新たな証券である点は，前記の資産担保証券も投資信託と同様である。しかし，前者は当初の資産にデフォルト等が生じない限り，利子として確定したキャッシュ・フローを受け取り，元本回収も確実であるのに対し，後者は運用利益として分配金を受け取るのであり，その額が確定しているわけではなく，元本にも確実性はない。なお，前者が機関投資家向けであるのに対し，後者は個人向けにも販売されている。

当初，投資信託は投資家（受益者）が提供した資金を，委託者（投資信託委託会社）が受託者（信託銀行または信託業務を行う銀行）と信託契約を締結して運用指図を行う，といった契約型投資信託に限られていた。図表 11.3 は，このタイプの投信の仕組みを示している。近年は，これに加えて証券投資を目的として設立された会社の株式を一般投資家が取得するといった方式で資産を運用する会社型投資信託や，私募投資信託（特定の限られた投資家を対象，適格機関投資家私募と一般投資家私募がある）も行われている。そして運用対象も，従来は有価証券に限られていたが，不動産や貸付債権等も幅広く認められるようになった。この結果，各種の私募投資信託のほか，不動産投資信託（REIT，会社型投信）や証券取引所で取引されている上場投資信託（ETF）等も発売されている。

図表 11.3　投資信託（委託者指図型）の仕組み

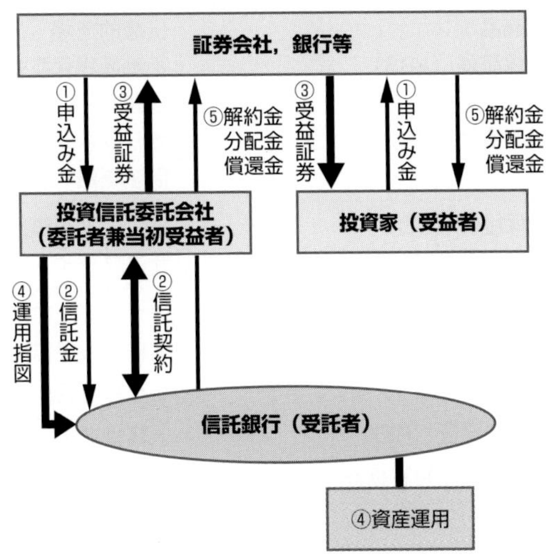

（注）信託協会資料による。

投資家が委託者の場合もあるが，その指図を受けず，信託銀行自らが運用する委託者非指図型投資信託もある。このほか，小口投資家を主対象とした金銭信託受益権に投資するファンドや，地域密着型のファンド（地元企業の株式に投資するファンドを設定し地元の投資家主体に販売）等も設定されるようになった。近年は，銀行等の窓口における投信の販売（窓販）が急速に増加し，2000 年代半ば以降は証券会社の取り扱いを抜く最大の販売チャネルとなっている。

投資信託と市場型間接金融

このような投資信託の増加は，市場型間接金融の拡大と結び付いている。この背景には，金融市場取引の高度化・複雑化があげられる。すなわち，一部の専門知識を有する富裕層等を除くと，小口の資金運用者の大半は直接的に市場で運用することは次第に難しくなり，銀行や専門機関に運用を委託するケースが増えていると考えられる。

そうした資金運用の委託先は，従来は専ら銀行であったが，近年は市場取引を専門に扱う投信等がその受け皿として登場したのである。ただし銀行預金とは異なり投信には元本保証がなく，信用リスク等が付きまとう。

● 重要用語チェック

11.1
- □ 証券化商品
- □ 資産担保証券（ABS）
- □ CLO
- □ 特別目的会社（SPC）
- □ サービサー
- □ 伝統的市場（原資産市場）
- □ 不動産担保証券
- □ CBO
- □ オリジネータ
- □ 倒産隔離

11.2
- □ 債務担保証券（CDO）
- □ ノンリコース型
- □ 優先・劣後構造
- □ サブプライム・ローン

11.3
- □ 投資信託（投信）
- □ 投資ファンド
- □ 会社型投資信託
- □ 不動産投資信託（REIT）
- □ 委託者非指図型投資信託
- □ アセット・マネジメント会社
- □ 契約型投資信託
- □ 私募投資信託
- □ 上場投資信託（ETF）
- □ 市場型間接金融

■Column　投資信託とわが国の年金問題

ノーベル経済学賞受賞者のR. シラーはその著『根拠なき熱狂』のなかで，1990年代の米国に於ける株高の要因として，冷戦終了のほかに401（k）プランをはじめとする確定拠出型年金の発展をあげている。この年金は，企業年金などの確定給付型年金とは異なり，年金加入者が拠出した資金を自己責任の下で運用する制度で，1990年代から米国で急拡大した。この制度の下で主に利用される金融商品が投資信託である。わが国でも2001年にこの制度が導入されたが，米国のような発展は実現していない。

わが国は先進国のなかでも高齢化が進んでおり，今後その傾向がさらに強まることが確実である。他方，財政の累積赤字が大きく，老後の公的年金給付を長期に亘り維持できるのか不安視される状況にあり，若年・中年層では老後に向けた資産形成が大きな関心事となっている。一般に，個人の資産形成は高齢となるまで徐々に積上げる以外に達成は難しい。税制優遇措置のある確定拠出年金制度は，毎月少額の拠出（①少額投資）を②長期（ある程度のリスクテイクも可能）に亘り行う制度である。そして，投資信託は，①，②以外にも低コストで③分散投資（過度なリスクをとらない）を可能とする特徴を併せ持ち，長期的な資産形成に適合する。国民の資産形成へ向けての方策として，「金融リテラシー」の向上や投信を含む金融商品の理解は，令和を迎えたわが国が取り組むべき課題と言える。

第12章
金融派生商品市場Ⅰ：先物

POINT——本章で学ぶことがら

1 金融派生商品（デリバティブ）は，その価値が株価や金利といった原資産の価値に依存して決まる商品で，先物・先渡，スワップ，オプションがある。このデリバティブ取引には，リスクのヘッジ，情報の提供，流動性の改善の機能がある。

2 先物・先渡は，将来のある時点で特定商品の特定価格での売買を現時点で契約する取引である。先渡が相対取引型であるのに対し，先物は標準化されており，取引所において取引が行われる。先物・先渡の大きな役割はリスクの移転にある。

3 先物価格と現物価格の差であるベーシスは，裁定を通じて持越費用に等しくなる。

● 12.1　金融派生商品

Ⅱ

》金融派生商品とは

金融の拡大・グローバル化が進展するなかで，世界的に株式や債券などの価格の変動が増大しており，各種のリスクをいかに管理していくかが大きな課題となっている。このような状況下で，金融派生商品（デリバティブ）とよばれる商品の取引が盛んとなっている。

デリバティブは，その価値が株価・為替・金利などほかの資産（これらを原資産とよぶ）の価値に依存して決まる商品である。これは，原資産の諸特性を条件として，将来時点で一定の条件のもとでキャッシュ・フローを発生させるといった内容の契約の締結でもある。デリバティブを適切に利用すれば，原資産のリスクをコントロールすることができる。

デリバティブ取引には，先物・先渡，スワップ，オプションがある。原資産は，①外国為替，②金利，③エクイティ（株式），④コモディティ（実物商品）等である。ここでは，①〜③，すなわち原資産が金融商品である派生商品を対象に取りあげる。デリバティブも，債券や株式と同様，取引所取引（上場デリバティブ取引）と店頭取引がある。店頭取引は，取引条件を自由に決めることができ，経済主体のニーズに適した商品提供が可能であることから，近年は取引が急増している。特に，信用リスクのヘッジを主目的とするクレジット・デリバティブの市場は急速に拡大している（第 14 章を参照）。

こうした商品が取引される大きな目的は，リスク回避にある。一般に行われているリスク回避のための契約内容は，たとえば保険のように，将来ある事態が生じたときにのみ支払や受取が発生し，それ以外の場合は価値を失うといった，条件付請求権（Contingent Claim）である。各種のリスクを回避するには，多くのケースを織り込んだ契約が必要であるが，すべての状況に対応することができる完備市場（Complete Market）は，現実には存在しない。デリバティブの意義は，特殊なキャッシュ・フローのパターンを作成することによって，そうしたニーズに応えていくところにある。

デリバティブ取引の機能

このように，デリバティブの機能は，現実の金融市場を完備市場に近づけていくところにある。デリバティブ取引の経済的効用としては，以下の点があげられる。第1は，リスクのヘッジ機能（ないしリスクの移転機能）である。この市場を利用することによって，原資産を保有する場合に生じるリスクを，そうしたリスク負担の能力と意思のあるほかの市場参加者（たとえば投機家）に移転することができる。デリバティブ取引は，価格変動が大きく，将来の価格変動によって生じるおそれのある損失から免れることが当初からの目的でもある。ただし，この機能はデリバティブに固有のものではない。ほかの現物資産との組合せ等によって，ヘッジすることは可能である。デリバティブ取引では，原則として元本に相当する資金の授受はなく，そのためわずかな資金で現物を使う場合とほぼ同等の経済効果をあげることができるところに大きな特徴がある。また，デリバティブを利用しても，原資産のリスクが消えるわけではない。リスクは，それをヘッジした経済主体から，取引相手に転嫁されるにすぎない。その相手は，ヘッジした主体に代わってリスクを引き受け，その対価として原資産の価格変動による利益の分け前を受け取る。

第2は，将来の価格に対する情報の提供機能の強化，すなわち現物の適正な価格を発見する機能の向上である。ヘッジや裁定，投機取引を通じて形成されるデリバティブ市場の価格や金利は，将来の価格について市場の最大公約数的な予想を反映しており，金利や価格の動向を速やかに把握することができる。

第3は，流動性の改善機能である。デリバティブを利用して現物市場のリスクをヘッジできることを背景に，現物市場の取引が活発となり，流動性が高まる。また，現物市場と先物市場との裁定取引によって現物市場に対して取引を円滑化する要因としても作用する。

もっとも，こうした取引にはリスクも付きまとう。たとえば価格変動に関して市場でヘッジが可能となるのは，ヘッジする当事者とは異なる価格予想を持つ相手が存在することによる。そうした予想を持つ当事者（投機家）は，価格等の予想に基づき利益をあげることを目指して行動するだけに，予想と大きく異なる結果となることも生じうる。その場合には損失が発生する。投機的な行動をとる際には，リスクを考慮していく必要がある。

● 12.2　先物・先渡取引

II

先物と先渡

広義の先物取引は,「特定の商品を,特定の価格で,将来のある特定の時点において売買する義務を負う契約」を指す。これには,狭義の先物（Futures,以下では狭義で使用する）と,先渡（Forward）とがある。先物と先渡は,将来時点の取引条件を現在時点で取り決めるという点では同じである。両者の相異は,次の点にある。先物は取引所で標準的な商品を取引し,契約額の一定割合に相当する証拠金を差し入れ,取引所が定める清算価格（時価）で日々再評価する値洗いが行われる。また,通常は満期日以前に反対売買による差金決済（売買金額の差額の受渡）が行われて終了する。これに対し,先渡は当事者（投資家）間の相対取引であり,契約後はそれを第三者に譲渡することが難しく,値洗い等はなく受渡の実行は相手方の信用力に依存する。また,通常は満期日に受渡が行われる。先渡と先物の間には,図表 12.1 のような差異がある。

先物の始まりは大坂の米取引

世界初の本格的な先物市場は,18 世紀前半に開設された大坂堂島の米会所

図表 12.1　先物契約と先渡契約の比較

	先物取引	先渡取引
取引形態	取引所取引（特別な機関もしくは取引所が取引相手）	投資家間の相対取引
取引の標準化	標準化された取引（取引単位,期日等）	投資家のニーズに合った個々の取引
証拠金等	原資産の一定割合を証拠金として積む（値洗いを実施）	−
受渡期日	通常は満期日前にクローズ	取引の最終日に清算
清算方法	通常は反対売買による差金決済	通常は受渡や現金清算

である。米会所は，米の仲買人1,000名ほどで構成され，「帳合米」とよばれる標準米を取引対象とし，取引総額の1/100を「敷銀」（証拠金）として米会所に納めることが義務付けられ，受渡は差金決済であった。このように，取引の仕組み等は，現在の先物取引とほぼ同じかたちで運営されていた。米の先物取引は，戦時経済下の1939年に流通統制のため廃止となり中断状態が続いたが，2011年に再開された。

金融先物取引は，1972年の米国のCME（シカゴ・マーカンタイル取引所）における主要通貨の取引を始まりとする。わが国では，1985年に長期国債先物が東京証券取引所に上場されたのをはじめとして，1988年には株式指数先物が上場された。その後，2013年に日本取引所グループが設立され，現在は先物を含む金融デリバティブ取引は大阪取引所で行われている。

先物の機能

先物の大きな役割はリスクの移転である。この機能は金融先物に固有のものではないが，先物の最大のメリットはほかの取引よりも低いコストでリスクの移転，コントロールが可能となるところにある。

たとえば，保有している国債を3か月後に売り，資金を調達する予定があるとする。先行き金利が上昇する（債券価格が下落する）と予想し，売却価格を現時点で確定することを望むならば，現時点で国債先物の3か月限を売却することによって，3か月後の売却価格を確定できる。これに対して，現時点で国債を売却し，残りを残存3か月物国債で運用すれば，効果は同じであるが，契約の締結と執行に大きなコストを要する。先物取引は，それを小さい取引コストで対応できるのである。

金融先物の取引コストが小さい理由については次のような点があげられる。①先物においては，反対売買（差金決済）により決済が行われ，原則として現物の受渡が不要である。②先物は商品が標準化されていることから，取引費用に関する規模の経済性が生まれる。③現物を売買するには対象資産価格に相当する資金の全額を調達する必要があるが，先物取引では少ない証拠金で済む。④先物取引は清算機関がすべての取引を事実上保証しているため，相手の信用状態を審査する必要がない。

● 12.3　先物価格の決定*

Ⅱ

先物価格と現物価格

先物価格と現物価格は，別個に決定されるわけではない。両者の間には，一定の関係がある。ここでは，1年後に売買が実行となる債券先物取引を例にみていこう。先物価格をF，現物価格をS_0（1年後の価格をS_1），国債の利子（クーポン収入）をRとする。また投資家は，安全資産の金利水準rで投資ないし預金，借入ができ，空売り（保有していない資産を借りて売却し，後日買い戻して返済する行為）も可能であると考える。

投資家は，現時点において金利水準rでS_0の借入を行い，この資金で価格がS_0である国債1単位を購入する。同時に，この投資家は価格変動のリスクを回避するため，価格Fでこの商品の先物・売り契約（1年もの）を結ぶ。1年後に国債のクーポン収入Rを得るほか，売り契約済みの国債を渡して代金Fを得る。そして，借り入れた額の元利金$S_0\cdot(1+r)$を返済すると，リスクなしに$F+R-S_0\cdot(1+r)$の利益を得ることができる。この関係は，図表12.2に示される。

一方この投資家は，現時点で国債をS_0で空売りし，その金額を金利rで貸し出し，同時に価格Fで国債1単位を購入する先物の買い契約を行うこともできる。1年後に貸出を回収して$S_0\cdot(1+r)$を得て，国債をFで買い取り空売りを解消する（クーポンRも支払う）と，その利益は$S_0\cdot(1+r)-(F+R)$となる。

図表 12.2　キャッシュ・フローの変化

契約時の行動	契約時のキャッシュ・フロー	1年後のキャッシュ・フロー
資金の借入	S_0	$-S_0\cdot(1+r)$
国債の買い	$-S_0$	S_1+R
先物・売り契約	0	$F-S_1$
計	0	$F+R-S_0\cdot(1+r)$

この両者から，裁定機会が存在しなくなる均衡状態のもとでは，

$$F=S_0\cdot(1+r)-R$$

が成立する。すなわち先物価格は，現物価格相当金額を借り入れて現物を購入した場合，満期に返済する元利金の合計から利息等の運用収入を控除した値に等しくなる。この式を現物・先物パリティ定理（Spot-Futures Parity Theorem）とよび，現物価格と先物・先渡価格との間で通常保たれるべき関係を表している。そして，先物価格 F と現物価格 S_0 との差はベーシスとよばれ，受渡当日にはゼロとなる（Convergence Property がある）。ベーシスは，均衡状態では支払利息 $S_0\cdot r$ とクーポン収入 R の差，すなわち持越費用（Carrying Cost）に等しい。

先物と現物の期待値の関係

ここで，先物価格と将来の現物価格の期待値との関係を考えていこう。この関係は立場によって異なる。すなわち，先物の売り手は，将来時点で売却する場合に現物価格が低下して収入が減少するリスクを回避しようとする。そこで，先物価格 F が現物価格 S の期待値 $E(S)$ よりも低くとも（$F<E(S)$），契約する可能性は高いと考えられる。他方，商品の買い手は，将来時点で価格が上昇し購入費用が増大するリスクを回避しようとする。そこで，先物価格 F が現物価格の期待値 $E(S)$ よりも高くとも（$F>E(S)$），契約する可能性が高くなるとみられる。

このことから，両者の大小関係は売り手と買い手のどちらのリスク回避度が大きいかによって決まる。一般的には，売り手のリスク回避度のほうが影響力が相対的に大きいと考えられている。これは，売り手にとって将来の価格は将来収益を決める重要な要素であるのに対し，買い手にとってはその商品の価格は諸コストの一部にすぎないというケースが多いとみられることからきている。その結果として，$F<E(S)$ となる可能性が高い。

こうした事情を反映して，受渡までの期間が長い（期先）ほど先物価格が高くなる現象は，順鞘（コンタンゴ）とよばれる。他方，期間が短い（期近）ほど先物価格が高くなる現象は，逆鞘（バックワーデーション）とよばれる。現実の市場では，上記の理由により「順鞘」になることが多く，「逆鞘」となるのは，急激な価格上昇が予想されるような場合に限られる。

● 重要用語チェック

12.1	□ 金融派生商品（デリバティブ）	□ 原資産
	□ 先物・先渡	□ スワップ
	□ オプション	□ 条件付請求権
	□ 完備市場	□ リスクのヘッジ機能
	□ リスクの移転	□ 情報の提供機能
	□ 流動性の改善機能	
12.2	□ 先物	□ 先渡
	□ 証拠金	□ 清算価格
	□ 値洗い	□ 反対売買
	□ 差金決済	□ 大坂堂島の米会所
12.3	□ 先物価格	□ 現物価格
	□ 空売り	□ 現物・先物パリティ定理
	□ ベーシス	□ 持越費用
	□ 順鞘（コンタンゴ）	□ 逆鞘（バックワーデーション）

■Column　天候デリバティブ

金融派生商品の一種として天候デリバティブも近年利用されている。これは，一定の気象条件（気温，湿度，降雨量，風速，台風など）を基準とし，事前に取り決めた指標の数値を上回（下回）れば補償額が支払われる契約・金融商品で，損害保険会社などが多く提供している。たとえば，猛暑によるゴルフ場，冷夏による電力会社，強風波浪によるフェリー会社，多雨によるテーマパークなど，様々な天候条件で収益が左右される企業がある。これら企業がヘッジのため利用するのが天候デリバティブである。

天候デリバティブと損害保険は類似するが，損害保険は保険金受取の場合には損害査定が行われるのに対し，天候デリバティブは条件を満たすと（権利行使され）自動的に支払われるという相違点がある。台風などの天然災害による特別な損失については損害保険で，災害とは認定されない天候条件（暖冬や冷夏など）を天候デリバティブでヘッジするといった特性に応じた使い分けもできる。

地球温暖化などによる異常気象によって，世界中で深刻な天然災害が多発している。天候デリバティブによるリスクヘッジへのニーズは拡大しているが，この商品を扱う機関の提供能力が重要となる。損失金額の算定など，AI などを活用した膨大な数値計算等を基に，予測のさらなる精緻化が必要となる。天候デリバティブの発展は金融機関のリスク管理技術の高度化にも依存する。

第13章
金融派生商品市場Ⅱ：オプション

POINT——本章で学ぶことがら

1. オプションは，特定の商品（原資産）を将来の決められた時点ないしそれ以前の時点で，あらかじめ決められた価格（権利行使価格）で売買する権利の取引である。買う権利をコール，売る権利をプットという。オプションを購入すると，価格変動に伴う損失を一定限に抑えることができる。

2. コールとプットの価格（プレミアム）には一定の関係がある。このオプション価格は，原資産価格や権利行使価格，原資産価格の変動幅，残存期間，金利により変化する。

3. オプションの損益曲線は折れ曲がっており，これを利用して現物取引にはない損益のパターンを作ることができる。オプションと同様の機能を持つ商品も多く存在するほか，多くの分野への応用が試みられている。

● 13.1　原資産価格と行使価格

≫ コールとプット

オプション（Option）取引とは，ある特定の商品（原資産とよばれる）を，将来のある一定時点（満期日）あるいはそれ以前の一定期間内（権利行使期間）に，あらかじめ定められた価格（[権利］行使価格）で，買う権利（コール［Call]）または売る権利（プット［Put]）を売買する取引である。

オプションと先物を比較すると，「将来の受渡を現時点で契約する」という点では同じである。しかし，先物契約は，買い手と売り手の双方とも互いに契約を履行する義務があるのに対して，オプションは権利を行使する（実際に原資産を売買する）かどうかは，オプションの保有者，すなわち権利の買い手が選択権を持っているところに特徴がある。権利が行使される場合，売り手は契約を履行する義務を負っている。オプションの保有者は自分の都合のよいとき（利益が生じる場合）にのみ利用すればよい。この意味でオプションは価値を持つ。オプションを購入するには，一定のコストすなわちプレミアム（オプション・プレミアム［オプション価格]）を払う必要がある（図表 13.1）。

≫ 権利の行使と損益

コール・オプションの購入者は，満期日に原資産価格が行使価格よりも高い場合，権利を行使して，行使価格で資産を購入し，それを市場で売却することでその差額を得る。一方，原資産価格が行使価格より低い場合は，行使価格で買う権利を放棄することで資産の取引による損失は発生せず，コストは支払ったプレミアムに限定される。

図表 13.1　オプションの権利と義務

	買い手	売り手
コール	行使価格で買う権利がある	行使価格で売る義務を負う
プット	行使価格で売る権利がある	行使価格で買う義務を負う

オプション取引のペイオフ（損益）曲線は図表13.2に示される（符号等は同図表を参照）。オプションを購入した場合は，コール・プットともに先行きの価格変動等で損失が発生しても，その額はプレミアムの範囲内に限定される。他方，オプションの売り手はオプション・プレミアムを受け取るが，買い手の権利行使に応じる義務があり，損失が発生する可能性もある。なお，売り手と買い手の損益の形状は，損益ゼロの軸（横軸）を挟んで対称となっている。満期日のみに権利行使ができるオプションをヨーロピアン・タイプといい，満期日まで（権利行使期間）であればいつでも権利行使ができるオプションをアメリカン・タイプという。 13

オプションの起源は，紀元前6世紀前半のギリシャにあるといわれている。近年は，1973年にF. ブラックとM. ショールズによるオプション価格算出の理論が発表され，一定の条件下でオプション価格が算出できるようになり，これがオプション取引の活発化にもたらした影響は大きい。

図表13.2 オプションの基本型

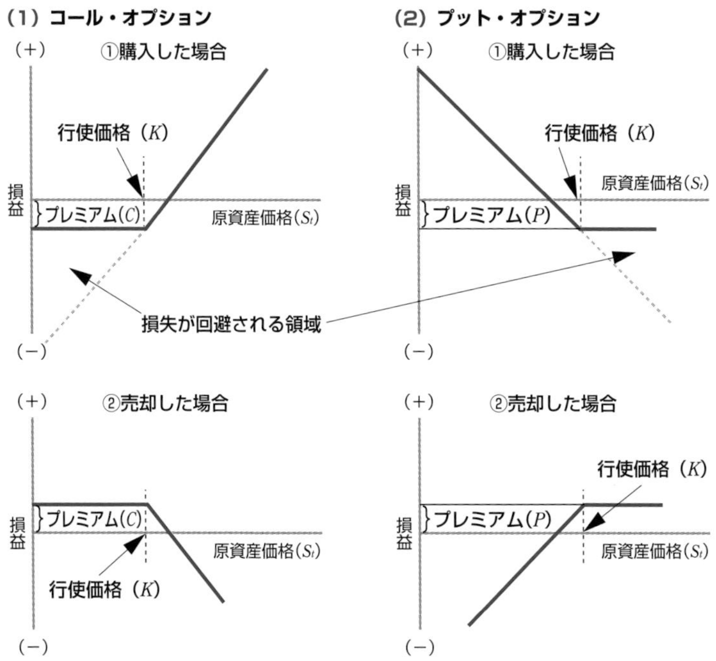

● 13.2 コールとプットの関係

II

≫ オプション価格としてのプレミアム

前記のようにオプションの買い手は，そうした権利を手に入れることによって，リスクを回避でき，利益をあげることも可能となる。他方，売り手は買い手が権利行使する場合にはそれに応じる義務がある。そして，その見返りとしてオプション価格である売却代金つまりプレミアムを手に入れるが，満期時点（ないしそこに至る期間内）における価格動向によっては大きな損失が発生する可能性もある。その意味で，売り手が当該資産の価格変動リスクを引き受ける代償としてのプレミアムの決定は，大きな意味を持つ。

コール・オプションもプット・オプションも，その購入に際して価格であるプレミアムが支払われる。当該商品の価格動向について，売り手も買い手も特別の情報は持たない（つまり環境的不確実性がある）ことを考慮すると，それまでの変動が大きかった商品のプレミアムは大きくなる。詳しくは，**13.3** で取りあげる。それでは，行使価格と満期が同一のコールとプットのプレミアムの間には，どのような関係が存在するのであろうか。以下では，満期や行使価格も同一の場合を例としてみていこう。

≫ プット・コール・パリティ定理

コール・オプションとプット・オプションのプレミアムは，独立に決まるのではなく，一定の関係がある。これを次のような2つの投資行動（A および B）をもとに考えてみよう。

A：ある金融資産（原資産）に関する行使価格 K のコール・オプションを購入し（プレミアムは C，期間 1 年と仮定），同時に安全資産へ金額 $K/(1+r)$ の投資を行う（r は期間 1 年ものの安全資産の金利）。
B：同じ資産について行使価格 K のプット・オプションを購入し（プレミアムは P），同時にその資産を現在の価格 S で 1 単位購入する。

満期時点でこの金融資産は売却され，安全資産も回収されるとする。この資産の価格（S_t）が行使価格よりも高い場合（$S_1>K$），および低い場合（$S_2\leqq K$）に分け，キャッシュ・フローを考えていこう。

Aのケースでは，①満期時点における原資産価格が行使価格よりも高い場合（$S_1>K$），コールを行使して（S_1-K）を，また安全資産への投資を回収して$K(=[1+r]\cdot K/[1+r])$ を得て，その合計額はS_1となる。②資産価格が行使価格以下の場合（$S_2\leqq K$），コールを行使せず権利を放棄し，$0+K=K$を得る。

Bのケースでは，①原資産価格が行使価格よりも高い場合（$S_1>K$），プットを行使せず権利を放棄し，$0+S_1=S_1$を得る。②原資産価格が行使価格以下の場合（$S_2\leqq K$），プットを行使して（$K-S_2$）を，また保有していた金融資産を売却してS_2を得て，その合計額はKとなる。

このように，満期時点のキャッシュ・フローは，AおよびBのケースで同一である。同一のキャッシュ・フローを生み出す資産の価格は等しい。すなわち，両者の最初の投資キャッシュ・フローはそれぞれ$C+K/(1+r)$ と$P+S$であり，この両者は等しい価値を持つ（$C+K/[1+r]=P+S$）。一般にはこれを変形した次式が使用される。

$$C=S-\frac{K}{1+r}+P$$

これが，プット・コール・パリティ定理（Put Call Parity Theorem）である。換言すると，ある資産のコールを購入することは，行使価格の現在価値に等しい額を借り入れ（割引債を発行），同時に当該資産とそのプットを購入することと同じである。これは図表 13.3 に示され，コール・オプションの価格が与えられれば，プット・オプションの価格は自動的に算出することが可能となる。

図表 13.3　コールとプットの関係（満期時の価値）

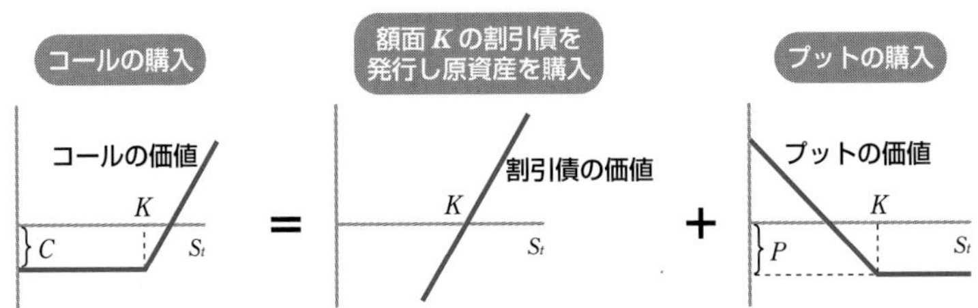

● 13.3 プレミアムの決定*

≫ オプションの価値

オプションは，その時点で行使された場合に保有者が利益を得るケースをイン・ザ・マネーの状態にあるという。逆に，行使すると損失が生じる（すなわち行使しない）状態をアウト・オブ・ザ・マネーの状態にあるという。また，損失も利益も生じない状態をアット・ザ・マネーという。コール・オプションを例にとれば（プレミアムを除く），行使価格<原資産価格のときがイン・ザ・マネー，行使価格>原資産価格のときがアウト・オブ・ザ・マネー，行使価格＝原資産価格のときがアット・ザ・マネーである。

オプションの価値は，2つの部分から構成される。図表 13.4 に示されるように，イン・ザ・マネーの状態にあるとき，ただちに行使して得られる価値をオプションの本質価値または内在価値（Intrinsic Value）という。いわば満期時点の価値である。本質価値は，アウト・オブ・ザ・マネーやアット・ザ・マネーの状態にあってはゼロに等しい。もっとも，実際のオプション価格は本質価値を上回っており，この実際のオプションの価値と本質価値との差が，時間価値（Time Value）である。

時間価値は，満期までの期間が残っていることによって生じる価値であり，満期までの長さや原資産価格の変動の大きさによって決定される。このように，オプションの価値は本質価値と時間価値から成り立つ。

図表 13.4 オプションの価値

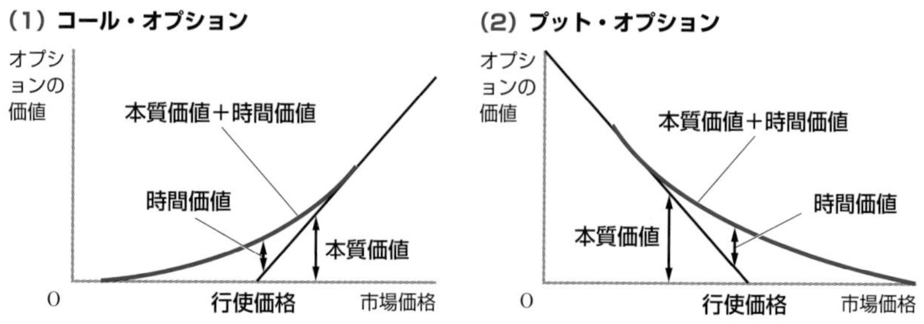

13

オプション・プレミアムの変動要因

オプション・プレミアム決定の代表的モデルにブラック=ショールズ・モデルがあるが，ここでは詳細を専門書に委ね，オプション・プレミアムに影響を与える要因を考えてみよう。前記のようにプレミアムは，売り手が（リスクを）引き受ける際に求める代償であり，イン・ザ・マネーとなる可能性が大きくなると拡大する。コール・オプションを例にとれば，将来の満期までに原資産価格 S_t が行使価格 K を超える可能性が少なければ，すなわちアウト・オブ・ザ・マネーとなりやすいならば，売り手が損失を被る可能性が小さくなり，プレミアムはわずかでよい。逆に，越える可能性が大きくなる，すなわちイン・ザ・マネーの状態となりやすいならば，売り手が求める代償は大きくなりプレミアムは高くなる。

これをもとにすると，要因は少なくとも5つある。コール・オプションのプレミアムは，①原資産価格が上昇するにつれて増加し，②行使価格 K が上昇するにつれて減少する。これは，オプションの損益が，$S_t - K$ で示されることによる。

また，③コール・オプションは損失が限定されているだけに，原資産の価格が上昇・下落するといった振れの程度，つまりボラティリティが大きくなると利益を得る可能性が高く評価され，増加する。同様に，④満期までの残存期間 T が長いことは，行使価格の現在価値が小さくなるほか，予見できない事件が発生して原資産価格が変動する範囲が大きくなることから，原資産価格が行使価格を超える可能性が高くなり，プレミアムは増加する。これとの関連で，⑤高い金利 r は，行使価格の現在価値を引き下げ，プレミアムは増加する。各要因が変化した場合のプレミアムの変化は，図表 13.5 に示される。

図表 13.5 オプション・プレミアムの変動要因

		コール・プレミアム	プット・プレミアム
原資産価格（S_t）	上昇	増加	減少
行使価格（K）	上昇	減少	増加
ボラティリティ（σ）	上昇	増加	増加
残存期間（T）	長い	増加	増加
短期金利（r）	上昇	増加	減少

● 13.4 オプションを利用した取引*

Ⅱ

≫ オプション投資戦略

オプションの特徴は，その損益（ペイオフ）曲線が折れ曲がっている，すなわちリスクを限定することができるところにある。これに着目して，現物取引にはない損益のパターンを作ることができる。そして，複数のオプションを組み合わせることにより，様々な損益のパターンを作成できる。以下にその代表的な例をあげておく（図表 13.6）。

①ストラドルの買い……同じ行使価格・量のコールとプットを組み合わせて買うポジションで，市場価格が方向は不明ながら大きく動くと予想するときに取る戦略である。予想通りに大きく動くと大きな利益が生じ，逆に見込みが外れて市場価格が動かなくとも，損失は２つのプレミアム分に限定される（重要な経済指標の発表や選挙の前に使われることが多い）。

②ストラングルの買い……行使価格の異なるコールとプットを組み合わせて買う戦略で（コールの行使価格が高い），市場価格が２つの行使価格から外れて大きく動くと利益が出る。ストラングルはストラドルと似ているが，行使価格が異なったオプションの組合せのため，市場価格がより大きく動く場合に利益が発生する。

③バーティカル・ブル・コール・スプレッド……行使価格の高いコールを売り，低いコールを買う取引である（プットの場合も同じ）。市場価格がやや上昇すると予想する場合に利用され，大きく上昇しても利益が限定される一方，下落しても損失は限定される。

④プロテクティブ・プット……原資産の買いとプットの買いで作る戦略である。市場がしばらくは調整局面であろうとの見通しに基づき，コストを払ってもダウンサイドリスクを避けたい投資家が利用する。原資産が値上がりすれば，値上がり幅はプットの購入コスト分だけ小さくなるが，原資産が値下がりしても購入したプットの実行で相殺されることから，損失は限定される。

≫ オプション概念の応用

オプションと概ね同等の機能を持つ商品も，多く存在する。プット・オプションの購入は，資産を保有しその価格の下落に対して保険をかけることと同一である。火災保険は，全焼した家屋を一定価格で引き取らせることのできるプ

図表 13.6 オプションを利用した投資

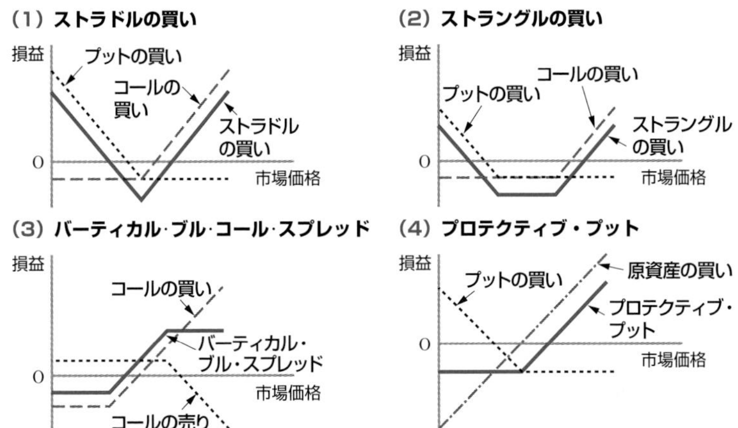

ット・オプションである。また，あらかじめ定めた価格で株式を購入する権利を有する社債の一種である新株予約権付社債等は，コール・オプションとしての機能を有している。

オプション理論の発展は，金融商品に留まらず多くの分野への応用をもたらすこととなった。特に，企業経営，投資における意思決定に用いられるようになっている。オプションは権利であり，オプション価格（プレミアム）はその権利の価値であることから，様々な契約に内包された権利をオプションとみなすことにより，その価値を評価する試みが行われている。

その代表例として，投資機会の有効活用を図る意思決定への応用を試みるリアル・オプションの考えがある。たとえば，「不確実性下で不可逆な意思決定を行う経済主体がその決定を先延ばしにできる自由度の価値」は，リアル・オプションの一例である。将来が不確実にもかかわらず，後戻りできない意思決定を迫られる場合，その決定を遅らせることでより多くの情報を得て，より適切な意思決定ができると期待される。リアル・オプションの考え方によれば，「プロジェクトの収益に関する不確実性が大きければ，そのプロジェクトを開始する時期を遅らせたほうが望ましい」ことになる。経営意思決定においてオプションの考え方を取り入れることにより，経営戦略策定の幅が広がる。しかし，その応用については，まだ多くの課題が残されている。

II

● 重要用語チェック

13.1
□ オプション　□ 原資産
□ 権利行使期間　□（権利）行使価格
□ コール　□ プット
□ プレミアム
□ オプション・プレミアム（オプション価格）
□ 原資産価格　□ ヨーロピアン・タイプ
□ アメリカン・タイプ

13.2
□ オプション価格　□ プレミアム
□ プット・コール・パリティ定理

13.3
□ イン・ザ・マネー　□ アウト・オブ・ザ・マネー
□ アット・ザ・マネー　□ 本質価値（内在価値）
□ 時間価値　□ ボラティリティ
□ 残存期間

13.4
□ ストラドル　□ ストラングル
□ バーティカル・ブル・コール・スプレッド
□ プロテクティブ・プット　□ リアル・オプション

■ Column　ストック・オプション

13.4 ではオプション概念の応用を解説したが，同概念を取り入れた役員・従業員報酬制度として，近年導入されているのがストック・オプションである。ストック・オプションとは，「自社株をあらかじめ決められた価格（行使価格）と権利行使期間で，自社株式を買える権利のこと」であり，権利行使すると行使価格と市場価格（自社の株価）の差が行使した個人の利益となる。この制度を企業が導入し，自社の役職員に権利を付与することで，当該企業の事業が成功し（自社の）株価が上昇するほど，付与された役職員は大きな利益を得られ，業績向上へのインセンティブを持たせることができる。

年功序列型賃金など日本型企業の経営を特徴づけた従来型の制度が変容し，労働者の働き方への考えも変わるなかで，日本企業は従来とは異なる役員・従業員報酬制度を求められている。ストック・オプションはそのための一つの方策である。また，ベンチャービジネスなど，多額の報酬を現時点では支払うことができない企業は，ストック・オプションを付与し，株式の新規公開（IPO，第 10 章参照）をした際に大きな報酬を与えることができるため，優秀な人材確保を目的に利用するケースも多い。

第14章
金融派生商品市場Ⅲ：スワップ取引

POINT——本章で学ぶことがら

1 スワップは，経済的価値が等しいと考えられる属性の異なるキャッシュ・フローをあらかじめ決められた条件に基づいて，将来の一定期間にわたって交換する取引である。

2 最も代表的であるのは，変動金利と固定金利を交換する金利スワップで，その場合は各当事者が比較優位を持つ手段で資金を調達し，内容を交換する。OIS 取引も金利スワップの一種である。

3 信用リスクに関連した保証の売買（クレジット・デフォルト・スワップ）や，特定の債権のリスクに関連したキャッシュ・フローの交換（トータル・リターン・スワップ）等の取引も増えている。

● 14.1　スワップの概要

スワップの意味

スワップ（Swap）取引とは，経済的価値が等しいと考えられる属性の異なるキャッシュ・フローを，あらかじめ決められた条件に基づいて，当事者間で将来の一定期間にわたって交換する取引である。いずれの当事者も，相手方に対して約定されたキャッシュ・フローを引き渡す義務（債務）を有する双務契約であり，先物等とは異なり店頭取引のみである。

最も代表的な取引は，金利スワップ（Interest Rate Swap）で，固定金利と変動金利といった金利支払のキャッシュ・フローを交換する取引である。**14.3** で取りあげる OIS 取引も，この一つの形態である。金利スワップで知られている最初の例は，1982 年にドイツ銀行が手掛けたものである。変動金利の長期資産が多いドイツ銀行は，固定金利のユーロダラー債を発行し，同時に固定金利と変動金利を交換する金利スワップを導入し，金利リスクを小さくした。近年は，円―ドルといった異種通貨間の金利スワップや，クーポンのスワップ，異なる変動金利の交換であるベーシス・スワップ，債券取引上のスワップ（マチュリティ・スワップ，イールド・スワップ等）も活発に行われている。

スワップの形態としては，金利スワップの取引量が最も多い（図表 14.1）。もっとも，この場合の元本はキャッシュ・フローを計算するための名目的な想定元本にすぎず，これ自体が交換されるわけではない。

また，通貨スワップ（Currency Swap）も多く取引されている。これは，円とドルといった異種通貨間で発生するキャッシュ・フローを交換する取引である。金利スワップと通貨スワップについては，**14.2** 以下でみていく。

このほか，近年市場が拡大してきている取引に，クレジット・デリバティブがある。詳しくは **14.4** で取りあげるが，これはそのキャッシュ・フローがほかの経済主体の信用リスクに依存して決まるといった契約内容の取引であり，オプション形態のものも含まれる。典型的な取引として，クレジット・デフォルト・スワップがある。

スワップの特徴

スワップの利用は，相対的に期間の長い金利や為替の変動に伴うリスクを回避する等の目的で行われている。先物やオプションと比べてスワップ取引は，金融機関のほか事業会社も積極的に利用している。また，一般的な金融商品の多くにスワップが利用されていることもあり，金融派生商品の店頭取引のなかでは残高の大半を占めている（特に金利スワップのウェイトが大きい）。スワップ契約によって，当事者は単独で行うよりもより安いコストで目的を達成することが可能となる。

スワップ取引の拡大は，情報の非対称性ないしエージェンシー費用の存在等，現実の金融取引にはコストが伴うことや，市場に関する様々な予想が交錯していること等が背景となっている。こうした取引は，金融機関や企業がリスクを管理し，資産・負債の再構成を行う有効な手段として活用されてきていると考えられる。スワップを中心とするOTCデリバティブ取引の残高は，急速に膨らんでおり，その大部分は金利関連取引である（図表14.1）。

図表 14.1　わが国におけるOTCデリバティブ取引の残高

（2018年6月末，億米ドル）

	想定元本	対10年前比
OTC取引合計（含む金関連取引）	611,408	122.4%
外国為替関連取引	80,852	122.5%
金利関連取引	524,817	121.2%
エクイティ関連取引	1,812	103.9%
コモディティ関連取引	64	−80.9%
クレジット・デリバティブ取引	3,845	—
うちクレジット・デフォルトスワップ	3,808	—
その他デリバティブ取引	18	—

（注）1. 四捨五入の関係や合計には金融関連取引が含まれていること等から，内訳の足し上げと合計の計数は一致しない。
2. 日本銀行金融市場局「デリバティブ取引に関する定例市場報告」による。対10年前は2008年6月末である。
3. OTC取引には，スワップ以外の取引も含まれる。

● 14.2　金利スワップ

Ⅱ

企業間・市場間の金利格差

ここでは，金利スワップを例として具体的にそのメリットを考えていこう。前記のように金利スワップは，金利の支払方法を交換する取引であり，変動金利での支払と固定金利での支払を交換する場合を取りあげる。

信用ランクの高い企業Aと相対的に劣る企業Bが，同額の資金調達を希望しており，それを銀行が仲介するケースを考えてみよう。期間はたとえば5年とする。現時点で固定金利市場（たとえば債券市場）および変動金利市場（たとえばロンドンにおける資金貸借市場）において，各企業が単独で調達する場合の金利，および望んでいる資金の調達形態は，図表14.2に示される。LIBOR（London Interbank Offered Rate）は，欧州通貨市場における銀行間資金の出し手の金利であり，通常はこれにプレミアムを上乗せした金利が取引に使われている（LIBORについては章末コラムも参照）。固定金利市場と変動金利市場で企業の金利格差（Quality Spread）が異なるのは，次の理由による。変動金利市場は，定期的に金利改定が行われ，信用ランクの劣る企業Bも短期間で倒産する確率はかなり低い。他方，金利が固定される長期の市場では，その確率が相対的に大きくなる。

比較優位の利用

この場合，企業Aおよび企業Bが別個に自社の望む形態で資金を調達すると，両者の1年当たり支払利子総額は，LIBOR＋3.40％（＝企業Aの利子[LIBOR＋0.20％]＋企業Bの利子[3.20％]）となる。ここで銀行はこの2企業に対して，自社が相対的に優位性を持っている調達方法で調達し，その支払形態方法を交換することを勧める。企業Aは変動金利・固定金利の両ケースともに，資金調達コストは企業Bと比べ低い，すなわち絶対優位である。その優位性の程度は，固定金利の場合がより大きい（企業Bとの金利差は変動金利の0.60％に対して固定金利の場合は1.20％），つまり比較優位がある。他方，企業Bはいずれも企業Aと比べコストが高いが，金利差自体は固定金利の場合と比べて，変動金利の場合は相対的に小さい。すなわち，企業Bは変動金利調達に関して比較優位がある。

14

銀行の勧めによって両企業が自社の望む形態ではなく比較優位を持つ形態で資金を調達すると（図表14.2では青色の文字の形態），この2企業の1年間の支払利子総額は，LIBOR＋2.80％（＝2.00％＋LIBOR＋0.80％）となる。この額は，各企業が単独で自身が望んだ形態で資金を調達した場合と比べて0.60％少ない（＝[LIBOR＋2.80％]－[LIBOR＋3.40％]）。

企業A・企業Bとも，資金提供者に対しては自身が調達した形態の金利を支払う必要がある（企業Aは固定金利2.00％，企業Bは変動金利LIBOR＋0.80％）。これに加えて，異なる形態の金利支払を一定の方式で交換する（企業Aは銀行を通じて企業Bに変動金利を支払って固定金利を受け取り，企業Bはその逆を行う）。その場合，全体としてのコスト節減幅である0.60％を，企業A・Bおよび銀行の3者間で分配する必要がある。図表14.3では，両企業のコスト節減幅が等しく（各0.25％），銀行も一定の利幅を得る（0.10％）ことで合意した場合を示している。これによって，両企業とも単独で資金調達する場合と比べ，実質的に希望する形態で金利負担を節減して資金を調達することが可能となる。銀行は，この取引を仲介することで手数料を得る。ただしこのケースでは，A社は先行き5年間現行のレート（2.00％）で資金を調達し，信用力の劣るB企業も現行の方式（LIBOR＋0.80％）で調達できることが前提である。信用格付が低下すると，B企業の調達コストは上昇する。

図表14.2　企業Aと企業Bの資金調達金利等

	固定金利の場合	変動金利の場合	希望する形態	スワップ後のコスト
企業A	2.00%	LIBOR+0.20%	変動金利	LIBOR−0.05%
企業B	3.20%	LIBOR+0.80%	固定金利	2.95%

図表14.3　銀行が仲介する企業Aと企業Bの金利スワップ取引

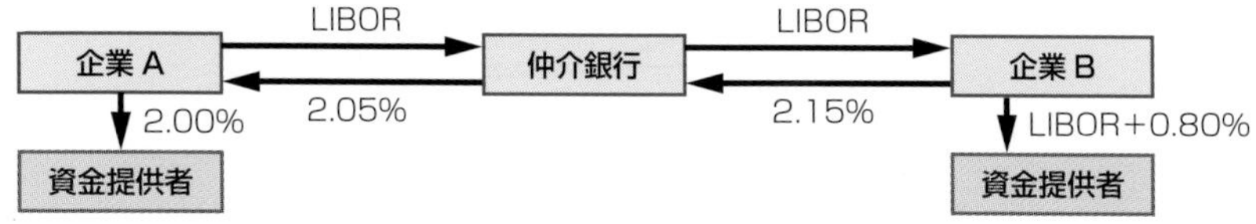

● 14.3　OISと通貨スワップ*

Ⅱ

≫ OIS取引

近年急速に市場規模が拡大している金利スワップ取引の一つに，OIS（Overnight Index Swap）取引がある。これは，無担保コールレート・オーバーナイト（O/N）物と，一定期間（数週間～2年程度）の固定金利を交換する金利スワップ取引である。変動金利としてO/N物金利が使用されている点に特徴があり，わが国ではこの金利を取引対象とするはじめてのデリバティブ取引である。一般にO/N物金利は，中央銀行の政策目標金利と関係が強く，OIS取引には先行きの金融環境に対する市場の見方が表れている。たとえば2008年のリーマン・ショック後，欧米市場では金融不安を反映してロンドン市場（LIBOR 3か月物）とOIS市場金利のスプレッドが拡大した。近年は，米国における短期国債増発の影響などから乱高下しつつもやや拡大した（図表14.4）。

市場参加者は，政策金利の見通しをもとに，現物債券等の金利との裁定取引を活発に行っている。その際OIS市場は，現物債券との裁定手段を提供し，ヘッジや裁定取引の機会を与える役割を果たしている。

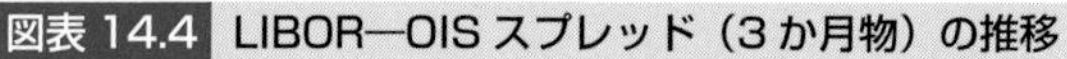
図表 14.4　LIBOR—OISスプレッド（3か月物）の推移

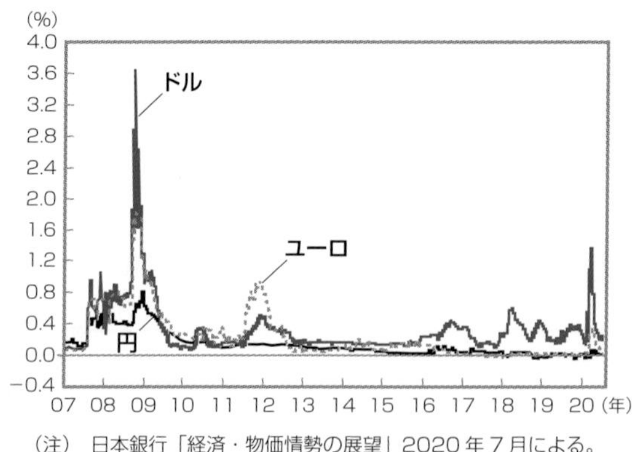

（注）日本銀行「経済・物価情勢の展望」2020年7月による。

図表 14.5 米国の企業Cと英国の企業Dとの通貨スワップ取引

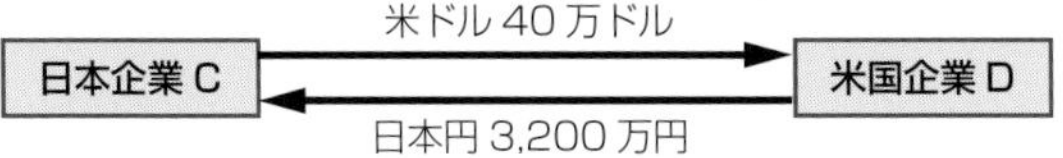

為替リスクと通貨スワップ

広く普及しているもう一つの形態のスワップは，通貨スワップである。その最もシンプルなタイプは，ある通貨に対する元本および利子相当額の支払をほかの通貨の元利金と交換する取引である。通貨スワップ契約では，2通貨の元本額の交換は契約時の為替相場で変換した額に設定されることが多い。

例として，日本国内の企業Cが元本1,000万ドルで3年間，毎年40万ドルの利益が生じる米ドル建資産（利益率4%）を保有している一方，米国内の企業Dは元本8億円で3年間，毎年3,200万円の利益が生じる円建資産（利益率4%）を保有しているケースを考えてみよう（図表14.5)。円ドル相場を1ドル=80円とする。企業CとDが通貨スワップを組むと，企業Cの為替変動リスクはなくなる（3年後には元本相当額の8億円を含めた金額を取得する)。日本国内でドル建の資産を保有する投資家（銀行や生保等）は，こうした通貨スワップを組むことで為替リスクを回避することができる。

通貨スワップは，外貨建債権・債務の為替リスク回避等を目的として行われる。通常は金利の交換のほか，取引の開始および終了時点で元本も交換されるが，元本交換を伴わない通貨スワップ（クーポン・スワップ）もある。

スワップのメリットとリスク

14.2でみた金利スワップと同様の効果を持つリスク回避策として，資産・負債自体を変更することもできる（たとえば固定利付債を繰上償還し，変動利付債を発行)。しかし，手数料の支払をはじめとして，そのコストは大きい。それよりも安いコストで資産・負債ないしキャッシュ・フローを事実上変更できることが，こうしたスワップの利点である。

ただし，スワップ取引には様々なリスクがある。特に，スワップはキャッシュ・フローを交換する相対契約であるため，契約相手が破産等により債務不履行となると，保有するポジションから期待する経済効果が得られなくなる。

● 14.4 クレジット・デリバティブ*

II

クレジット・デリバティブの特徴

近年は，貸出債権や社債等の信用リスクを回避する手段として，スワップ形式の取引も利用されている（オプション形式等の場合もある）。これがクレジット・デリバティブであり，店頭取引形式で行われる。この取引は，利息相当額やプレミアムの支払と引替えに，貸出債権やほかの資産の信用リスクを引き渡す取引である。

伝統的なデリバティブが，株価や為替の変動である市場リスクを取引するのに対して，クレジット・デリバティブは信用リスクを取引する。この最も典型的な例は，クレジット・デフォルト・スワップ（Credit Default Swap［CDS］）である。このほか，トータル・リターン・スワップ（Total Return Swap［TRS］），クレジット・スプレッド商品がある。

代表的な例

クレジット・デフォルト・スワップ（CDS）は，定期的な一定金額の支払と引き替えに，特定の企業に関する信用の毀損が発生した場合，支払を受ける取引である。債権自体を移転することなく信用リスクのみを移転する取引であり，特定の国や企業等の信用リスクを対象とする保証を売買する。買い手は，売り手に対して定期的にプレミアム（契約上は固定金利とよばれる）を支払い，それと引き替えに国や企業に対する貸付債権や公社債等の信用リスクの保証，すなわちプロテクションを購入する（信用リスクを移転する）。対象となっている信用リスクの主体（参照組織とよばれる）が，倒産あるいは支払不能となった場合（クレジット・イベントの発生），売り手は買い手にCDSの元本相当額を支払う。換言すれば保証の買い手は，あらかじめ取り決めた事態が発生した場合，支払を受けることと引き替えに保証料を支払う契約である。この仕組みは定期生命保険等と類似しており，スワップというよりもオプション取引の一種であるとも考えられる（図表 14.6）。

もっとも，一旦締結されたクレジット・デリバティブ契約は，比較的長い期間続く。したがって，契約期間中に対象企業等の破綻確率が高まると，保証の売り手は支払の発生に備えて多額の資金を準備することが必要となる等のリスクが付きまとう。2008年9月に米国で発生したリーマン・ショックでは，サブプライム・ローン等を担保に発行された証券化商品が値下がりし，そのリスク回避のために取引されたCDSの売り手が，膨れ上がった支払に耐えられなくなる事態が発生した。

トータル・リターン・スワップ（TRS）は，定期的な一定金額の支払と引き替えに，特定の債権に関するリスク（信用リスクに限定されない）とリターンを移転する取引である。この取引では，信用リスクのある商品について，発生する利子やキャピタル・ゲイン（ロス）を併せたトータル・リターンが交換される。たとえば，信用リスクのある社債の保有者は，この契約の期間中は社債クーポン（固定金利）を支払って相手方からは変動金利相当額を受け取る。そして，契約終了時に値上がり（キャピタル・ゲイン）が生じていた場合には，その部分を相手に渡し，逆に値下がりした場合には相当額を受け取る。この取引によって，信用リスクのある危険資産をあたかも安全資産として運用することが可能となる。

また，クレジット・スプレッド商品は，信用リスクのある債券の利回りとLIBORとの差（クレジット・スプレッド）について，行使期日にその時点のスプレッドが行使スプレッドを上回る場合は，上回る部分について債券の残存期間分の支払が行われるというものである。この取引によって，クレジット・スプレッド拡大のリスクを回避することが可能となる。

図表 14.6 CDS取引の概要

(1) CDSの契約時

(2) クレジット・イベント発生時

Ⅱ

● 重要用語チェック

14.1 □ スワップ □ 金利スワップ
□ 想定元本

14.2 □ 金利スワップ □ 固定金利
□ 変動金利 □ LIBOR
□ Quality Spread □ 比較優位

14.3 □ OIS 取引 □ 通貨スワップ

14.4 □ クレジット・デリバティブ
□ クレジット・デフォルト・スワップ（CDS）
□ プレミアム □ プロテクション
□ クレジット・イベント
□ トータル・リターン・スワップ（TRS）
□ クレジット・スプレッド商品

■ Column　LIBOR について

2012 年，LIBOR（ライボー）算出の基礎となるレートを呈示していた英国のある銀行が，自行の利益のために意図的に実際の金利と異なる数値を報告し，不正に利益を上げるという事件が発覚した。2017 年 7 月には，LIBOR を監督する英国金融行為規制機構（FCA）が，① LIBOR 算出の基礎となる銀行間の無担保資金市場での取引量が少ないこと，② LIBOR の算出基礎となるレートを呈示する大手銀行が，十分な取引の裏付けがないレートの呈示の継続性に不安を表明したことを理由として，2021 年末以降は LIBOR 算出のためのレート呈示を銀行に求めないことを表明した。このため，2021 年末以降に LIBOR の公表が恒久的に停止される可能性が高まった。

金融庁や日本銀行，全国銀行協会は，仮に十分な備えのない状態で LIBOR が恒久的に公表停止された場合の影響の大きさに鑑み，市場関係者からの事情聴取や代替指標の開発などの対応を進めている（2021 年 2 月現在）。

第15章
外国為替市場

POINT——本章で学ぶことがら

1 海外との取引はすべて国際収支に記録され，経常収支，金融収支等に記録される。そうした取引のほとんどは，自国通貨と外国通貨の交換を伴い，その取引は外国為替市場で行われる。この内外通貨の交換比率が外国為替相場である。

2 外国為替相場には，直物相場と先渡相場がある。両者の間には，内外金利差を通じて一定の関係が成立する。

3 外国為替相場は長期的には購買力平価が基本となるが，短期的には各種のリスクの存在やニュースあるいは期待等が，大きな変動要因として作用する。通貨当局は，外国為替相場の変動の緩和ないし一定の水準維持を目指して介入を行う。

● 15.1　国際金融取引

Ⅱ

国際取引と資金移動

これまで取りあげてきた金融市場は，日本国内の取引を対象とする市場であり，かつ使用する通貨は自国通貨（円）であった。図表 15.1 をもとにすれば，金融市場にはこうした市場（Ⓐ）のほかに，国際的な資金取引が行われる国際金融市場が存在する。後者には，①同一国内でもドルのような外国通貨（外貨）を使用した取引が行われるⒷのタイプの市場，および，②国境を越える国際間の資金取引であるⒸおよびⒹのタイプの市場が存在する。Ⓓに代表される国際金融取引は，外貨との交換を伴うところに大きな特徴がある。本章では，第Ⅱ部のほかの章とはやや異なるが，Ⓓの市場を中心にみていく。

国際金融市場の典型であるユーロカレンシー市場（Ⓓ）では，当該通貨発行国以外でその通貨建の資金取引が行われる（たとえばユーロ圏におけるドル取引）。国際金融業務を営む銀行は，貸出等の原資をこの市場で調達する一方，余剰資金を運用するなど，資金の調達・運用の場として活用している。もっとも，金融のグローバル化が進展した状況下では，自国通貨建の国内金融市場も，国際的な金融市場の影響を強く受ける。特に先進諸国では，国内金融市場が国際金融市場と密接に関連した動きを示すようになっており，金融取引を厳密に国内と国際とに区分することは難しくなっている。国際決済銀行（BIS）は，定期的に主要国における銀行の国際部門取引に関する包括的統計を公表している。近年の特徴は，新興成長国市場との国際金融取引が増大していること，デリバティブ取引，外国為替取引が増大していることである。

図表 15.1　国際金融取引の概念図

	国内取引	国際間の取引
自国通貨での取引	Ⓐ	Ⓒ
外国通貨での取引	Ⓑ	Ⓓ

国際収支と国際資金取引

こうした金融取引の統計は，銀行が仲介する国際資金フローを計上したものである。国際資金フローには，このほか直接投資や証券投資，さらには公的部門による政府開発援助等がある。これらの資本移動に財・サービス等の様々な国境を越えた取引を国別に集計したものが，国際収支（統計）である。

国際収支は，一定期間における一国（あるいは地域）のすべての対外経済取引を体系的に記録した統計である。すなわち，ある国（経済圏）とそれ以外の国とのすべての国境を越えた経済取引を，市場価格を基準として，所有権あるいは債権・債務の移転があった時点で計上し貸記・借記する，複式計上方式をとる。各国の国際収支統計は，IMF のマニュアルに沿って作成される。

国際収支表は，経常収支と資本移転等収支および金融収支（そして誤差脱漏）から構成される。経常収支には，財の輸出・輸入の差額である貿易収支，サービス収支，労働や資本など生産要素が生み出す第一次所得収支，対価を伴わない取引のうち資本移転以外のものである第二次所得収支がある。経常収支には，以下の 4 つの側面がある。① GDP（あるいは GNP）の構成要素の一つである，②国内総生産と内需（アブソープション）の差である，③一国の貯蓄と投資の差（ギャップ）に等しい，④国際収支の主要な構成要素である。経常収支が不均衡であることは，資金循環勘定上，海外部門に資金の過不足があることを示す。

一方，金融収支は，直接投資，証券投資，金融派生商品，その他投資，および外貨準備からなる。直接投資は，経営参加を目的とする投資であり（出資比率が原則 10％以上のもの），子会社・支店に対する出資金や貸付金，不動産投資，再投資収益などが含まれる。証券投資は，株式や債券等への投資が，金融派生商品はオプション（プレミアムのみ）やスワップ等が含まれる。その他投資には，直接投資，証券投資，金融派生商品，および外貨準備に該当しない全ての資本取引，すなわち貸付・借入や貿易信用，現預金などが含まれる。外貨準備は，具体的には預金や短期証券等の形態をとっている。資本移転等収支には，対価を伴わない固定資産の所有権移転，債権者による債務免除等が含まれる。資本移転等収支（および誤差脱漏）は少額である。したがって経常収支の黒字・赤字は，金融収支の黒字・赤字に概ね対応する。

● 15.2 外国為替相場

外国為替と外国為替相場

国際金融取引では，支払・決済手段として外国為替が使用される。一般に為替は，遠隔地間を含めて現金を直接搬送することなく支払や決済を行う手段であり，国内取引では内国為替が，国際間では外国為替が使用される。この意味では，外国為替は外国通貨に対する請求権である。具体的な形態は，外国通貨表示の小切手・手形・銀行預金，あるいは流動性の高い証券等である。

日本国内の経済取引では，法貨（Legal Tender）である円が，一般的な支払・決済手段として機能している。しかし，国際取引ではそうした法的強制力を持つ一般的な支払・決済手段は存在しない。そこで，国際取引において外国為替（外貨，たとえば米国のドル）を取得するには，自国通貨（日本の場合円）との交換ないし売買が必要となる。こうした異種通貨との交換を行う際の両者の比率が外国為替相場（為替相場，為替レート）である。

外国為替相場は2つの通貨間の相対価格であり，表示方法も2つある。すなわち，①外国通貨1単位当たりの自国通貨の額で表示する**内貨建**（たとえば日本では1ドル=X円といった形式，邦貨建・円建ともいう）と，②自国通貨1単位当たりの外国通貨の額で表示する**外貨建**（たとえば1円=Yドルといった形式）である。外国為替相場は通貨間の交換比率であり，たとえば国の数がNか国であれば，$N(N-1)/2$個の相場がある。しかし，たとえば円，ドル，ユーロの3通貨が存在する場合，円/ドル相場とドル/ユーロ相場から円/ユーロ相場を算出することができる。このように，共通の尺度となる媒介通貨の相場があれば，それをもとに他の通貨間の為替相場を算出できる（クロス相場）。Nか国の場合にも，$N-1$個の相場に注目すればよい。この共通の尺度となる相場の算出に使用される通貨の代表例は，国際取引に使用されることの多いドルやユーロである。これら通貨は，日々の取引額がきわめて大きく，規模の経済性が作用し情報コストの低い通貨である。以下では，東京外国為替市場で円/ドル取引が6割弱を占めていることを考慮し，外国為替相場について円建ドル相場を例としてみていこう。

直物と先渡

外国為替取引には，対価の受渡時期によって，①直物取引（Spot。外国為替取引契約が成立して2営業日以内に受渡）と，②先渡取引（Forward。将来時点での受渡を現時点で契約。3営業日以降に受渡）のほか，先物取引（12.2）や通貨オプション（オプションは13.1を参照）もあるが，通常の外国為替市場取引は①および②を指す。それらの価格が直物相場 e および先渡相場 e_F であり，先渡相場は取引期間によって異なる。先渡相場と直物相場の差 e_F-e は直先スプレッドとよばれる。東京市場における先渡相場は直物相場を基準とし，外貨の先渡の価値が直物よりも高い場合（$e_F-e>0$）はプレミアム，低い場合（$e_F-e<0$）はディスカウントとよばれる。

先渡相場の直物相場との乖離率（$[e_F-e]/e$）は，円を国内で運用した場合（円金利 r）と，円売り・ドル買いによって米国市場で運用した場合（ドル金利 r^*）の収益率の格差（$r-r^*$）にほぼ等しいといった関係が存在する。これは，図表15.2に示されるように，国内で運用する場合の利益（$1+r$）と，円売り・ドル買いによって得た資金（$1/e$）を米国市場で運用し，同時に為替相場の変動を考慮して先渡市場で円買い・ドル売り契約をして円建の金額（$[1+r^*]\cdot e_F/e$）を確定する場合の利益が，裁定取引によって等しくなるといったカバー付き金利平価から導き出される。そして国内・海外市場間で収益率に格差があれば，裁定取引によって直先スプレッドが変化する。

なお，外国為替相場は2国間の通貨の交換比率である。多国間の取引を考慮した相場としては，ある時点を基準にそれからの各国通貨の自国通貨に対する価値の変化を，取引額ウェイト等で加重平均した実効為替相場がある。

図表 15.2 直物相場と先渡相場との関係

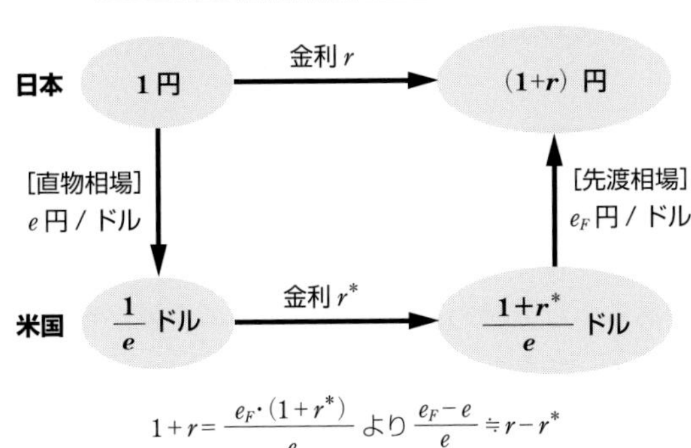

$$1+r=\frac{e_F\cdot(1+r^*)}{e}\text{ より }\frac{e_F-e}{e}\fallingdotseq r-r^*$$

● 15.3　外貨ポジションと外国為替市場

外貨ポジションと調整

輸出入業者等は，たとえばドルで受け取った輸出代金を国内で使用するため，円に交換する必要がある。逆に，輸入業者は代金支払のため，手持ちの円をドルに交換する必要がある。こうした企業等のドル資金の売買は，一般には銀行との間で行われる。

こうした行動を通じて外国為替取引が事実上集中する銀行では，外国為替ベース（外貨建）の資産と負債の残高（持高ないしポジション［Position］）が必ずしも同額となるわけではない。外貨建の資産が負債を越えている状態を買持ち（Long Position），負債が資産を越えている状態を売持ち（Short Position），両者が一致している状態をスクエア（Square Position）という。売持ちあるいは買持ちの場合には，為替相場の変動に伴ってバランス・シート上の外貨建資産の市場価値と，外貨建負債および資本の市場価値が一致せず，利益あるいは損失が発生する可能性がある。たとえば，外国通貨建資産がネットで買持ち（資産超）であれば，自国通貨の価値が外国通貨に対して下落すると利益が生じ，逆に上昇すると損失となる。これが為替リスクであり，これを回避するため余分の外貨の売却やヘッジを行う等，外貨ポジションを調整する必要が生じる。こうしたポジションの調整は，基本的に国内の金融機関相互の為替売買を通じて行われる。それでも調整が付かない場合には，たとえば日米両国の通貨当局を含めて調整が行われる。

2 種類の外国為替市場

このような為替を売買する市場が，外国為替市場（外為市場）である。この市場は，ほかの金融市場のような資金の貸借等を行う市場ではなく，異種の通貨あるいは異種の通貨建金銭債権の交換が行われ，その価格が決定される市場である。そしてほかの金融市場と同様，市場自体は抽象的な概念であり，通常は物理的な為替取引所はなく，電子機器等の通信手段を通じて取引される。

図表15.3に示されるように，外国為替市場には，①外国為替を取り扱う銀行・証券会社等の金融機関が相互で需給を調整する場であるインターバンク市場（インターディーラー市場）と，②銀行とその顧客である企業，個人等が取引する顧客市場がある。①はいわば外国為替の卸売市場であり，②は小売取引の市場である。わが国では，外国為替市場は通常，①の東京インターバンク市場を指す。この市場は対顧客取引から生じたポジションの調整のほかに，金融機関の利益拡大を目指した外貨の売買も行われる。こうした取引はディーリングとよばれる。また，②の対顧客市場における取引の売買価格は，インターバンク市場の為替相場を基準に決定される。銀行は，インターバンク市場の為替相場と比べて売値を高く，買値を低く設定し，両者の差額が銀行の利益となる。

わが国における市場の構成メンバーは，銀行（都市銀行等），外国為替ブローカー（短資業者等），顧客（企業，個人等），および通貨当局（日本銀行および財務省）である。外国為替ブローカーは銀行相互間の外為売買注文を結び付ける役割を果たすが，東京市場ではブローカーを経由せずに銀行が直接取引（Direct Dealing）を行うことが多い。

図表 15.3　外国為替市場の概要

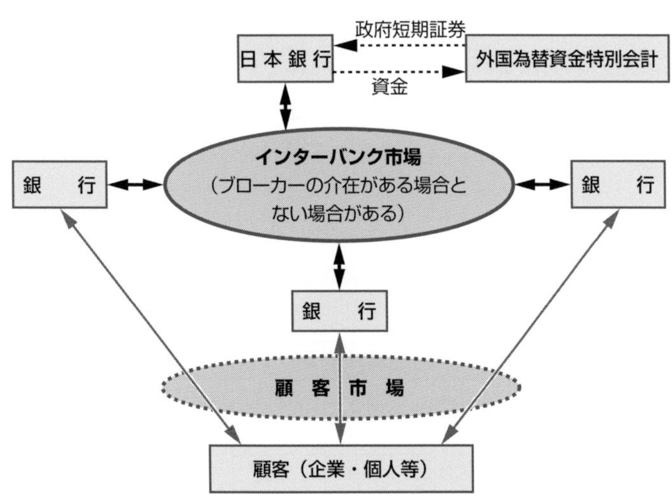

（注）⟷はインターバンク市場取引，⟷は顧客市場取引，⇄は通貨当局内部の取引を示す。

● 15.4　外国為替市場と通貨当局

Ⅱ

24 時間活動する外国為替市場

東京外国為替市場では，インターバンク取引の規模が圧倒的に大きいが，近年は対顧客取引も拡大している。また，取引通貨は，円 / ドル取引が 6 割弱と大きいが，一頃に比べて低下している。他方で，他通貨取引のシェアが上昇してきており，取引通貨が多様化する傾向が窺われる（図表 15.4）。

外国為替市場は，株式市場のように明確な取引開始・終了時刻はなく，時差のある海外との取引を含め 24 時間取引であることが一つの特徴である。その意味で東京（外国為替）市場は，国際的に日本のグループが主に取引をしている時間帯の取引市場を指す。日付変更線を基準としてみると，まずウエリントン，シドニー市場が開き，次いで東京，香港，シンガポールの順にアジアの市場が開く。さらにバーレーンを経て，欧州のフランクフルト，パリ，ロンドン，そして米国のニューヨーク，サンフランシスコが開いていき，時間の切れ目なく世界のどこかで取引が行われている。このためディーラーは，24 時間情報を追い続けることとなる。

しかし，その取引は 24 時間均一に行われているわけではない。取引が最も活発であるのは，ロンドン市場が開く時間帯と，米国市場と欧州市場が同時に開いている時間帯である。ニューヨーク市場は取引のほぼ 3 分の 2 が午前の時

図表 15.4　外国為替取引の通貨別構成比

（各年 4 月中，%）

	2001 年	2004 年	2007 年	2010 年	2013 年	2016 年	2019 年
円 / ド ル	69.2	60.6	58.2	62.3	56.5	62.3	55.8
ユーロ / ドル	13.2	11.7	10.8	9.5	9.0	8.6	9.2
ユ ー ロ / 円	4.2	6.9	5.9	8.6	9.6	5.5	9.6
そ の 他	13.4	20.8	25.1	19.7	24.9	23.6	25.3

（注）日本銀行「外国為替およびデリバティブに関する中央銀行サーベイ」各調査年版より作成した。

間帯に行われ，取引が最も低調となるのは欧州市場がすでに閉まり，東京市場などがまだ開いていない午後の時間帯となる。マーケット・メーカーでもある大手金融機関は，ディーラー間で活発に取引を行っており，外国為替市場で大きな影響力を持っている。大手商業銀行や投資銀行は世界各地に支店や駐在員事務所を構えており，相互に密接なコミュニケーションを行っている。各地域の外国為替市場は，これら大手金融機関を核として相互に緊密に結び付き，最もグローバルな市場として機能している。

通貨当局による介入

通貨当局は，為替相場の大きな振れを抑える目的で，インターバンク市場の売買に参加する。こうした行為が，為替介入である。先進国は，基本的に外国為替相場の変動を市場に委ねるといった変動相場制を採用している。しかし，この制度下では，為替レートがしばしばミスアラインメント（為替相場が長期的な均衡相場から乖離する現象）を起こし，実体経済活動等に悪影響を及ぼすケースも発生する。そのため，各国の通貨当局は，自国の外国為替相場の変動を緩和する，ないし一定水準への維持を目指して介入を行うことがある。また，変動相場制をとりつつ，より頻繁に相場を調整する管理フロート制をとる国も多い。

為替介入は，正確には「外国為替平衡操作」とよばれ，わが国では「外国為替及び外国貿易法（外為法）」第7条に基づき，国（財務大臣）の代理人として日本銀行が介入の実務を行っている。為替介入は政府の外国為替資金特別会計（外為会計）の資金を使って行われ，同会計は外貨資金と円資金で構成される（図表15.3を参照)。たとえば，ドル買い・円売り介入の場合は，政府短期証券（Financing Bills）を発行して得た円資金でドルを購入する。ドル売り・円買い介入の場合は，外為会計にあるドル資金（外貨準備）を市場で売却し円を買い入れる。

為替介入には，一国の通貨当局だけが行う単独介入と，複数国の通貨当局が同時に介入する協調介入がある。後者については，通貨当局間で為替相場の水準に関する認識が一致し将来も政策協調が続くと民間部門が受けとめる場合，効果はより強くなる可能性もある。

● 15.5　外国為替相場の変動

Ⅱ

》長期的均衡：購買力平価

外国為替相場は 2 国間の通貨の交換比率であり，その水準は基本的には外国為替市場の需給で決まる。しかし，為替市場には長期的均衡と短期的均衡があり，長期的均衡は財の裁定が基本となる。市場が一体化していると，同一の財は同一の価格で取引されるという「一物一価の法則」が働く。この法則が成立するには，①同質の商品である，②海外との取引が可能な貿易財である，③完全競争である，④取引費用がゼロである，等の前提条件がある。これをもとにすると，為替相場は内外通貨の購買力の比率として決定される。これが購買力平価（Purchasing Power Parity［PPP］）である。もちろん，為替相場の水準は 1 つの財の価格で決まるわけではない。こうした考えを財のバスケットないし（一般）物価水準に拡張したものが絶対的購買力平価であり，次式で示される。

$$\text{円建為替相場} = \frac{\text{国内物価水準}}{\text{海外物価水準}}$$

もっとも，物価水準にはサービスなどの非貿易財が含まれていることや，財移動に関する制約ないし貿易障壁があること（輸送費や関税等の存在）から，この式がそのまま成立するわけではない。貿易財と非貿易財のウェイトが一定で，交易条件や貿易障壁も変化しない場合，為替相場と国内および海外物価水準を各々の変化率（伸び率）でみれば，近似的に PPP が成立する。これが相対的購買力平価である。為替相場は，インフレ率格差と強く関連している。

$$\text{為替相場の変化率} = \text{国内物価水準の変化率} - \text{海外物価水準の変化率}$$

》リスク・プレミアムの存在

こうした財の裁定は長期では働くが，短期では自国通貨建金融資産と外国通貨建金融資産間の裁定のほうがより強く働く。国際資本移動が活発化している現代では，貿易収支に代表されるフローの変化よりも，金融資産といったストックの変化が為替相場に大きな影響を与えると考えられる。

各通貨建資産の予想収益率が短期的には最も重要な要因と考えれば，自国通貨建資産（国内金利 r）と外貨建資産（相手国の金利 r^*）の予想収益率は，外国為替相場の変化率を考慮すると，裁定取引により一致する。これが，カバーなし金利平価であり，国内外の金利差は為替相場の予想変化率に等しいといった次式が成立する（e^E は一定期間後の予想為替相場，e は直物の相場である）。**15.2** でみた式とはやや異なる（**15.2** の先渡相場 e_F が e^E となっている）。なお，近年の円建米ドル相場は図表 15.5 に示される。

図表 15.5　円／ドル相場と日米金利差

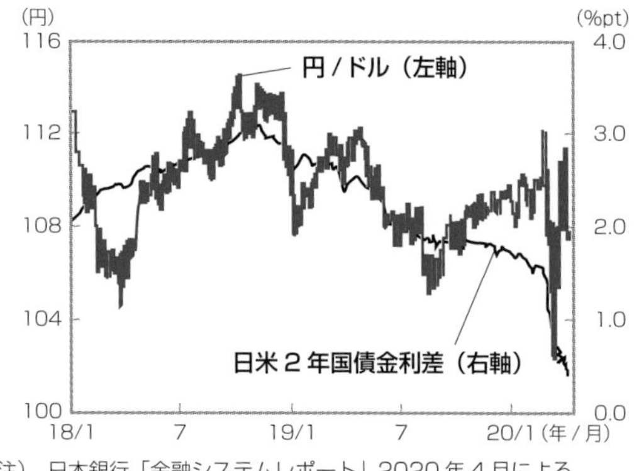

（注）日本銀行「金融システムレポート」2020 年４月による。

$$r - r^* = \frac{e^E - e}{e}$$

この式は，各国通貨建の資産を完全代替的とし，予想収益率だけに着目している。しかし日本側からみれば，円建資産には為替リスクがない一方，外貨建資産には為替リスクをはじめ多くの不確実性（リスク）がある。具体的には対外純債権額の変動のほか，カントリーリスク，政治リスク等がある。したがって，期待収益率が同じであれば外貨建資産は購入しない。為替リスクのある外国通貨建資産を購入するには，第５章でみたように無リスクの場合と比べた予想収益率の上乗せ部分，すなわちリスク・プレミアム（α）が必要である。これを考慮した金利平価式から，為替相場の変化率は次のように表される。

$$\frac{e^E - e}{e} = r - r^* + \alpha$$

現代のように情報が素早く伝わる経済では，「期待」が現実の為替相場を動かす最大の要因となる。内外資産が不完全代替であることから，様々なニュースが資産需要に影響し，それらを織り込んで為替相場は変動する。

II

● 重要用語チェック

15.1
- □ 自国通貨
- □ 外国通貨（外貨）
- □ 国際金融市場
- □ 国際収支
- □ 経常収支
- □ 金融収支
- □ 外貨準備

15.2
- □ 外国為替
- □ 外国為替相場（為替相場，為替レート）
- □ 内貨建（円建）
- □ 外貨建
- □ 媒介通貨
- □ クロス相場
- □ 直物
- □ 先渡
- □ 直物相場
- □ 先渡相場
- □ 直先スプレッド
- □ 裁定取引
- □ カバー付き金利平価
- □ 実効為替相場

15.3
- □ 持高（ポジション）
- □ 買持ち
- □ 売持ち
- □ スクエア
- □ 為替リスク
- □ 外国為替市場（外為市場）
- □ インターバンク市場（インターディーラー市場）
- □ 顧客市場
- □ 外国為替ブローカー

15.4
- □ 為替介入
- □ 管理フロート制
- □ 外国為替平衡操作
- □ 単独介入
- □ 協調介入

15.5
- □ 購買力平価（PPP）
- □ 絶対的購買力平価
- □ 相対的購買力平価
- □ カバーなし金利平価
- □ リスク・プレミアム

■Column　金本位制

現在，主要国は変動為替相場制を採用しているが，金本位制への復帰を唱える説もみられる。金本位制は，金を裏付けとして一国の通貨価値を定める制度である。一般には，金自体を用いる金貨本位制度や，流通上の不便さ（持ち運びが困難等）を解決するため金地金との交換を保証する兌換紙幣を用いる金地金本位制度を指す。自国通貨が金本位制の国の通貨と固定的に結び付いている場合は，間接的に金とリンクしている。第２次世界大戦後の米ドルを中心とするブレトン・ウッズ体制が，この例である。国際収支の不均衡は，変動相場制下では為替相場により調整されるが，金本位制下では，たとえば輸入超過が起きると，金が流出し自国通貨が減って景気が後退し，均衡が回復するというメカニズムが作用する。

第16章 金融市場の効率性

POINT――本章で学ぶことがら

1 利用可能な各種の情報が瞬時に価格に反映される市場を効率的市場とよぶ。それは利用される情報の水準により，弱基準，準強基準，強基準の３段階に分けられる。情報がランダムに発生するため，価格もランダムに動き，誰も他者を出し抜いて利益をあげることはできない。

2 もっとも株式を例にとれば，投資家がファンダメンタルズを認識していても，株価が急上昇を続ける現象（バブル）が起こりうる。これが自己実現的投機を背景とした合理的バブルである。

3 また，現実の市場が非効率性を持つこと示す事例，つまりアノマリー現象は，株式市場に限らずみられる。それらの一つの説明として，投資家の意思決定の歪みに注目する行動ファイナンスの考えがある。

4 アノマリーを説明する理論として，ヒューリスティックス（簡便的意思決定法）と，プロスペクト理論（発生確率と損得の評価に関して心理的な要素を重視）がある。

● 16.1　市場の効率性

Ⅱ

≫ 効率性の意味

金融商品の価格は，第 10 章でみた株価に代表されるように，将来利益に関する予想に基づいて形成される。それは，当該企業固有の要因だけで形成されるものではない。将来利益，換言すれば企業の収益力は，このほか金融政策の変更，税制上の措置，関連産業や経済全体の動向，あるいは国際的な経済環境の変化などの多様な要因の影響を受ける。そうした要因は，市場でどの程度織り込まれるのであろうか。以下では，株価を例に考えていこう。

各時点で利用可能な各種の情報が完全に株価に反映されているとき，その市場は「効率的」とみなされる。一般に，効率的市場（Efficient Market）は，「利用可能な情報が瞬時に価格に反映される市場」と定義される。市場が効率的であれば，価格形成に利用可能な情報が利用され尽くしていることとなり，どの市場参加者も他者を上回る超過利潤（超過リターン）を得ることはできない。効率的市場は，完全に合理的な投資家が存在する市場均衡の帰結である。

こうした状況が成り立つには，完全市場および合理的期待形成が前提となる。まず，取引費用や取引量に制限がないことである。たとえば，必要資金は市場金利で無制限に貸借ができる。また，裁定取引は特別な費用を要することなく実現可能である。次に，保有情報に関する対称性があり，市場参加者は市場に関するすべての情報を共有し，その下で行動する。第 3 に，合理的期待形成である。期待形成はその時点で利用可能な知識・情報の集合に基づき，それらを最大限に利用して行われる（図表 16.1）。

図表 16.1　効率的市場成立の要件

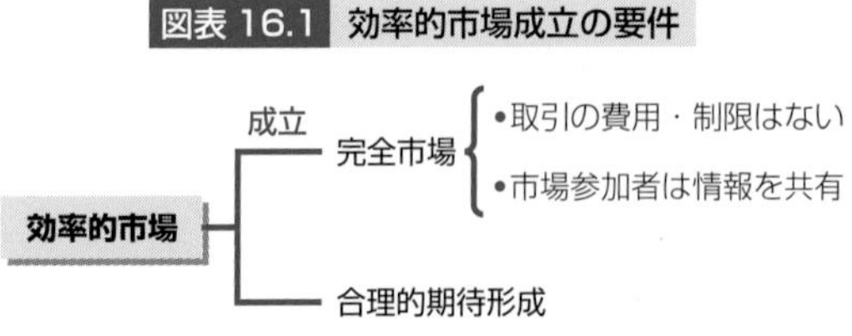

「効率性」の度合い

効率的市場仮説は，利用される情報のレベルによって次の３つに分類される。

第１は，弱基準の市場効率性（Weak-form Efficiency）である。過去の価格変動パターンをもとに超過リターンをあげることは難しいとする考えである。投資家の１人が規則的なパターンを見出しても，ほかの投資家も同様にそのパターンを見出し，瞬時にそのパターンを利用して多数の取引が行われる。その結果，パターン自体が崩壊し，市場は効率的となる。これは，将来の価格変動は過去の変動とは独立したものであり，過去の株価情報に基づく投資戦略は有効ではないことを意味する。この考えをもとにすると，価格系列に何らかのパターンを見出そうとする罫線分析やテクニカル分析は意味がない。

第２は，準強基準の市場効率性（Semistrong-form Efficiency）である。すべての公開情報（有価証券報告書，金融政策の変更等）は，公表された時点ですべての投資家の知るところとなり，価格はこの情報に反応して瞬時に変化する。したがって，公開情報を利用して超過リターンをあげることは難しいとする考えである。この効率性は，情報が公開されるとどの程度の速度で株価が反応するかに関する研究であるイベント・スタディ（効率的であれば株価は即時にジャンプする）でも確認されている。この考えでいくと，経済情報に関する分析の価値，あるいはエコノミストやアナリスト等の存在意義は否定されることとなる。

第３は，強基準の市場効率性（Strong-form Eficiency）である。企業内部の未公開情報（インサイダー情報）も，株価に反映されており，そうした情報を利用しても超過リターンを得ることはできないとする考えである。このタイプの市場効率性のもとでは，市場平均を超える超過リターンの獲得は偶然性以外にはない。しかし，もしそうであればインサイダー情報による売買の取り締まりも必要ないこととなり，この基準の効率的市場仮説には疑問も大きい。

効率的な市場において，市場参加者は投資収益を期待し新たな情報を求めて競争して情報収集や調査を行う。しかし，将来起こりうる変化は無作為（ランダム）なものであり，時系列的に株価の動きを完全に予想し続けることはできない。新情報が迅速に株価に反映される効率的市場では，株価もまたその時々の予想できない変化に反応してランダムに動くこととなる。これが，効率的市場のランダム・ウォーク仮説である。

● 16.2　バブル現象

II

株価とバブル

前記のように，株価を規定する経済の基礎的諸条件（ファンダメンタルズ）は，キャッシュ・フロー（配当の流列）と市場金利である。市場参加者が，これらの基礎的諸条件が急激には変化しないと予測している場合には，株価の大きな変動もないことになる。しかし，たとえばわが国では1980年代半ば以降，基礎的諸条件と大きく乖離して株価が大幅な上昇を続け，1990年代に入ると一転暴落した。このような変動が，バブル（Bubble）である。すなわちバブルとは，資産価格が自己実現的投機（価格が上昇するといった予想をもとに投機を行う結果として，予想した価格上昇が実現すること）によって，基礎的諸条件に基づいた価値から大きく乖離する現象を指す。資産価格が上昇すると，それが一層の値上がり期待を生み，さらにこの期待が実現するような価格上昇が生じる。一般には，そうした動きが急速かつかなりの期間持続し，予見できないままに突発的に崩壊する（図表16.2）。

具体例として，1980年代後半のわが国の地価・株価のほか，17世紀のオランダで生じたチューリップへの投機が代表的である（1630年代の中頃に投機により価格が急騰したが，短期間で暴落した）。2000年代中頃には米国の住宅市場においてもバブル現象が発生し，その崩壊は経済全体に大きな影響を及ぼした。

図表16.2　バブルの発生と崩壊（概念図）

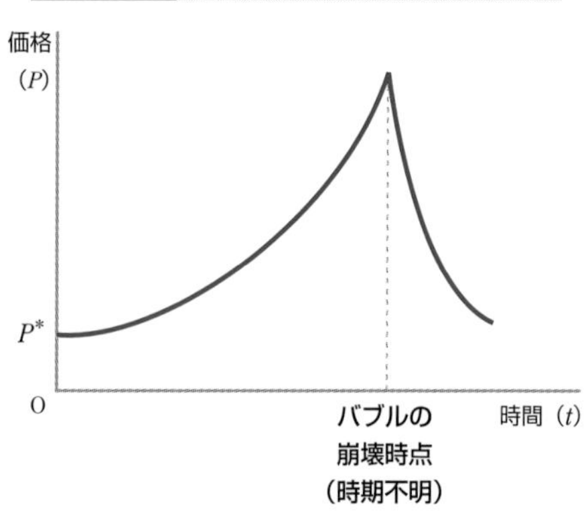

バブルの大きな特徴として，①ファンダメンタルズを離れ純粋にキャピタル・ゲイン狙いの取引が広範化する，②バンドワゴン効果（人々が市場の流れを強気と信じ，そうした優勢な動きに付く行動を

とることで実際に市場が強気化する)，③崩壊時期の予見が不可能，といった点をあげることができる。

合理的バブル

人々が株式等の価格を規定する基礎的諸条件を認識していても，価格上昇への期待によって実際に価格が上昇し続け，ファンダメンタルズで説明できる水準から大きくかけ離れることがありうる。これが合理的バブルである。簡単化のためにDを配当，Pを株価（P_tはt期の株価である)，金利をiとし，合理的期待を前提とすると，

$$P_t=\frac{D+P_{t+1}}{1+i}$$

が成り立つ。この式は，

$$P_{t+1}=(1+i)\cdot P_t-D$$

となる。ここで，金利iが一定であればファンダメンタル価格P^*は$P^*=D/i$と表わされ，

$$P_t-P^*=(1+i)\cdot P_{t-1}-i\cdot P^*-P^*=(1+i)\cdot(P_{t-1}-P^*)$$
$$P_t=(1+i)\cdot(P_{t-1}-P^*)+P^*=(1+i)^2\cdot(P_{t-2}-P^*)+P^*$$
$$=\cdots=(1+i)^t\cdot(P_0-P^*)+P^*$$

が得られる。この結果は，均衡解が，ファンダメンタル価格である$P_t=P^*$（$=D/i$）だけではないことを示している。出発点において価格が均衡価格から離れている場合は，P_tがファンダメンタルズによって規定される均衡価格P^*から一方的に乖離していく現象が生じ，この価格も均衡解となるのである。これが，合理的バブルであり，バブルが時間とともに膨らんでいき，投資家が事前に期待した価格上昇が実現する。つまり，人々が価格を規定している基礎的諸条件を認識していても，価格上昇への期待が強い状況下における合理的な投資行動として需要が増え，その結果として価格が上昇を続けるのである。当初は，均衡価格からわずかな乖離に留まっていたものが，時の経過とともにその幅が膨らむ。株価がファンダメンタル価格から乖離して上昇するのは，人々がそれ以上の価格上昇を期待しているからである。そうした期待のもとで行動するがゆえに，実際に株価が上昇するという自己増殖的な過程が作用する。

● 16.3　アノマリー現象

Ⅱ

効率性とアノマリー

市場が効率的であることは，株式に関するあらゆる情報が価格に織り込まれている状況を指すが，それは投資家が情報を収集・分析して価値を判断し，それをもとに売買することによって実現する。現実には，こうしたコストに見合う（一般的な水準を上回る）超過リターンを得る程度には非効率性が残っている可能性もある。また，投資家全員が即座に正しい判断ができるわけではない。

これまで，効率的市場仮説と整合しない変則性，すなわちアノマリーを示す事例が数多く指摘されてきた。代表例として，4 つをあげておく。

①規 模 効 果……規模別のポートフォリオの超過収益率を比較すると，小型株のほうが大型株よりも高くなる。
②PER 効 果……株価収益率（株価と 1 株当たり利益の比率）が低い銘柄ほどリターンが高くなる。
③月 次 効 果……1 月の株価が高くなる（キャピタル・ロスのある株式を 12 月中に売却し，損失を実現すると節税が可能となるため，12 月の株価が下落する傾向もある。米国における現象）。
④曜 日 効 果……月曜日の株価が低い（米国における現象）。

アノマリー現象が存在することは，それを織り込んだ投資（たとえば小型株中心のファンドの創成）によって，高いパフォーマンス（超過リターン）をあげうることを示唆する。米国ではアノマリー現象が弱まってきているようであるが，それらが存在したこと自体，市場の効率性に限界があり，短期的にせよ投資家が超過リターンを得る余地があった可能性を意味する。もっとも，簡単に手に入る情報はすぐに市場で織り込まれることも事実であり，コストをかけて得た特別に優れた情報を持つ場合には，ほかを上回る利益を得る機会が大きくなる可能性がある。

アノマリーと CAPM の修正

アノマリー現象は，第 6 章で説明した CAPM に対する批判となった。こうした批判に対して，代表的なアノマリー要因を考慮したCAPMの修正モデルが提案されている。それが３ファクターモデル（Fama-French Three Factor Model）である。取りあげられているアノマリー要因は，上記①規模効果（時価総額が小さい株式ほど収益率が高くなる小型株効果）と，②に類似するPBRが小さい（簿価時価比率が大きい）株式ほど収益率が高くなるバリュー株効果（あるいはPBR効果）で，この要因が**6.5**で説明したCAPMに追加されている。この3ファクターモデルは，株式 i の期待リターン R_i を以下の式で示す。

$$R_i - R_f = \beta_i^{\mathrm{M}}(R_m - R_f) + \beta_i^{\mathrm{S}}\mathrm{SMB} + \beta_i^{H}\mathrm{HML}$$

R_m は市場ポートフォリオの期待リターン，R_f はリスクフリーレート（安全資産のリターン），SMBは規模効果（時価総額）の要因，HMLはバリュー効果（PBRの逆数）の要因である。β_i^{M} は市場ポートフォリオの超過リターン，β_i^{S} は規模効果，β_i^{H} はバリュー株効果に対する感応度を示す。3ファクターモデルは，その説明力がある程度高いことが確認されており，アノマリーの存在を示している。近年も多くの検証が積み重ねられ，新たなモデルの開発などが進められている。

このように，市場の非効率性を解明する研究は，ファイナンス理論もその要因を取り込みながら進められてきた。これら以外でも図表16.3で示すように「非合理的」な判断・行動を示す事例は多く報告されている。

こうしたアノマリーは，投資家の行動様式自体が「完全な合理性」を前提とした従来の効率的市場仮説ないしファイナンス理論とは異なることから生じている可能性がある。**16.4**ではこの点をみていこう。

図表16.3 「非合理的」判断・行動の例

事　例	期待効用仮説	説明が難しい行動
実現確率の評価	確率の水準に応じて比例的に判断	確率が極めて低い場合を高く評価
リスク回避度	常にリスク回避的	損失が拡大→リスク愛好的（⇨「深みに嵌まる」）
配当と内部留保	企業価値維持の観点では無差別	内部留保よりも配当を選好

Ⅱ

● 16.4　意思決定に関する歪みⅠ*

合理性仮説の緩和

16.3でみたようなアノマリーが生じる背景として，いくつかの要因が考えられる。まず，①投資家が意思決定を行う際の合理的な判断が限定されている可能性がある。たとえば，成功体験が強く記憶に残り記憶が不正確な状態となっていること，あるいは先入観によって情報が選別的に認識されていることや，処理能力の限界から判断が不正確となりうることなどが考えられる。また，②情報等を入手して行動を決定するに至る時間に制約があること，③その時点の感情に左右されて行動する傾向もみられることや，④家族や取引先との人間関係等の社会的（環境的）な要素も影響することが考えられる。これらの要因が，ファイナンス理論で想定されている合理的な姿とは異なる行動がとられる背景にあるとみられる。

近年は，「完全な」合理性の前提ではなく，投資家の意思決定に際して心理的な要素・バイアス等を考慮して投資行動を説明しようとする試みも行われている。これは，行動ファイナンスといわれる考え方である。この理論は，確率としてはわずかであっても発生する可能性のあるケースを強く意識することや，利得が生じる局面ではリスク回避的選択をする反面，損失が生じる局面ではむしろリスク愛好的に行動するといった非対称性の存在等，経済主体にある程度共通してみられる行動パターン等を念頭に置く。そして，期待効用仮説からみると非合理的な行動，すなわち従来のファイナンス理論ないし効率的市場仮説では説明できない現象を解明しようとする研究である。

行動ファイナンスは，現実的で直感的な意思決定を想定し，行動を予測しようとする。こうした行動ファイナンスの結果を利用する投資主体は，自身の誤りを見出し，失敗を避けることも可能となると考えられる。

ヒューリスティックス

合理性をやや緩和して意思決定が行われていることを強調するモデルは，大きく2つある。一つは，ヒューリスティックス（Heuristics，簡便的意思決定法）で，もう一つはプロスペクト理論（Prospect Theory，16.5を参照）である。前者は，経済主体が精緻な分析を行うことなく，直観的な推論に基づき短時間で意思決定を行う（物事を大まかなルールで「ザックリ」と捉える）ことを強調するモデルである。これには決定に至る時間の節約等を実現できる利点がある反面，合理的な判断にバイアスが生じ，失敗ないし損失を蒙る要因ともなり得る。これは，様々な要因が人間の心理に影響し，判断に歪みが生じる背景となることを示している。具体的な例として，アンカリング，代表性，（認知的）利用可能性の3つがあげられる。

アンカリングは，ある1点を出発点として最適解を追求する方法で，初期値の影響を強く受ける可能性がある。人間は新たな事実に直面したとき，それまでの考えに固執し，その考えを徐々にしか変化させないという保守的な傾向を示す場合がその典型例である。たとえば，自分が以前に株式投資で損失を蒙った経験のある企業を「ダメ企業」と決めつけ，その企業が好業績を続けても受け容れない，といった行動があげられる。

代表性は，ある事象に関して典型的な特徴を備えていることを重視し，判断の歪みに結び付く（あるいは過大に評価する）傾向を指す。たとえば，ある企業の利益が増加傾向を続けていると，（それが偶然生じたにすぎないとしても）投資家が今後の利益増加の潜在性を代表していると考えることがある。その結果，その投資家は当該企業の収益力を過大に評価し，過剰反応した投資行動に走るのである。

（認知的）利用可能性は，容易に思い浮かべやすい事象を発生確率が高いと判断する傾向を指す（実際には両者の相関は常に高い訳ではない）。たとえば，航空機事故と自動車事故では，一般的に航空機事故を恐れる人が多い。しかし，客観的にリスクを比較すれば，生じることが稀である航空機事故より毎年数百人以上死亡する自動車事故の方が遙かにリスクが大きい。また，株式市場の暴落を経験したことのない投資家は，経験がないため株式市場が暴落するというリスクを，実際に経験したことがある投資家よりも低く評価し，リスクへの注意が不足した行動をとることがあげられる。

● 16.5　意思決定に関する歪みⅡ*

Ⅱ

≫ プロスペクト理論

前節のヒューリスティックスに加え，合理性を緩和して人間の意思決定を説明するモデルとして，プロスペクト理論（Prospect Theory）がある。これは発生確率と損得の評価に関して，心理的な要素を重視する理論である（図表16.4)。そのポイントは，①不確かさへの評価（低い確率でも発生する可能性のあるケースを強く意識)，②基準値からの乖離である損得に対する心理的評価基準の変化（同じ額であれば利益よりも損失を重視）にある。①について，実現確率をどの水準でも比例的とする従来の理論に対して，プロスペクト理論では確率が極めて低い場合およびほぼ確実となる場合に，人々は意思決定上のウェイトを高くする傾向があるとする。こうした想定を基にすれば，起こりそうもない事象を重視して行動（その結果失敗）するといった現象を解釈することもできる。

またプロスペクト理論では，損失回避の傾向を勘案した価値関数を提示しており，人々の行動が大きく変化する点を参照点と呼ぶ（図表16.4（2）では原点が「参照点」である)。参照点を境として，利益が生じているときはリスク回避型，損失が生じてくるとリスク愛好型となり，リスクに対する態度の非対称性が生じるとする。これを基に，期待効用仮説では説明が難しい「深みに嵌まる」現象（16.3を参照）に関して仮説を提示している。

≫ 投資家の心理と行動

ファイナンスの分野で投資家が選択や評価を行う際に示すバイアスとして，フレーミング効果（Framing Effect）とリスク追求（Risk Seeking）がある。

フレーミング効果には心理的会計（Mental Accounting）と主観的割引率（Subjective Discount Rates）がある。心理的会計は，お金を全体としてとらえるのではなく，自分の心の勘定科目により色分けし，その勘定科目の範囲のなかで損得を判断する行動を指す。例として，「あぶく銭は身につかない」があげられる。ギャンブルで得た100万円と，必死で働いて貯めた100万円では，金額は同じでも，苦労して貯めたお金を慎重に使おうとする一方で，投資やギャンブルで儲けたお金は簡単に使ってしまうことがある。心理的会計は，投機やバブル発生・拡大の要因として説明される場合もある。

主観的割引率（時間選好率）は，効用でみた将来価値を現在価値に引き戻す際に各消費者が暗黙のうちに想定する割引率で，異時点間の選択行動を特徴づける。たとえば，「現時点であれば1,000円，1年後であれば1,500円を進呈する」と言われた場合，多くの人は前者を選ぶ。しかし，「現時点であれば100万円，1年後であれば150万円を進呈する」となると，後者を選ぶ人が方が多くなる。このように「待つことによる見返りのプレミアムの度合い」が主観的割引率の内容である。主観的割引率はこの例のように金額の多寡等の影響を受ける。

リスク追求は，利益が正の領域ではリスク回避的であるが，損失の領域ではリスク愛好的となることを指す。従来のファイナンス理論では，合理的投資家はリスク回避的だと想定されている。例えば，「50％の確率で100万円の利得，50％の確率で利得ゼロ」という投資機会よりも，「確実に50万円の利得」となる投資機会が選ばれる。しかし，「50％の確率で100万円の損失，50％の確率で損失ゼロ」となる投資機会と，「確実に50万円の損失」となる投資機会を比較すると，多くの人は前者を選択する。このように，利益・損失の領域の何れの状況にあるのかによって，人々はリスクに対する態度が変わる（反転効果，Reflection Effect）ため，金融行動も変化するのである。

図表 16.4 プロスペクト理論の想定

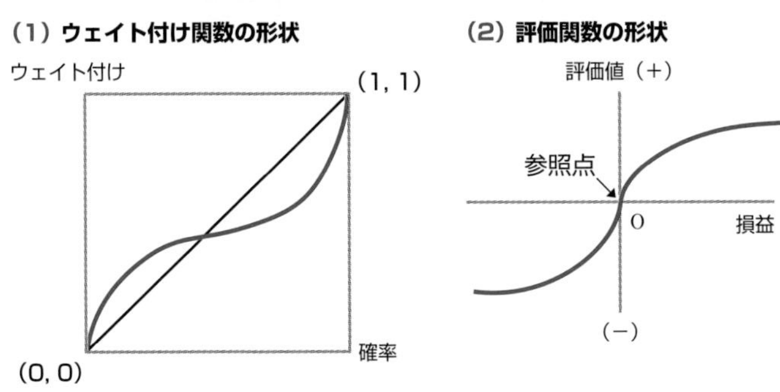

II

● 重要用語チェック

16.1
- □ 効率的市場
- □ 超過リターン
- □ 弱基準の市場効率性
- □ 罫線分析
- □ テクニカル分析
- □ 準強基準の市場効率性
- □ 強基準の市場効率性
- □ インサイダー情報
- □ ランダム・ウォーク仮説

16.2
- □ ファンダメンタルズ
- □ バブル
- □ 自己実現的投機
- □ バンドワゴン効果
- □ 合理的バブル
- □ ファンダメンタル価格

16.3
- □ アノマリー
- □ 規模効果
- □ PER 効果
- □ 月次効果
- □ 曜日効果
- □ 3 ファクターモデル

16.4
- □ 行動ファイナンス
- □ ヒューリスティックス（簡便的意思決定法）
- □ アンカリング
- □ 代表性
- □（認知的）利用可能性

16.5
- □ プロスペクト理論
- □ 参照点
- □ フレーミング効果
- □ リスク追求
- □ 心理的会計
- □ 主観的割引率

■ Column　行動ファイナンスとナッジ政策

行動ファイナンス学者でノーベル経済学賞受賞者の R. セイラーは必ずしも合理的ではない人間行動を逆手にとり，人々に自然な行動としてとって欲しい方向に誘導する政策をナッジ政策と呼び，行動ファイナンスから得た知見は現実的な政策にも利用可能であると主張している。ナッジ（Nudge Theory）とは「肘で横の人に少し小突く」という意味で，強制はしないが相手が自ら良い行動をするように促すことを指す。ナッジ政策が実践された例として，英国の確定拠出型年金制度への未加入者問題への適用がある。同制度では以前に加入意思の有無を尋ねて加入を薦めても，加入率が高まらないという問題があった。そこで，ナッジ政策を採り入れ，「デフォルト（初期設定）で加入とし，本人が何もしなければそのまま加入，退出する意志があれば退出できる」と制度を変更したのである。その結果，同制度への加入率が上昇したといわれている。

第Ⅲ部
企業とファイナンス

CONTENTS

第 17 章
企業の収益と財務構造

POINT――本章で学ぶことがら

1 企業は，財やサービスを提供し，その過程で雇用や付加価値を生み出す経済主体である。一般的には私企業を指し，活動を継続するため利益の獲得を目指して行動する。利益は売上と費用の差である。

2 企業価値の源泉である利益指標として，営業利益，経常利益，当期利益等があり，これらを用いた利益率は経営状況の判断に利用される。企業の資金調達・運用活動は貸借対照表に表れ，その数値を用いた各種の指標も重要である。

3 企業が必要とする資金は，日々の活動に使用される運転資金と，生産設備に使用される設備資金に分けられる。設備資金の源泉は，内部留保および減価償却費である。

● 17.1　企業の行動と価値

≫ 企業の活動

企業は，財やサービスを供給し，その過程で雇用や付加価値を創出することを通じて社会貢献を果たす経済主体である。企業には，公的な目的のために国や地方公共団体が保有する公企業も含まれるが，それ以外の私企業が圧倒的に多い。一般に「企業」といえば私企業（特に株式会社）を指し，本書もこの意味で使用している。なお，「企業」と「会社」はほぼ同義であるが，個人商店も企業の一形態であり，前者のほうがより広い概念といえる。企業が活動を続けていくには，継続的に利益を上げていくことが必要で，企業はその最大化を図るべく行動している。

利益は，売上から費用を差し引いて計算される。売上は，財やサービスの提供等により得る対価で，資産（現預金，売掛金，実物資産）の増加要因であり，利益の源泉となる。一方，費用は，資産の減少・負債の増加要因である。

≫ 企 業 価 値

このように継続して利益を生み出す主体である企業は，どの程度の経済的価値つまり企業価値を持つのであろうか。企業は継続して利益をあげることを目指して，貸借対照表（バランス・シート，**1.2**，**17.2** を参照）の左側に示される各種の資産（通常は固定資産）を使用しつつ生産活動を行う。その限りで企業価値は資産総額を基本とするが，帳簿上の金額（簿価）は会計上のルールに基づいて計上されており，企業価値自体とは必ずしも一致しない。

収益力の増加は，配当の現在価値の合計として示される株価（ないし時価総額）の上昇を通じて企業価値を膨らませるが，現実にこれを資産サイドの項目に反映させることは難しい。そこで，一般にはバランス・シートの右側（＝負債総額＋純資産）が利用される。通常の場合，負債額は支払うべき元利合計額が決まっており，その現在価値は額面に等しい。結局，企業価値の変動は純資産の一部である株式の価値（株価）ないし株式の時価総額の変動によって示される。こうした点を念頭に置きつつ，具体的な企業価値の計算方法をみていくと，いくつかの考え方ないし評価方法がある。

第1は，清算価値を基準とする方法である。すなわちその企業を一旦清算し資産を再構築する場合のコストといった視点から，資産等を売却して得られる総額（総価値）でみる考えで，いわば静態的価値を評価する方法でもある。その額として貸借対照表上の資産合計額を使用するならば，計算も容易で理解しやすい。もっとも，上記のように帳簿上の金額は会計上のルールを反映した結果であること，貸借対照表に表れない法的権利やブランド価値等の無形資産の評価が難しいことを考慮する必要がある。また，継続した利益創出力の反映が弱いという問題も残る。

第2は，収益還元方式とよばれる方法である。企業が継続的な付加価値の創造を行う経済主体であることを重視し，将来にわたって生み出していくキャッシュ・フロー，つまり利益の（割引）現在価値の合計額に等しいとする考えである。この方法は，将来を見通していることや，売上額や利益額よりも実態を反映しやすいキャッシュ・フローを使用する等の利点がある。ただ，将来に関する予想に依存して価値が大きく変化するといった弱点も抱えている。

第3は，マーケット・アプローチとも称される方法で，株式市場における評価を重視し，株式の時価総額に負債金額を合わせた額で示されるとする。株価は市場における不特定多数の投資家の売買によって形成されており，適切かつ信頼性の高い評価方法である。また，株価が将来配当の割引現在価値の合計と等しいとすれば，第2の方法とも重なってくる。しかし，株式の取引実績が少なく価格評価が困難な場合には，この第3の方法は適用できない。

このように，これらの方法にはそれぞれ長所・短所があり，どれを採用するかは企業価値を測る目的に依存する。たとえば，近年増加している合併や企業買収において相手企業の価値を算出する際には，企業の継続性を前提として第2の方法であるキャッシュ・フローの割引現在価値が重視されるであろう。また，企業が効率的な資源の選択と集中を目指して不採算部門の存続・廃止を判断する際には，当該部門の清算価値が採用されるであろう。近年は，企業価値決定に際して無形資産のなかの知的資産が高く評価されるようになってきており，株価等にも反映しやすくなっている（**19.5** を参照）。

● 17.2　収益力と財務構造

》収 益 力

それでは，企業価値の源泉でもある収益力はどのように示されるのか。収益力は，利益を上げるための仕組みを総称する概念で，一般には利益とそれを得るための費用あるいは資本や資産規模との対比で表される。利益には，営業利益（＝売上－生産に直接要する費用［原材料費・人件費等］），経常利益(＝営業利益－営業外損益［利子支払等］)，当期利益(＝経常利益－特別損益)等がある。

こうした利益を用いて株主資本利益率（ROE）や総資産利益率（ROA）等が算出される。前者は，投下した株主資本に対する利益の割合で，株主の投下した資金が利益獲得のためにどの程度効果的に使用されているかを示す指標である。わが国では，これまで関係企業が相互に株式を保有しあう持合（もちあい）が多く，利益の大小よりも経営の安定性が重視されてきた。しかし，1990年代以降は持合の解消が進み，外国人投資家や機関投資家に代表される利益を重視する株主が増えたこともあり，この指標が重視されてきている。

一方，後者は投下した資金ないし資産規模との対比で収益性を判断する指標で，主として経営者の立場から利益効率性をみる指標である。経済成長率が高い時期は利益も拡大しやすく，資金調達に際してこうした指標がさほど重視されていたわけではない。しかし，情報通信技術革新やグローバル化の進行等から利益獲得が難しい環境となると，資金調達も以前ほど容易ではなくなり，こうした資金効率性の高さを示す指標を重視する経営姿勢が強まったのである。

》企業の財務構造

企業は継続的な利益獲得活動のために資金を調達・運用している。その状況は，企業の貸借対照表（バランス・シート）に表れる（1.2および図表17.1を参照)。貸借対照表の右側は，企業の調達した資金の源泉を表す。このうち負債は，将来時点での支払義務相当額であり，返済期限が1年以内の流動負債と，1年超の固定負債からなる。主要な流動負債は，通常の営業取引によって生じた買掛金や支払手形，あるいは季節的な賞与支払のための借入，CP等である。固定負債は，設備投資のために調達された借入金や社債，あるいは退職給付引当金等がある。純資産は，資産と負債の差額として算出され，株式発行額である資本金と内部留保（利益剰余金等）から構成される。これは，負債が他人資本といわれるのに対して，自己資本ともよばれる（18.2を参照）。

17

一方，貸借対照表の左側には，その所有主体にとり経済的価値を有する資源である資産が掲げられる。資産は，流動資産，固定資産，繰延資産に区別される。流動資産は，1年以内に現金化できる資産である。現金・預金のほか，通常の営業取引で生じた受取手形・売掛金や，棚卸資産（製品・原材料在庫）等が含まれる。固定資産は，通常1年超にわたり保有される資産である。土地・建物や機械設備等の有形固定資産，特許権やのれん等の無形固定資産，そして関連会社への貸付・株式保有等に代表される投資その他の資産に分類される。繰延資産は，支払が終了済みの費用でそれに対する役務提供を受けたが，その効果が将来にわたり発生する場合（開業費，開発費等），経過的に資産の部に記載され，数年度にわたって取り崩される。

企業の財務構造を示す代表的な指標がいくつかある。そのうち流動比率は，流動資産と流動負債の比率であり，企業のキャッシュ・フロー状況，つまり短期的な資金繰りの余裕度を表す。また，負債比率は，負債総額と自己資本の対比で示され，調達された負債の安全度を示す指標として使用されている。

図表 17.1 企業の貸借対照表（バランス・シート）

（資　　産）	（負債・純資産）
流動資産	**流動負債**
現金・預金	買掛金
売掛金	支払手形
受取手形	短期借入金
棚卸資産(在庫)	CP
固定資産	**固定負債**
土地・建物	長期借入金
機械設備	社債
投資有価証券	**純資産**
特許・のれん代	資本金
繰延資産	内部留保

● 17.3　企業活動と資金調達

生産活動と運転資金

企業は，生産・販売活動を通じて継続的に利益をあげていく。そのためには，原材料の購入や従業員の雇用のほか，生産のための設備・建物等も必要である。そうした生産に伴って，各種の資金を調達する必要が生じてくる。それらは大きく運転資金と設備資金に分かれる。

運転資金は，経常的な生産・販売活動を続けるなかで必要とされる資金である。企業が財・サービスを生産・販売しても，売上額がただちにキャッシュ・フローとして入金されるわけではない。その一部は売上債権（売掛金［営業上の未収金］および受取手形）の形態をとっており，一定期日後に入金となってはじめてキャッシュ・フローが発生する。逆に，企業が各種の購入代金の一部を買入債務（買掛金［営業上の未払金］および支払手形）とすれば，その時点で出金は生じない。ただし，支払期限の到来した買入債務や，賃金・賞与の支払等は定期的に行う必要がある。運転資金は，こうした日常的（経常的）な入・出金のギャップから発生する一時的なネット・キャッシュ・フローの流出に対応するために調達される資金である。一般に，運転資金は流動資産と流動負債の差として表され，主要項目（残高ベース）で示すと，

経常的な必要運転資金＝売上債権＋棚卸資産－買入債務

である（新たな調達必要額はこれらの増減額として示される）。つまり，売上債権や棚卸資産の増加，あるいは支払期日到来に伴う買入債務の減少，さらには賃金の支払等はその増加要因である。こうした資金は長期にわたる場合もあるが，原則として売上代金の回収によって賄われる短期ないし季節的な資金で，必要に応じて外部に返済される。

企業にとって経常的な営業活動を支える運転資金の確保は重要である。利益が発生していても，売上代金の多くが売上債権の形式をとる一方，期限の到来する買入債務が多額となると，キャッシュ・アウトフロー（資金の流出）が大きく運転資金が不足する事態に陥り，支払ができず経営を続けることが困難と

なるケースも起こりうる（いわゆる黒字倒産）。企業の代金回収が早まる，あるいは支払時期が後ズレすると，運転資金について余裕が生じる。その面からも，経常的な営業活動から発生するキャッシュ・フローの管理が重要となる。もっとも，企業の必要とする資金は，こうした運転資金で示されるキャッシュ・フローの純流出のみではない。

17

生産能力と設備資金

企業が生産活動を続けるには，その生産能力の維持，すなわち機械設備あるいは建物の修理・更新が必要である。また，長期にわたって存続していく企業にとって，生産規模の拡大や新たな収益源への投資を行うことも重要である。設備資金は，経常的な生産活動に伴って発生する運転資金とは別に，こうした生産能力ないし投資活動（在庫を除く）に関係して調達される資金である。生産能力ないし生産規模の決定，および資金調達の方法自身については，第18章で扱うこととし，ここではそうした設備資金がどのように回収ないし返済されていくのかを考えてみよう。

機械設備等は生産活動に長く使用されることが一般的である。したがって，一時的な資金不足を賄う短期性の強い運転資金とは異なり，設備資金は長期間必要とされる。そしてその費用も長期間をかけて回収され，必要に応じて返済されていく。設備資金の源泉は，減価償却費，および売上から原材料費や人件費等の日常的な費用等を支払って残る当期利益（税引き後）から配当金を差し引いた残額である内部留保にある。減価償却費は更新投資等に充当され，内部留保は新規投資を含めて使用される。

減価償却費とは，固定資産の価値（生産能力等）の減少分を，将来時点で更新する場合に備えて積み立てる資金である。具体的には，長期間にわたり使用される固定資産の取得（設備投資）に際して支出された金額を，その資産が使用される期間に分けて会計的に費用として配分・計上する。したがって，減価償却費については実際にキャッシュ・アウトフローが生じるわけではない。これに見合う額は，企業内部に留まっており，実際には更新設備の購入資金に充当する，現預金として積み上げる，あるいは設備資金の返済に充てる等として処理される。

● **重要用語チェック**

17.1
- □ 企業
- □ 売上
- □ 資産
- □ 企業価値
- □ 株価
- □ 清算価値
- □ キャッシュ・フロー
- □ 利益
- □ 費用
- □ 負債
- □ 簿価
- □ 時価総額
- □ 収益還元方式
- □ マーケット・アプローチ

17.2
- □ 収益力
- □ 経常利益
- □ 株主資本利益率（ROE）
- □ 持合
- □ 流動負債
- □ 純資産
- □ 流動資産
- □ 繰延資産
- □ 負債比率
- □ 営業利益
- □ 当期利益
- □ 総資産利益率（ROA）
- □ 貸借対照表（バランス・シート）
- □ 固定負債
- □ 自己資本
- □ 固定資産
- □ 流動比率

17.3
- □ 運転資金
- □ 投資活動
- □ 減価償却費
- □ 設備資金
- □ 内部留保

第18章
投資活動と資金調達

POINT——本章で学ぶことがら

1 企業は，生産能力の維持・拡大を目指して設備投資を行う。そのため，投資規模と資金調達方法を決定する。投資規模を決定する方法として，投資による利益の増分（限界効率）とコストとの関係を基準とする投資利益率法と，投資の正味現在価値を基準とする方法がある。

2 投資の正味現在価値を基準とする方法では，それをゼロとする内部収益率が金利と等しくなる水準で投資規模が決定される。内部収益率は投資について求められる最低限の利益率で，資本コストに相当する。

3 資金調達手段として，企業内部に蓄積されている内部資金と，外部から調達する外部資金がある。後者には，返済義務のある借入や社債といった負債や企業間信用と，それがない株式がある。わが国の大企業においては借入の割合が低下し，内部資金が増えている。

● 18.1　投資規模の決定

Ⅲ

》企業の投資決定

企業は，経常的な生産活動を行いつつ，バランス・シートの資産構成を変え，将来にわたる利益の発生，すなわち企業価値の最大化を目指す。長期間にわたり存続していく企業にとって重要であるのは，利益拡大を目指した生産能力の維持・拡大，すなわち設備投資である。それはどのように決定・実行されるのかをみていこう。これは，設備投資の規模の決定，および資金調達方法の決定といった2つの段階を経て行われる。

設備投資の規模の決定については，2つの方法がある。一つは，投資利益率法とも称される方法で，投資の限界効率，つまり投資を追加的に1単位増やした場合に生じる利益の増加分が，資金の調達費用である金利（自己資金に関わる機会費用を含む）と等しくなるところで投資額が決定されるとする。この考えをもとにすれば，利益率の高いプロジェクトから順に投資が実行され，投資額が増加するにつれ利益率のより低いプロジェクトが対象となって限界効率は低下していき，それが金利に等しくなるところで投資規模が決定される。この方法は，直感的にわかりやすいが，投資の効果（利益）が多期間にわたることを明示的には取りあげていないという弱点がある。

もう一つは，正味現在価値（NPV）を基準とする方法である。投資の効果が長期にわたることから，その時間価値を考慮して，利益の現在価値（PV）の合計から初期の投資額を差し引いた正味現在価値が正であれば投資を実行するといった考えである。この考えは，NPV＝0となる割引率ないし金利を明示的に取りあげて表現することもできる。NPV＝0となる割引率を，その投資の内部収益率（Internal Rate of Return［IRR］）とよび，調達資金の運用成果として何％の利益を生み出すのかを表す。図表18.1は，一つのプロジェクト（新規投資額I）について，現在価値（PV）と金利rの関係を示したものである（たとえば金利水準がrの場合のPVはPV_rである）。現在価値は，金利の上昇とともに減少していき，投資プロジェクトのネット・キャッシュ・フローがゼロ

図表 18.1 PV と IRR の関係

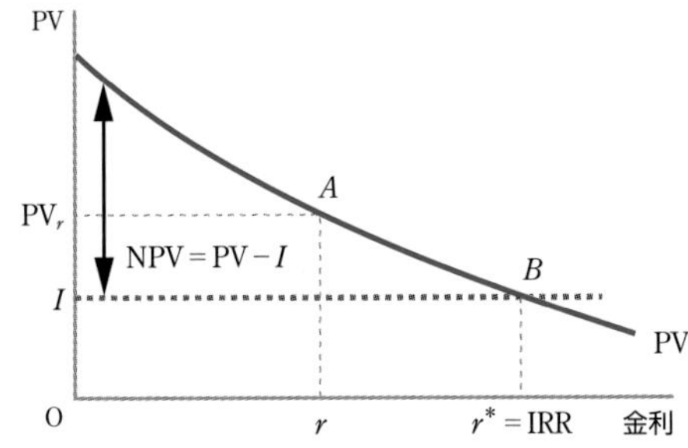

(NPV＝0) となるような割引率ないし金利 r^* が，その投資の IRR である。この概念を用いれば，内部収益率が資金調達金利よりも高い案件については投資を実行し，低い案件については実行しないといいかえることもできる。なお近年は，リアル・オプションに基づく投資決定の考え方もある（**13.4** を参照）。

資本コスト

以上の枠組みをもとに金利水準と投資の関係をみれば，金利が上昇すると投資の額・規模は縮小する。これは，以下のように説明される。まず，金利の上昇は，資金コストの増加を意味し，投資の実行に際して求められる限界効率が高まる。また，割引率の上昇によって，PV，NPV はともに減少する。さらに，金利が上昇すると投資の実行にはより高い内部収益率が求められることとなる。そのような収益率の高い投資プロジェクトの数自体，少ないのである。

この内部収益率と等しい金利水準は，企業投資の実行に際して最低限必要とされる利益率を指す（いわゆるハードル・レート）。投資の利益率がこの水準を下回ると，その投資が赤字となり企業価値が損なわれる。その意味でこの金利水準は，企業価値を維持するのに必要な利益率，いいかえれば資本コストに相当する。資本コストは，投資家が要求する最低限の利益率である。これが低いほど，利益機会が増え投資を行いやすくなる。一般に資本コストは，株主が期待する利益率である株式資本コストと，債権者の求める負債コストを，各々の資金調達割合で加重平均して示され，加重平均資本コスト（Weighted Average Cost of Capital［WACC］）ともよばれる。

● 18.2 資金調達の手段

≫ 外部資金・内部資金

企業は，投資規模の決定を踏まえて，資金調達を決定する。企業が資金を調達する方法は，内部資金と外部資金に大別される（図表 18.2)。内部資金は，企業内部に蓄積されている資金で，企業の利益の蓄積である内部留保や前記の減価償却費，および各種引当金である。

外部資金は，株式の発行や借入金のほか，社債，CP 等，外部の金融機関あるいは投資家から調達する資金である。企業間信用（買入債務）は，取引先より支払が猶予されることを通じて資金調達負担が軽くなることから，間接的な外部資金調達といえる。外部資金は，負債と資本に大別される。

このうち，株式の発行による資金調達は増資とよばれる。直接的な株式発行のほか，間接的に株式に関係する新株予約権付社債を含めた資金調達方法が，エクイティ・ファイナンスである。株式以外の借入や社債，CP（8.3 を参照）等は，債務証書を発行して資金を調達する負債性資金であり，企業は元利金の支払義務を負い，デット・ファイナンスともよばれる。近年は資産の証券化等によるアセット・ファイナンス（18.3 参照）や，ネット上で資金を集めるクラウド・ファンディング（本章末コラム参照）もみられる。

図表 18.2 企業の主要な資金調達手段

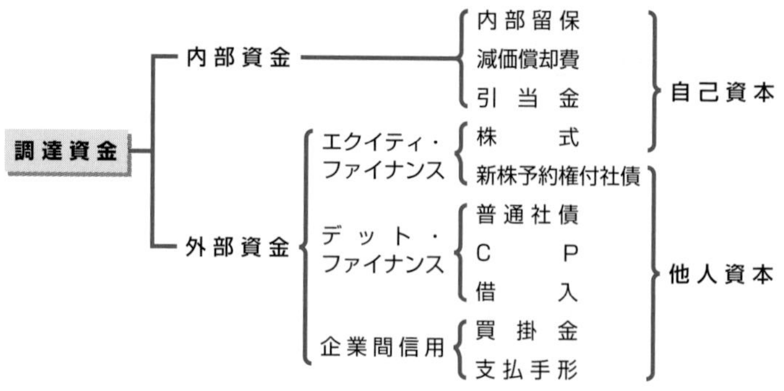

返済義務の有無を基準とする考え方もある。図表 18.2 における内部資金および株式発行による資金調達は，返済の義務がなく自己資本とよばれ，負債の発行による調達は返済義務があり，他人資本とよばれる。

18

資金調達の構造

1990 年代後半以降のわが国は，資金需要が伸び悩み状態をたどるなかで，企業部門は全体としてフローベースで資金余剰状態が続いている（前掲図表 1.4 参照）。これを反映して，残高ベースでみた資金調達構造にも大きな変化が窺われ，内部留保の割合が上昇している。総資産との対比でみると，資本金 10 億円以上の大企業では，20 世紀には最大の調達源であった借入が 2 割強にまで低下している（図表 18.3 (1)）。他方で，内部留保が大幅な上昇傾向をたどり，4 割近くを占めるに至っている。近年は，株式，および社債がいずれも 1 割弱で推移している。

一方，中小企業では，調達金額が小さく株式や社債市場を利用しにくいこともあり，外部資金調達に関しては，全体として借入が 4 割弱ともっとも多い状態が続いている（図表 18.3 (2)）。もっとも，大企業と同様に内部留保の割合が上昇しており，3 割強に達している。金融の全般的な緩和状態を反映して，企業間信用（買入債務）のウェイトは低下傾向をたどっている。

図表 18.3 企業の資金調達構造

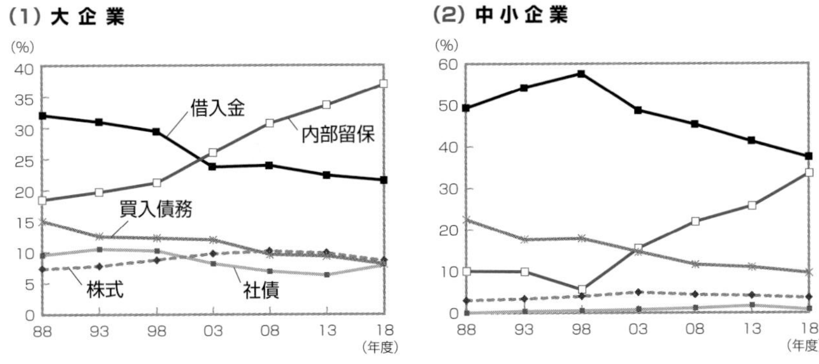

（注） 1. 財務省『財政金融統計月報』掲載の「法人企業統計年報」による。総資産に対する比率で示した。
2. 大企業は資本金 10 億円以上，中小企業は同 1 億円未満の企業である。株式は資本金，内部留保は純資産－株式とした。

● 18.3　資金調達方式の多様化

Ⅲ

》多様化の動き

企業の資金調達構造は，18.2 でみたように内部留保のウエイトがかなり高まる一方，借入金のウエイトは低下気味に推移している。そうした状況下，金融技術革新や企業の情報公開の進展等を背景に，資金調達方式の面でも新たな動きが生じている。それは，従来のコーポレート・ファイナンスに加えて，大企業中心にアセット・ファイナンスやプロジェクト・ファイナンス等を利用する動きが生じてきたことである。

これまで企業は，自身の信用力を背景として銀行等から借り入れる，ないし株式，社債，CP 等を発行して資金を調達し，利益をあげてきた。その返済は，企業として獲得するキャッシュ・フローから行われる（コーポレート・ファイナンス）。しかし，先行き不透明な経済状態が続くと，借入等の企業の負債増加は，利払い負担増を通じてリスクの増大・企業価値の低下として認識されるようになる（19.2 を参照）。こうしたなかでは，資金調達に際して企業本体の信用力ではなく，企業の保有する資産ないし特定の事業から見込まれる収益を裏付けとすることにより返済の確実性が増すとみなされ，これら新たな調達方法が生じたと推察される。こうした資金調達方法は資産売却によるケース等もあり，図表 18.2 の資金調達手段には含まれないことがある。

》多様化の具体例

アセット・ファイナンスは，特定の資産に限定して資金を調達する方式である。その裏付けは，企業全体としての収入ではなく，当該資産が産み出すキャッシュ・フローに限定される（図表 18.4）。これには債権や不動産の流動化などがあり，債権流動化には，ファクタリング，資産の証券化，債権担保融資の 3 つがある。

ファクタリングは自社の売掛債権等を業者に売却し現金を得るもので，手間も少なく，スピーディであるため中小企業等で使われやすい。資産の証券化は，資産を自社から切り離して特別目的会社に譲渡することで資金を調達する方式である。その資産が将来的に産み出すキャッシュ・フローを裏付けとして証券が発行・売却され，審査やコスト，スキームの複雑さ等から一般の企業は利用し難い（11.2 で取りあげた証券化は形式は同じであるが，利用主体が金融機関であるという違いがある）。資産担保融資（アセット・ベースト・レンディング，Asset Based Lending）は，企業が保有する債権等の資産を担保として融資を受けるものである。従来の担保付融資は，専ら土地・建物や設備が担保の対象とされてきた。しかし，近年は担保物件の範囲が拡大し，これら以外にも特定の資産の価値を重視し，それを担保に貸し出すケースも増えている(20.1 を参照)。この対象には，商品在庫や債権（クレジット），あるいは知的資産（19.5 を参照）等も含まれるようになった。

不動産の開発などでみられるプロジェクト・ファイナンスを広義のアセット・ファイナンスとして含めることがある（コーポレート・ファイナンスやアセット・ファイナンスと独立に扱うケースもある）。特定の事業（プロジェクト）を行う場合，企業自身が借入を行うのではなく，それを遂行するために事業会社（特別目的会社）を別途設立し，その事業から発生する予想キャッシュ・フローを裏付けとして融資を受ける。したがって返済財源は，当該プロジェクトから発生するキャッシュ・フローである。返済が滞った場合にも，そのスポンサーないし企業は返済義務を負わない（ノンリコース型）。

金融機関は，返済可能性を左右するプロジェクトの価値を厳密に審査することとなり，プロジェクトに関するリスクを正確に把握し，リスクの分散を図ることが可能となる。また，会社の信用力と独立してプロジェクト自体の価値を把握するため，業績が振るわない会社であっても優良な事業であれば実現が可能となることも，こうしたファイナンス方式の利点である。

図表 18.4 資金調達方式の多様化

資金調達の方式	代 表 例	返済の財源
コーポレート・ファイナンス	従来型の借入，社債，株式	企業として発生するキャッシュ・フロー
アセット・ファイナンス	ファクタリング，資産の証券化	特定の資産から生じるキャッシュ・フロー
プロジェクト・ファイナンス	プロジェクト・ファイナンス	特定のプロジェクトから生じるキャッシュ・フロー

III

● 重要用語チェック

18.1
- □ 設備投資
- □ 投資利益率法
- □ 投資の限界効率
- □ 正味現在価値（NPV）
- □ 内部収益率（IRR）
- □ ハードル・レート
- □ 資本コスト
- □ 株式資本コスト
- □ 負債コスト
- □ 加重平均資本コスト（WACC）

18.2
- □ 内部資金
- □ 外部資金
- □ 企業間信用（買入債務）
- □ 増資
- □ エクイティ・ファイナンス
- □ デット・ファイナンス
- □ 自己資本
- □ 他人資本

18.3
- □ コーポレート・ファイナンス
- □ アセット・ファイナンス
- □ ファクタリング
- □ 資産の証券化
- □ 資産担保融資（アセット・ベースト・レンディング）
- □ 担保物件
- □ プロジェクト・ファイナンス
- □ ノンリコース

■Column　クラウド・ファンディング

フィンテックの進展に伴い，不特定多数の貸し手が，借り手である個人や組織に対して，その事業を手助けする小規模な資金提供・協力をインターネット経由で行う仕組み（クラウド・ファンディング）も増えている。これには寄付型，金銭以外の商品・サービスを受け取る購入型，そして金銭的リターンを受け取る金融型の３タイプがあり，金銭型はさらに融資型，株式型等に分かれる。

第 19 章
企業価値と資本構成

POINT――本章で学ぶことがら

1 完全な資本市場を前提とするMM理論によれば，資金調達の方法は企業価値に影響せず（第1命題），資本コストにも影響しない（第2命題）。

2 MM理論が前提とする完全な資本市場は，現実には存在しない。課税が存在すると，負債による利子支払には節税効果があるため，負債比率を高めると企業価値は大きくなるが，同時に利払額の増大によって倒産可能性が高まる。両者を考慮すると，最適な資本構成が存在することとなる。

3 企業経営者と株主間に利益相反がある場合，エージェンシー費用の発生により企業価値が減少することがある。また，それを回避するため借入を増やし財務制限条項等を課すことも企業価値を減らす可能性がある。この面からも，株式と負債の最適な組合せが存在することとなる。

4 ペッキング・オーダー理論は，エージェンシー費用等を考慮すると，企業の資金調達には，内部留保→借入→社債→株式といった順位があるとする。

5 自由化や情報公開が進展すると，外部資金調達の優先順位が不明瞭となる可能性がある。また近年は，知的資産が企業価値に及ぼす影響が大きくなっている。

● 19.1　資金調達と企業価値

III

≫ MM 理論の第 1 命題

企業の資金調達方法は多様であるが，調達方法によって企業価値は異なるのだろうか。この問題に一つの答えを出したのがF. モディリアーニとM. ミラーで，両者の頭文字をとってMM 理論とよばれる。その骨子は，完全な資本市場のもとでは，企業の生み出す利益額が同一であれば資金調達方法ないし資本構成は企業価値に影響を及ぼさず（第 1 命題），資金調達コストも資金調達方法に依存しない（第 2 命題）というものである。完全な資本市場（すなわち完全市場）は，税金や手数料等の取引費用がなく，経営者と資金提供者との間に企業の経営状態等について情報の非対称性もない市場を指す。

第 1 命題からみていこう。予想される利益が同一額 R で，資金調達方法が異なる 2 つの企業 L および U を仮定する（図表 19.1）。**17.1** でみたように，企業価値は負債総額と株式時価総額の和として示される。企業 L が負債（社債）と株式によって資金を調達するならば，企業価値 V_L は発行する社債の価値 B_L と株式の価値 E_L の和となる（$V_L=B_L+E_L$）。投資家がこの企業の社債と株式をそれぞれ α 購入する（$0<\alpha<1$）と，投資額は $\alpha\cdot B_L+\alpha\cdot E_L$，すなわち $\alpha\cdot V_L$ である。一方，企業 U は全額を株式によって調達するならば，企業価値 V_U は株式の価値 E_U に等しい（$V_U=E_U$）。投資家は，この企業 U についても株式を α だけ購入すると，投資額は $\alpha\cdot E_U=\alpha\cdot V_U$ となる。

企業 L に資金を運用した投資家は，社債から $i\cdot(\alpha\cdot B_L)$ の利子収入を得る（i は社債の金利）。社債の利子を支払った後の利益がすべて配当となるとすれば，投資家は株式の保有割合に応じて $\alpha\cdot(R-i\cdot B_L)$ の配当を受け取り，利子と併せて $\alpha\cdot R$ の収入を得る。他方，企業 U に資金を運用した投資家は，保有割合に応じて，利益つまり配当全体の α の割合，すなわち $\alpha\cdot R$ の収入を得る。

同額の利益をもたらす投資は，市場では同額の価値を持つと評価される。つまり，$\alpha\cdot V_L=\alpha\cdot V_U$，すなわち $V_L=V_U$ である。両者の間に格差が生じていると，両者が等しくなるような裁定行動が起きる。このように，投資の資金が負債，

図表 19.1 投資家の選択と収益

投資家の選択		投資額	投資収益
債券と株式	債券	$\alpha \cdot B_L$	$\alpha \cdot i \cdot B_L$
	株式	$\alpha \cdot E_L$	$\alpha \cdot (R - i \cdot B_L)$
	合計	$\alpha \cdot B_L + \alpha \cdot E_L = \alpha \cdot V_L$	$\alpha \cdot R$
株式のみ	株式	$\alpha \cdot V_U$	$\alpha \cdot R$

自己資金，あるいはその組合せのいずれの形態で調達されようと，企業価値はそれとは無差別となる。これがMM理論の第1命題である。

MM理論の第2命題

次に，第2命題をみていこう。株式と負債（社債）の両方から資金を調達する企業Lについて，rを株主の要求する期待収益率，ρを資本コストないし総資本利益率とすると（前出のようにiは負債の金利である），

$$R = \rho \cdot V_L = r \cdot E_L + i \cdot B_L$$

であり，この式を変形すると，

$$r = \rho + (\rho - i) \cdot \frac{B_L}{E_L}$$

となる。右辺第1項のρは，株式のみで資金を調達する企業Uの資本コストでもある（$\rho \cdot V_L = \rho \cdot V_U$）。そして第2項は，負債調達から生じる財務リスクを反映している。負債と比べ株式の期待収益率はリスク・プレミアム分だけ高く，$\rho - i$は正である。したがって負債調達を増やす，すなわち財務レバレッジ（負債比率$= B_L/E_L$）を上げると，株式の期待収益率rが高くなる。これは，負債が増えると支払能力に不安が増し，より高い株式収益率が求められることを意味する。いいかえれば，負債の金利が相対的に低いことを重視して企業側が負債による調達を増やすと，株主が資金提供の見返りに要求する収益率も上昇する。そして，負債と株式を併せた資本コストは変わらず，資金調達方法ないし資本構成から独立している。これがMM理論の第2命題である。

こうしたMM理論は，前記のように完全な資本市場といった現実とはやや異なる強い前提のもとに成り立っている。

● 19.2 課税の存在

Ⅲ

》負債と株式の相違

MM 理論の前提を現実的に修正すると，企業の資金調達方法ないし資本構成によって企業価値は異なる，いいかえれば企業価値を最大とする資本構成が存在する可能性も生じてくる。この点をみていこう。

すでにみたように，負債（借入や社債）と株式の最大の相違点は，前者には利子を含めて支払う義務・期限があるのに対し，後者は自己資金で返済の必要がなく，資金提供の見返りでもある配当も確定していないことである。そして，利子の支払は費用として処理され，課税対象所得から控除できる。そこで，MM 理論の 2 つの命題の前提では外されていた課税の影響を含めて，資本構成を考えてみよう。

》節税効果

負債で調達すると利子支払が必要となるが，法人税は利子支払後の利益に課され，課税額は小さくなる。つまり，資金提供者の所得といった視点に立つと，負債発行は節税のメリットがあり，負債による調達を有利にする。図表 19.2 をもとに，同一額の利払・税引前利益（100 億円）を生み出す 2 つの企業（企業 L は株式と負債で，企業 U は全額を株式で調達）を比較してみよう。

株主および債権者が得る所得の割引現在価値の合計は企業価値を表す。先行きも利益額や金利（5%）が一定であれば，その額は企業 L の場合は 1,280 億

図表 19.2 節税に伴う企業価値の増大（例）

（単位：億円）

	利払・税引前利益	負債への利子支払	税引前利益	課税額（税率 40%）	税引後利益（配当額）	債権者・株主の所得計
企業 L ①	100	10	90	36	54	64
企業 U ②	100	0	100	40	60	60
① － ②	0	10	－10	－4	－6	4

（注） 企業 L は金利 5%で 200 億円を借り入れたと仮定している。

円（＝64/0.05），企業Uは1,200億円（＝60/0.05）となる（**9.1**の永久債の項目を参照）。すなわち企業価値は，負債を抱える企業のほうが大きくなる。両者の差は，負債による節税額（節税効果）の割引現在価値（＝税率･[金利･借入額]/金利＝税率･借入額）に等しい。この節税額の現在価値は，金利と無関係である。

このように節税効果を考慮すると，資金調達方法により企業価値に差が生じてくることとなり，MM理論の命題は成立しなくなる。そして，これをみる限り全額を負債で調達すると企業価値が最大となるが，現実には倒産コストが存在する。負債額が大きいほど利子支払負担が重くなることから，一般に負債比率が高まるにつれ倒産の可能性は大きくなる。そして倒産時には，裁判手続き費用や，管財人・競売人等への報酬・報償金，倒産会社の財産管理・換金に要する費用等が発生する。これが倒産コスト（財務的困難に伴うコスト）である。この額は，処理手続きに際して全債権者に優先して支払われ，それが大きいほど個別債権者の支払に充当される額は小さくなる。こうしたコストの高まりが，全額を負債で調達しない大きな背景である（図表19.3）。

企業価値といった視点からみると，負債には法人税を節約するプラス効果とともに倒産コストが大きくなるマイナス効果がある。両者を勘案すると，最適な資本構成ないし財務レバレッジが決定される（トレードオフ理論）。それは，節税効果と倒産コストをどの程度とみるかに依存する。

図表19.3 節税効果と企業価値

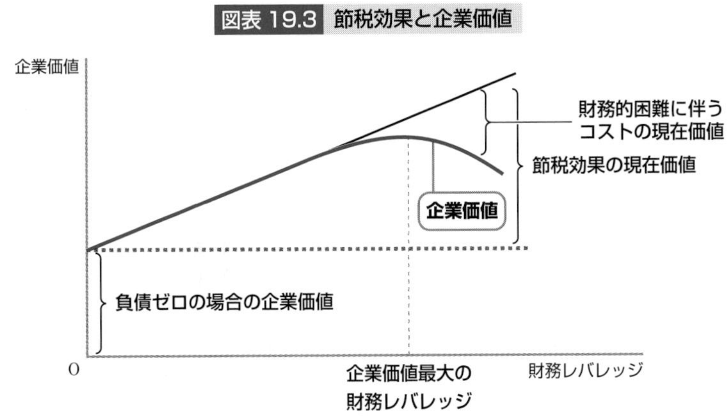

● 19.3 資本市場の不完全性

Ⅲ

≫ エージェンシー問題

企業の利害関係者は，株主のほか経営者や従業員，債権者，取引先等と様々である。企業活動は，これらの関係者の活動から成り立っているが，関係者の利害が必ずしも一致するとは限らず，またMM理論の前提とは異なり各々が保有する情報にも偏りがある。こうしたなかで円滑に企業活動を進めるには，情報の非対称性を念頭に置きつつ利害を調整する必要があり，それが資金調達構造に影響することが考えられる。

エージェンシー理論は，こうした視点から企業価値や資本構成を考えていく。たとえば，依頼人（Principal）である株主は，代理人（Agent）である企業の経営者に対し自己の権限を委託して仕事（経営）を行わせ，成果である利益を両者間で配当や報酬として分配する。このような契約関係を，エージェンシー関係という。その場合，依頼人と代理人間で利益相反ないし利害の対立，すなわちエージェンシー問題が生じる可能性がある。そして，これに起因して発生する企業活動の非効率性ないし企業価値の減少が，エージェンシー費用である。

≫ 資本構成とエージェンシー費用

こうした利害対立とそれに伴うエージェンシー費用は，しばしば株主と経営者との間で発生する。多くの企業では，株式が小口・多数の株主に分散して保有されている一方，株式を持たない（ないしわずかな保有に留まる）専門家，すなわち経営者に経営を委ねている。いわゆる資本（所有）と経営の分離である。この場合，経営を依頼する株主に比べて代理人である経営者は，自己の社会的地位確保のため企業の規模拡大を追求する傾向があるほか，個人的な欲求（たとえば立派な役員室への改装等）を追求しがちである。逆に，経営者が長期的な観点から企業の成長を重視するのに対して，株主は短期的な利益を追求するなど，両者の時間的視野の相違やリスクに対する態度の相違等から，利害が一致しない状況も発生する。こうした利害対立からエージェンシー費用が発

19

生し，それが企業価値を減少させることが考えられる。

こうしたコストの削減について，いくつかの仕組みが考えられる。一つは，経営者の持株比率を高めることであり，依頼人と代理人の関係がより近くなる。もう一つは，負債を増やすことである。利子支払額が増えると，経営者の裁量が及びやすい利益（いわゆるフリー・キャッシュ・フロー）が減少する。また，債務不履行を回避すべく無駄な支出を抑制するほか，債権者のモニタリングが情報の非対称性を弱め，エージェンシー費用を削減する効果も考えられる。

しかし，負債が増加すると前記のように倒産リスクが増大し，また債権者と株主との間の利害対立も強まる。株主は，経営について出資額以上の責任はない（有限責任）のに対して，債権者は企業が多くの利益をあげても収入は元利金に限られ，経営が失敗すると返済はなく損失を被る。したがって，企業の業績が悪化すると，往々にして経営者・株主はハイリスクの事業を選好し（資産代替効果），債権者はその失敗の被害を被ることとなる。これを防ぐべく，負債契約に財務制限条項を課す，あるいは危機に陥った際の清算・存続の決定権の債権者への委譲等を決めておくことが考えられる。しかし，これらの措置が企業の活動を制約し企業価値の減少につながる可能性もある。こうした債権者と経営者・株主の間のエージェンシー費用は，負債比率が高いほど大きくなる。

このようにみれば，エージェンシー費用には，資本構成（自己資本比率）との間に図表19.4のような関係が存在すると考えられる，そして，それを最も小さくする資本構成が存在すると推察される。

図表 19.4 負債と資本のエージェンシー費用

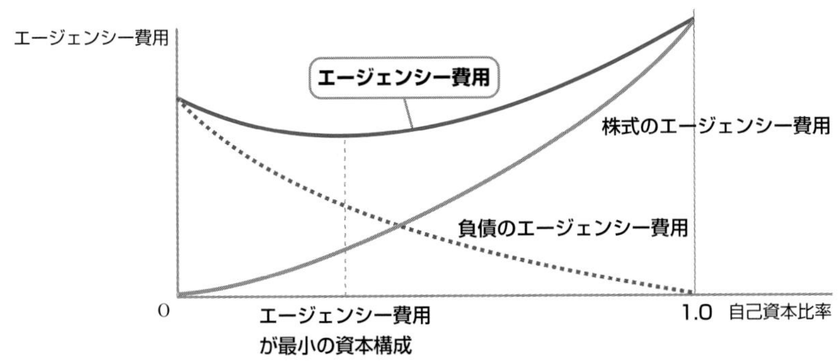

● 19.4　ペッキング・オーダー理論

Ⅲ

》資金調達の順位

MM 理論の第 2 命題によれば，一定額の資金を調達する際のコストは，その調達方法にかかわらず一定である。しかしこれは，資本市場の完全性という強い前提のもとで成立している。現実には，資金を調達する際はエージェンシー費用をはじめ様々なコストが付随し，またその負担の大きさは調達方法によって異なる。ペッキング・オーダー理論は，資金調達方法の選択に優先順位があるとする。この考えは，企業の経営状態について，経営者が外部投資家以上に情報を保有するといった，情報の非対称性の存在を前提としている。そして，それが資金調達形態の選択・順位付けへ影響することに着目する。

この理論によれば，企業は資金調達に際して，コストの小さい順にまず，①内部資金（内部留保等）で賄い，不足分を外部資金で調達する。そして，外部資金のなかでは，②銀行借入が優先され，続いて③社債発行，そして最後に④株式の発行といった順に調達していくとされる（図表 19.5）。

内部資金が最も優先されるのは，外部資金に比べて企業にとって機動的かつ割安な調達方法とみられるためである。負債や株式等の外部資金の調達には，エージェンシー問題が付きまとい，最終的な資金調達コストが高くなるのに対し，内部資金の場合はそうした問題は無視できるのである。もっとも，内部資金もコストがかからないわけではなく，その資金を運用した場合に得られたであろう利益，つまり機会費用相当分のコストが発生する。

》外部資金調達の順位と実情

外部資金のなかで銀行借入が優先されるのは，貸し手である銀行が回収可能性を高めるために，継続的に企業の監視（モニタリング）を行うためである。経営者によるモラル・ハザード的な行動はそれだけ生じにくくなり，エージェンシー費用はモニタリングのない場合と比べて小さいこととなる。

他方，同様に負債でありながらも証券形態である社債の場合には，後順位となる。これは，一つには社債発行の際には手数料等の追加的な費用を要することがある。このほか，市場での売買が可能で資金提供者の負うリスクが分散されるため，銀行借入ほどにはモニタリング機能が働かず，それだけエージェンシー費用が大きくなることもあげられる。

株式発行も社債同様，証券形態の資金調達ではあるが，社債は発行に際して格付が公表されていること等を考慮すると，情報の非対称性の度合いはそれだけ少なく，エージェンシー費用が相対的に小さくなると考えられる。この点，株式については，格付がなく一般に情報の非対称性も大きいことから，投資家は企業の収益性の良し悪しを判断しにくい（2.2 を参照）。

このような場合，発行される株式は平均的な価格で評価されることとなる。このことは，収益性が低い企業は株価が過大評価され，株式発行が有利となることを意味する。こうした状況下で合理的な投資家は，株式によって資金調達を計画する企業について，株価が過大評価されているため発行したがると解釈する。一方，本来的に収益性の高い企業は，株式発行を公表すると株価の過小評価が引き起こされると判断し，株式発行・新規投資を断念するといった費用が発生する。企業は，株式発行が誤ったシグナルとなることを避けるべく，株式による調達を後順位とするのである。こうした費用の差が，コスト面から企業の資金調達の優先順位を決めている。

企業の情報公開等が進むと，たとえば株式発行に関わるエージェンシー費用がかなり小さくなることも予想される。それは，外部資金の優先順位に変化をもたらす可能性もある。

図表 19.5　企業の資金調達と順位

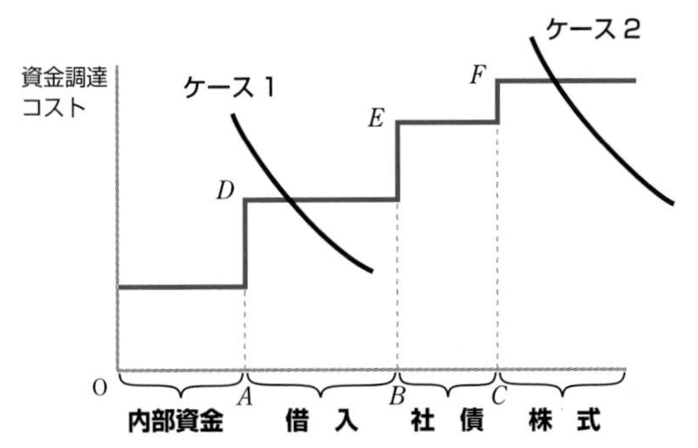

（注）企業の資金調達が少ないケース 1 では内部資金と借入，多いケース 2 ではさらに社債や株式での調達も行う。

● 19.5 知的資産と金融*

》知的資産の特徴

前記のように，21 世紀に入って資金調達方式が多様化するなかで，知的資産についても資金調達に利用されるようになっている。わが国では融資に際して土地や建物等の有形固定資産が重視され，それは企業価値とも関連を持つとみなされてきた。近年，大企業を中心に急速に重要性を増しているのが無形資産である。これは，物理的な実体はなく事業目的で保有される固定資産であり，借地権や鉱業権等も含まれる。無形資産のうち，人間の知的活動の成果によるものが知的資産（Intellectual Asset）であり，このうち法により保護されているものが知的財産（Intellectual Property）である。明確な定義があるわけではないが，知的財産の例として，特許権，著作権，実用新案権，意匠権，ソフトウェア，ブランド，デザイン等があげられる。広義には，従業員の持つ技術・能力といった人的資産，あるいは企業文化や経営管理方式等も含まれる。

企業価値は，5.2 でみたように，それから発生する（予想される）利益の割引現在価値の合計額に等しい。こうした視点に立つと，将来的に利益を生み出す源泉となる知的資産は，その重要性が市場で評価され，株価にも反映されると考えられる（図表 19.6）。企業の将来を検討するには，知的資産の価値を十分考慮する必要がある。すでに米国では，企業価値の源泉を動産・不動産といった有形資産から，無形資産（営業権，ブランド，人的資本，トップのリーダ

図表 19.6 知的資産と企業価値

資　産 （流動資産・有形固定資産）	負　債		企業価値
	株主資本（簿価）	株式時価総額	
無形資産（知的資産）	株主資本（時価－簿価）		

ーシップ等を含む）重視への変化も窺われる。ただし，知的資産は複製が可能で権利が侵害されても発見が容易ではなく，便益を企業が独占的にコントロールすることは難しいといった問題もある。

知的資産の評価方法には，①キャッシュ・フローの現在価値で評価するインカム・アプローチ（将来キャッシュ・フローの予測がポイント），②その取得に要した費用で評価するコスト・アプローチ（将来利益との関係が安定的である必要），③類似した資産の取引から類推するマーケット・アプローチ（活発な取引市場の存在が前提）がある。しかし，いずれも確定的ではない。知的資産は，投資とその成果との関係が有形資産ほど明確ではないことに留意が必要である。

知的資産を介した金融

このように課題はあるが，企業価値の決定要因としての重要性は急速に高まっており，金融面でも知的資産を裏付けとした取引が行われている。特に，保有する有形資産も少なく，過去の実績に基づく信用も少ないベンチャー企業では，知的資産が有力な資金調達手段ともなりうる。

企業が利用しやすい形態は，知的資産を担保とした融資である。ただ，その担保は著作権が多く特許権は相対的に少ない。その理由として，日本の特許権は市場で取引される案件が少ないことや，異議申立て・無効審判の当事者になる等のリスクが存在すること等があげられる。また，知的資産担保融資は，本来的には返済原資をその知的資産から得られるキャッシュ・フローに限定するノンリコース型となると考えられる。しかし，実際には返済原資を限定せず企業が生み出すキャッシュ・フロー全体から返済を求めるリコース型が大半を占めている。知的資産担保融資は，実際には企業の事業価値の評価を基準としており，現状では知的資産はあくまでも一応の担保財産として補完的なものと位置付けられている。知的資産の本格的な利用には課題が多い。

知的資産を担保とするだけでなく，資産の「流動化スキーム」に利用した資金調達も活発化しつつある。現在の信託業法では，知的資産権を信託財産の対象とすることが可能である。その際には，SPC（特別目的会社）を設立し，権利を委譲して管理運用を一元化し，SPC はその権利をもとに投資家から出資を募る形式をとる。この信託可能財産は，特許権や著作権等も含まれる。

Ⅲ

● 重要用語チェック

19.1	□ 資金調達	□ MM 理論
	□ 資本構成	□ 企業価値
	□ 資金調達コスト	□ 完全な資本市場
	□ 第 1 命題	□ 第 2 命題
19.2	□ 法人税	□ 節税効果
	□ 倒産コスト	□ 利子支払負担
	□ 負債比率	□ 最適な資本構成
	□ トレードオフ理論	
19.3	□ 情報の非対称性	□ エージェンシー理論
	□ 依頼人	□ 代理人
	□ エージェンシー関係	□ 利益相反
	□ エージェンシー問題	□ エージェンシー費用
	□ フリー・キャッシュ・フロー	□ 資産代替効果
	□ 財務制限条項	
19.4	□ ペッキング・オーダー理論	□ 機会費用
	□ モニタリング（監視）	
19.5	□ 無形資産	□ 知的資産
	□ 知的財産	□ インカム・アプローチ
	□ コスト・アプローチ	□ マーケット・アプローチ

第 20 章
企業と金融機関の関係

POINT——本章で学ぶことがら

1 企業・銀行の貸出取引には，リレーションシップ・バンキング（リレバン）とトランザクション・バンキングの２つのタイプがある。リレバンは，顧客のソフト情報をもとに貸出を決定し，トランザクション・バンキングはハード情報等をもとに決定する。

2 わが国では長年，リレバン型が主体である。このタイプでは，情報の非対称性が緩和される一方で，ホールドアップ問題やソフト・バジェット問題，そして新規先への融資が難しいといったリレバン固有の問題もある。

3 一般に，企業は複数の銀行と取引しているが，メインバンクを持つ。わが国では，メインバンクは企業との親密な関係から収益をあげつつ，企業経営の立て直し等にも貢献してきた。しかし，経営不振企業の増加により，こうした体制にも変化がみられる。

4 企業の再生には新しいファンドの立ち上げのほか，銀行も債務の免除や株式化・劣後ローン化等による支援を行っている。信用保証協会の果たす役割も大きい。

● 20.1　顧客との取引のタイプ

III

≫ 最大の調達源としての借入とその方法

わが国では企業の最大の外部資金調達源は借入である。大企業では株式，債券等による調達も増えているが，中堅以下の企業では引き続き銀行借入が重要な外部資金調達手段である。2.2 でもみたように，銀行は貸出先との情報の非対称性を解消すべく，自ら情報を収集し分析する，あるいはリスク回避手段をあらかじめ講じている。そうした視点からみると，銀行と中堅以下の企業との貸出取引には，2つのタイプがある。それは図表 20.1 にみられるように，リレーションシップ・バンキング型（いわゆる「リレバン」型，リレーションシップ型，関係依存型ともいう）と，トランザクション・バンキング型（トランザクション型，市場型）である。

この区分は，7.1 でみた金融取引形態の2つのタイプ，すなわち相対取引型と市場取引型に概ね対応している。一般に，貸出取引は前者のリレバン型であるが，近年は後者のタイプもみられるようになった。これが，トランザクション・バンキングである。なお，第7章の相対取引型および市場取引型の区分は，金融取引全般を対象としたものである。本章で取りあげるリレバンおよびトランザクション・バンキングは，金融仲介機関，特に銀行と顧客との取引方法といった側面からみているところに特徴がある。

図表 20.1　貸出取引のタイプ

取引のタイプ	特　徴	代表例
リレーションシップ型	長期・継続的関係重視 ソフト情報等	地域金融機関 （地域銀行，信金等）
トランザクション型 （クレジット・スコアリング等）	取引ごとの採算重視 ハード情報等	大手行（都銀等）* 消費者信用等

*リレーションシップ型も多い。

2つのタイプの貸出

リレーションシップ・バンキング（リレバン）は，銀行が顧客との間に長期・継続的な関係を維持し，企業や経営者あるいは地域社会と接触するなかで蓄積してきた情報をもとに，貸出の適否を判断する方法を指す。情報は，数量化されたハード情報もあるが，企業や経営者の性格や信頼性，従業員の能力といった数量化が難しい定性的なソフト情報が主である。リレバンについては，20.2 で詳しくみていく。

他方，トランザクション・バンキングは，取引ごとの採算等を重視し，顧客と一定の距離を置きつつ（Arm's Length Rule），財務諸表上の各指標（比率）や担保価値，倒産確率等をもとにした定量的な情報ないしハード情報をもとに貸出を行い，貸出期間は相対的に短い。具体的な手法としては，①財務諸表の内容をチェックして融資を決定する方法（ファイナンシャル・ステートメント・レンディング［Financial Statement Lending］），②保有資産の担保評価を重視して貸し出す方法（アセット・ベースト・レンディング，18.3 を参照），③借り手である事業主の財産や経歴等も加味したスコアによって評価し，倒産確率をもとに貸出を決定する方法（クレジット・スコアリング［Credit Scoring］）がある。①および②が個々の貸出案件について判断するのに対し，③は平均的なパフォーマンスに基づいて判断する。

トランザクション・バンキングの場合，長い取引関係を必要とせず，いわば客観的に入手可能な指標を重視して取引を行う点に特徴がある。そして，簡便・効率的に審査を行いやすいうえ，リスクに見合った貸出金利の設定が可能であることも加わり，消費者ローン等のほかに小口の企業融資等にも活用されてきている。ただ，スコアおよびその算出方法等をはじめとする評価項目や評価能力，運用方法等を適宜見直していくことが必要とされる。

わが国では，従来は長期・継続的な取引を重視した顧客関係が主体で，企業の特性（経営者の素質，営業状況等）を重視するといった，本来的なリレバン型の貸出関係が続いてきた。もっとも，貸出に際しては財務諸表のチェックをはじめとして，担保や保証の徴求あるいは銀行内部での企業格付等が行われるのが通常である。図表 20.1 のようなタイプ分けは，いわば顧客を審査するに際しての重点の置き方の相異を表すと解釈することもできよう。

● 20.2　リレーションシップ型取引の特徴

III

≫ リレバン型取引とその特徴

わが国で引き続き貸出の大半を占めているリレーションシップ型取引について，詳しくみていこう。前記のように，リレーションシップ型では財務諸表の各指標に加えて，企業の特性（経営者の素質，営業状況等）が重視される。そうした情報は，長期・継続的に企業と接触することを通じて入手するだけに，第19章でみたエージェンシー費用を削減する有力な手段となる。もちろん，リレーションシップ型においても，バランス・シートのチェックや担保の徴求，企業の格付等は行われているが，そうした定量的な情報よりも，銀行が長い付き合いのなかで企業の特性（経営者の素質，営業状況等）を把握して貸し出すところに特徴がある。

リレーションシップ自体は，貸出の利用可能性や金利・担保などの貸出条件の決定に重要な役割を果たすと考えられる。銀行は，収集した情報が原則として非公開であるだけに，それをもとに，ある種の独占的なレントを獲得でき，信用リスクを軽減していくことにもつながる。また，長期・継続的な関係のなかで行う情報収集にはサンクコスト（回収が困難な費用）を要する一方，企業の内部情報の集積を通じて，融資契約についても弾力的な再交渉を可能とするといった利点がある。この点，企業側も銀行と有形無形に結び付くメリットがあり，一般には情報の提供に大きな抵抗がないと考えられる。

ただ，そうした情報は通常，長期・継続的な関係のなかで行われるだけに，貸出担当者が一身に取り扱うことが多い。そのため，規模の大きい銀行では，担当者の持つ情報が十分に上層部に伝わらないといった問題も発生しやすい。リレーションシップ型取引には小さな組織，ないしは貸出担当者と上層部の距離が短いシステムの構築が望ましいとされる。

≫ リレバン型取引の問題

上記のようなメリットがある一方で，リレバン型取引にはいくつかの問題がある。①ホールドアップ問題や，②ソフト・バジェット問題，そして，③リレバン固有の新規取引先に関わる問題である。①ホールドアップ問題とは，一方が他方に依存する取引関係において，依存されるサイドの当事者が優越的な地位を利用して自身に有利な条件を強要し，依存するサイドはそれを受け入れざるをえなくなることを指す。これは具体的には，企業側が不利な立場に追い込まれる状況を表す。企業側の取引する銀行が限られている場合，銀行が借り手企業の情報について持つ独占的地位を利用して不当な価格（金利）を設定することが考えられる。あるいは当該銀行が取引企業からの新たな借入要請に応じない場合，企業はほかの銀行からそれまでのような有利な条件では借入ができず，結果的に収益機会を逸するなどの問題が想定される。

他方，②ソフト・バジェット問題は，逆に取引関係が密接であることが，金融機関サイドに不利に作用することを表す。業況不芳の企業について，法的整理等の対象とすると，損失が表面化する，ないし悪い噂が立つことが避けられない。銀行側がそれを回避する，あるいは将来的な回復期に少しでも融資を回収することを目指すならば，融資を継続していかざるをえなくなる。これは一般的には，経営に問題のある企業に銀行が追加融資（追い貸し）を続けるケースとして知られ，わが国の1990年代後半の局面で発生した事態である。こうした企業は，頼りとなる銀行が少ないだけに，銀行側が契約変更（融資継続）に応じる状況が続くと，企業にモラル・ハザードが生じ，かえって企業再建が進まないといった問題が起こったのである。

リレーションシップ型には，貸出に固有の事情が絡んだ問題（③）もある。リレーションシップ型貸出は，顧客との長い付き合いのなかで情報等を入手して，貸出の良否を判断し，場合によってはアドバイス等も行う。したがって，この方式では，貸出先がそれまで長い付き合いをしていた先に限定され，新しい企業の発掘や創業支援等を通じて新規貸出を増やしていくことが難しい。

わが国で貸出が低調な状況が続いているのは，それまでのリレバンの対象企業からの借入申込みが少ない一方，新規の取引先は短期資金取引が主体で，情報の蓄積が少ないことが響いていると考えられる。新規先については，債権保全策を講じつつ貸し出した後，継続的な関係のもとで情報を収集し，取引を維持していくことも考えられる。

● 20.3　企業の取引銀行数

Ⅲ

企業と銀行

企業は，取引先（特に貸出取引）としての銀行を，距離的な利便性や銀行自体の信用度等を勘案しつつ決定する。他方，銀行は企業の返済能力や収益性，成長性，安定性等を重視する。したがって，企業自身の財務内容や業績は銀行との取引関係を決定する大きな要因である。

優良な企業は，内部資金が豊富なことや，外部資金調達（特に借入）も相対的に容易であることから，銀行取引への誘因は小さい。他方，銀行サイドは，こうした優良な企業は資金回収のリスクが小さいことから顧客として囲い込みをし，安定的に貸出による収益をあげようとする誘因が強い。したがって，企業・銀行間の貸出取引関係の成立は，企業サイドと銀行サイドの誘因の強さに依存し，その結果，企業の取引銀行数が決まる。

企業の取引銀行数

それでは，企業は具体的にどのような観点から銀行との取引を行うのかについて，取引銀行数の視点から考えてみよう。企業が取引銀行数を増やすと資金調達の機動性を確保できる一方，口座管理や取引照会等のコスト負担が高まる。すなわち，企業はホールドアップ問題を回避するため，銀行サイドが独占的な交渉力を発揮することを避ける傾向がある。すべての借入を1つの銀行のみに依存するケースは少なく，一般には金利や利便性等の面で大差がないほかの銀行とも取引関係を持つ。そうした取引銀行の数は，企業自身の創業以来の年数が長い場合や，売上高の規模が大きい場合には多くなると考えられる。しかし，取引銀行の増加は管理する口座が増えることを意味する。情報通信技術革新によって管理が容易となったとはいえ，取引照会の手間や対応システムの複雑化等もあり，取引銀行数の増加はコスト面でも負担の増加となる。

これ以外に企業自身の財務内容や業績も，銀行との取引関係を決定する大きな要因である。まず，ストックとしての自己資本が厚い企業は，外部調達（通常は借入）の必要性が小さい一方，銀行サイドからみればそれだけ回収リスク（信用リスク）が小さいことから，（貸出）取引への誘因が強くなる。したがって，取引銀行数へのインパクトは，企業サイドと銀行サイドの誘因の強さに依存する。一方，企業の総合的な評価は，フローとしての利益や財務内容，あるいは経営者の素質等を基本とする格付に表れる。格付が高い企業は，メインバンクからの資金調達がそれだけ容易で，多くの銀行から資金を調達する必要性が小さいことから，取引銀行数は少ないと考えられる。他方，銀行サイドでは，優良な企業については成長性が高く，収益獲得のチャンスが大きい点からも，取引しようとする誘因が強く作用すると予想される。このように，企業の取引銀行数の決定要因としては，業歴，売上高，自己資本比率，そして格付が考えられる。

一般に，小さい企業は取引銀行数が少なく，売上規模が大きくなるにつれて支社や事業所数，関係会社等が増加し，それに伴い取引銀行数も増える。また，創業以来の年数が長い場合にも銀行数は多くなると考えられる。ただ，小規模であっても，資金調達の機動性確保，借入条件の優位性確保等の観点から，1行のみと取引するケースは少なく，金利や利便性等の面で大きな差がないほかの銀行とも取引関係を持つ。実際に，東京都内の資本金が1,000万円以上の企業の取引銀行数をみると（図表20.2），非上場企業では2～3行と取引することが最も多いのに対し，上場企業は取引銀行数はかなり多い結果となる。

図表20.2　資本金規模別にみた企業の取引銀行数

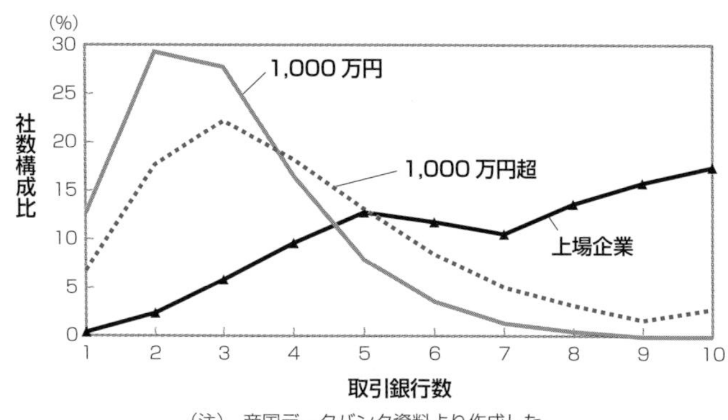

（注）帝国データバンク資料より作成した。

● 20.4 メインバンク制とその変容

III

≫ シグナリングと顧客関係

前記のように，企業は複数の金融機関と取引するのが一般的であるが，取引関係が濃密な主力取引銀行（メインバンク）を1行に絞ることが多い。我が国では，大企業と都市銀行との関係を典型とするメインバンク制が機能してきた(この基礎となったのは大東亜戦争中に作られた「指定金融機関制度」であると言われている)。

メインバンクは，通常は最大の貸出シェアを持つ。取引企業との長い付き合いのなかで，人的交流や口座の動きのチェック等を通じて経営状況や信用度を監視し，そこから得られる情報を基に貸出等を決定する。他の銀行は，それをシグナルとみなして行動する。このように金融機関は，暗黙の了解の下に，メインバンクが行う企業モニタリングに追随することでコストを節約することが可能であった（モニタリング・コストの節約)。図表20.3でみるように，貸出に際して各銀行が別個に企業情報を収集する（破線で表示）とコスト負担が大きいが，特定の金融機関が情報収集して貸出行動に反映させ（太い実線で表示)，それを他の銀行がシグナルとして使用すれば，全体として資金調達コストを節約でき（シグナリング効果)，企業もそれだけ低金利での借入等の恩恵を受けることが可能となる。

≫ メインバンクの変容

メインバンク制が機能を発揮したことについては，企業および銀行両サイドの事情が考えられる。1980年代初期頃までの我が国企業は，自己資金の調達力が弱く，低コストかつ安定的な資金供給を銀行に求め，業績悪化の際の救済も期待した。その対価として預金等の諸取引をメインバンクに集中した。

他方，金融機関は，前記のように全体としてモニタリング・コストの節約が可能となった。またメインバンクは，モニタリング・コストの見返りとして，諸取引の集中により，預金，貸出の量的拡大を図るほか，手数料等も獲得し利

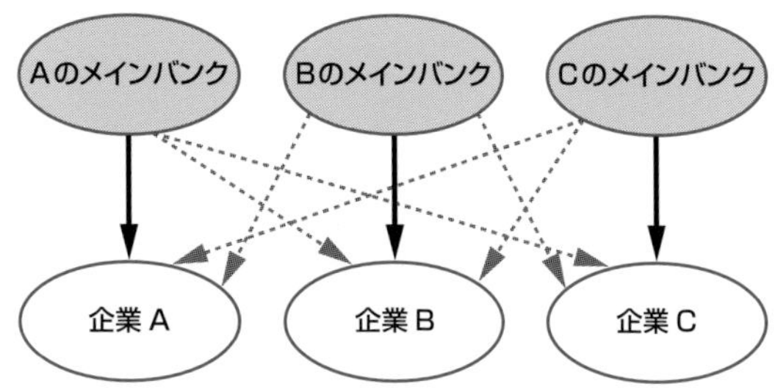

益をあげることができた。さらに，銀行と企業は互いに大株主となることで（株式の持合），外部からの乗っ取り等を防止し，長期的な視点からの経営を可能とするといった役割も果たしていた。メインバンクは最大の債権者であると同時に大株主でもあり，役員等を派遣する等，人的関係も持っていることが，モニタリングの実効性を保証してきたのである。

従来，業績悪化等で企業の経営再建が必要となる場合，メインバンクが多くの利害関係者の利益を考慮しつつ経営に介入してきた。銀行は社会的・公共的使命の達成を求められる一方で，利益追求も図らなければならず，救済の費用と便益の比較検討を行ってきた。救済策として，金利減免，救済融資の実行（損失発生リスクが増大），債権の放棄等がある。これらの費用と，メインバンクの社会的・公共的機関としての名声，残高でみた営業地盤の維持といった便益が比較されてきたのであり，必ずしも企業救済が行われたわけではない。

90 年代以降はバブル崩壊等とともに業況不振が深刻化する企業が大幅に増加し負担が耐え難くなると，メインバンクも救済を見送り大企業も倒産するケースが多発した。こうした状況を眺め，中堅以上の規模の企業ではメインバンクに関する意識が変わり，金融取引を集中するようなメインバンクを持たないところも増えてきている。他方，90 年代以降は優良な大企業は資金調達に占める内部資金依存度の上昇や資本市場からの調達拡大により，銀行借入のウエイトは低下している。また，株式の持合も，資産運用の効率化の必要性や，会計基準の変更（情報開示の強化や原価主義から時価基準への移行）等を背景に，売却・解消されてきた。資金調達で借入依存度が高い中小企業は除き，旧来のメインバンク制は変容している。さらに，ベンチャー企業などでは手数料が安く審査が迅速に行われるなどでネット銀行をメインとするところも出てきている。

● 20.5　企業の再生

企業再生と貸出行動

企業再生に関して重要な鍵を握るのは，金融機関（特に銀行）である。企業再生は，業況が悪化し早晩破綻する可能性の高い企業，あるいはすでに何らかの意味で破綻をきたしている企業について，事業内容の見直し（部門の再編成・人員縮小等）や債務負担の軽減等によって立ち直らせていくことを指す。

経済環境が大きく変化するなかでは企業活動も影響を受け，危険度の高い企業が発生する可能性は大きく，たとえば地域銀行（地銀・第二地銀）が企業再生ファンドの設立等によって対処していくことは大きな意味を持つ。すなわち，地域性を持つ業種・企業の再生支援の情報が蓄積されるなかで案件処理のコスト効率性が高まり，その結果として地域全体としての企業再生コストの節約にもつながる。また，再生ファンドの立ち上げによって，再生支援に関する技術・ノウハウが地域に伝播されることも考えられる。そして，それが銀行を新しい活動に向かわせる余力を生み出すことにもつながっていく。

銀行が資金面で再生支援していく手法として，まず，①債務の免除（Debt Forgiveness）があり，これは銀行側からみれば債権放棄である（図表 20.4）。通常はメインバンクを中心に行われ，企業は債務を減らすことが可能となる一方，銀行側には企業を立ち直らせ，それ以上の負担が生じない期待を持つことができる。これまで主として建設・不動産，流通大手等に対して行われてきたが，この方法はその時点で銀行の負担となる。

そうした負担を緩和する方法の一つが，②債務の株式化（Debt Equity Swap

図表 20.4　再生が必要な企業の債務処理の方法

債務処理の方法	特　徴
債務の免除	企業の早期立直り・負担増加回避を期待
債務の株式化	銀行は債権者から株主の立場へ
債務の劣後ローン化	銀行は長期間で回収
DIP ファイナンス	倒産等となった企業への融資

[DES]）である。これは，貸付債権を株式に転換して銀行が保有する方式である。企業は債務の圧縮と同時に資本増大によって財務内容の改善を図ることができる一方，銀行は債権者から株主にかわる。過剰債務を抱える企業に広く用いられるようになっている。もっとも，非上場で資本規模が小さい企業にこの手法を適用すると，銀行が大株主となる可能性が大きく，一般に企業はそうした事態を望まないほか，銀行側も株式保有の利点は大きくはない。これにかわる特性を持つのが，③債務の劣後ローン化（Debt Debt Swap［DDS］）である。債務の一部について，返済の優先順位を後順位とし，長い期間をかけて支払っていく方法で，企業は財務体質を強化することができる。銀行は，長期間かけても回収を図ることができ，一定の条件を満たすならば，銀行は劣後した部分を企業の資本と同様にみなすことも可能である。このほかに，④ DIP（Debtor in Possession）ファイナンスがあり，これは企業再生を図る過程で生じる資金ニーズを満たすために行われる融資である。倒産企業に対する支援の一種であり，①～③とはやや異なるが，一定程度の利益を確保するといった意味では一つのビジネスモデルである。このほか，企業育成ファンドの組成や出資，私募債の引受や債権流動化等もある。

信用保証協会の役割

資金繰り面が繁忙ないし業況低迷懸念が続く企業を支援する機関の一つに，信用保証協会がある。本協会は，中小/小規模企業の資金繰り支援や経営上の課題解決に向けた提案等を行っており，主業務の「保証」は，企業が金融機関から借り入れを行う際，企業の返済が滞ったとき代わりに弁済することを約束するものである（代位弁済）。これは，金融機関の信用リスクを軽減し，企業への貸出を促す効果を持つ。2020年のコロナ禍では，多くの企業で売上減少等から資金繰りが逼迫し，その存続を支援する貸出への保証額が急増した。

経営支援・期中管理については，自らが専門家を育成・設置し，訪問回数の増加等により企業の現状把握に努めている。このほか信用保証協会が中心となり，地域金融機関や政府系金融機関，中小企業再生支援協議会，地方公共団体，諸士業等とのネットワークを構築し，中小企業の経営改善・事業再生支援を推進している。

III

● 重要用語チェック

20.1
- □ 銀行借入
- □ リレーションシップ・バンキング（リレバン）
- □ トランザクション・バンキング　□ ソフト情報
- □ Arm's Length Rule　□ ハード情報
- □ ファイナンシャル・ステートメント・レンディング
- □ アセット・ベースト・レンディング
- □ スコア　□ クレジット・スコアリング

20.2
- □ サンクコスト　□ ホールドアップ問題
- □ ソフト・バジェット問題　□ 追い貸し

20.3
- □ 財務内容　□ 囲い込み
- □ 取引銀行数

20.4
- □ メインバンク　□ 暗黙の了解
- □ モニタリング・コスト　□ シグナリング効果
- □ 株式の持合

20.5
- □ 企業再生ファンド　□ 債務の免除
- □ 債務の株式化（DES）　□ 債務の劣後ローン化（DDS）
- □ DIP ファイナンス　□ 信用保証協会

■ Column　新たな個人向けローンサービスの拡大

従来，個人ローンは銀行やノンバンクなどが提供するもので，利用者の所得や勤続年数などが審査基準であり，店舗に訪れての申し込みが主流であった。しかし，フィンテックの進展により，スマホ等のアプリ上で個人ローンの一連の手続が完結するサービスも登場している。たとえば，Line 社の「Line Pocket Money」では，会社が提供する様々なサービスを通じて得た利用者の属性や購買・閲覧といった行動データを利用して，独自のモデル開発により各人の信用スコア度を測定し（「Line Score」），それをもとに貸付利率や貸付限度額が決まるローンサービスが展開されている。こうしたローンは **20.1** で取りあげたクレジット・スコアリングを応用したものといえよう。

第21章
企業と投資ファンド

POINT――本章で学ぶことがら

1 わが国企業の金融取引は，従来からの預金・貸出取引が多いが，近年は取引対象の金融商品が多様化する傾向もみられる。特に投資家等から集めた資金で事業・投資を行い，収益を還元する各種ファンドの活動が目に付く。この代表例であるオルタナティブ投資ファンドは，伝統的な資産運用とは異なる投資対象・戦略によりリスク分散を図りつつ，絶対的な収益の確保を目指している。

2 このような投資の代表例はヘッジファンドで，私募により機関投資家や富裕層から資金を集め多額の投資を行い，絶対的な収益の確保を目指すのが特徴である。その活動範囲は広く取扱金額も大きいため，金融市場に大きな影響を及ぼす。

3 一方，PE（プライベート・エクイティ）ファンドは，企業の経営に関与して成長を促す点でヘッジファンドと異なる。近年増加しつつあるM＆A（合併および買収）に関わることも多い。M＆Aは，事業拡大による規模の利益の追求や，新たな分野への進出によるシナジー効果の獲得等を目指して行われる。友好的なものもあるが敵対的なものもある。また，買収対象企業の資産やキャッシュ・フローを担保に調達した資金で株式を買収するLBO等もある。

● 21.1　各種ファンドとオルタナティブ投資

III

≫ オルタナティブ投資の特徴

わが国企業の金融取引は，全体としてみれば引き続き銀行を中心とする相対取引型の預金・貸出取引が大きなウェイトを占めている。また，近年増えている市場取引型も，多くは従来からの運用手段である上場株式や債券等を対象とし，企業以外の参加主体も，銀行・証券会社等のいわば伝統的な投資家が主体である。しかし近年は，取引対象となる金融商品が多様化する傾向が窺われる。特に各種の（投資）ファンドによる投資行動が目に付くようになっている。これは，投資家等から調達した資金を用いて事業・投資を行い，それから得た収益等を分配する仕組みを指し，いわゆる集団投資スキームともよばれる。このうち，近年脚光を浴びている代表例が，オルタナティブ投資（代替投資）である。

オルタナティブ投資は，株式や債券等の伝統的資産へ運用し値上がり益や配当収入等を期待する手法とは異なり，それら資産とは別の投資対象・投資戦略も組み合わせた様々な投資手法による運用を総称したものである。具体的な投資対象として，伝統的資産のほかにヘッジファンド，未公開株，天然資源や穀物商品，不動産，仮想通貨等があげられる。

その手法は，空売り，先物・オプション・スワップなどの金融派生商品の活用や，低格付の債券（High Yield Bond）の組入れ等，従来型の運用とは異なるリスク・リターンの獲得を目指している。相場の動向にかかわらず絶対的な収益の確保を目標に掲げるものが多い。伝統的な運用手段である上場株式や債券あるいは外国為替市場は全体としてみると相関が高く，これらの市場だけでは十分なリスク分散が難しい（市場リスクの存在）。オルタナティブ投資の対象は，こうした伝統的資産との相関が必ずしも高くないことから分散投資効果が得られ，また安定的に高い収益が期待可能とされている。こうした投資ファンドは，情報公開が少ない，ないし不十分であるケースも多い。運用者は基本的な管理報酬のほか，運用実績に応じた報酬も受け取ることが特徴である。

オルタナティブ投資には，流動性の低いものが多く，時価評価が難しいほか，それらを扱うファンドは解約が集中した場合にスムーズな支払ができない，あるいは投資の失敗等で過剰な損失を抱え込むなどのリスクが大きい。オルタナティブ投資には高度な専門知識に加えて，投資配分に関する慎重性や情報開示等が求められている。

21

PE ファンドとコモディティ投資

オルタナティブ投資の代表例であるヘッジファンドについては 21.2 で取りあげ，ここではそのほかの代表的な投資対象をみていこう。

プライベート・エクイティ（PE）・ファンドは，機関投資家等から集めた資金を株式が未公開ないし非上場である企業に対しても投資する。そして，その企業の経営に深く関与し，成長や再生を支援して企業価値を高め，その後株式の公開や他業への売却を通じて利益を得る投資ファンドである。その意味では，中期的な経営関与によって企業の成長を促すことが PE ファンドの収益源となっており，ヘッジファンドとは異なる。

PE ファンドを広義でとらえれば，創業期の企業や事業を支援するベンチャー・キャピタル，成熟期以降の企業の M＆A 等を手がける買収ファンド（21.3 を参照），経営不振企業の立て直しを目指す企業再生ファンド（20.5 を参照）が含まれる。このほか，破綻企業の債権を安値で買い取り，関係者間の合意による私的整理後に影響を及ぼすディストレスト・ファンドもあり，この場合には企業再生の可能性が重要となる。このように PE ファンドは，企業の育成・再編・再生の支援等を目指して活動し，日本経済の活力を維持していくうえで大きな役割を担っている。

他方，コモディティ（商品）投資は，エネルギーや貴金属，穀物等，コモディティ価格に値動きが連動するタイプの投資である。金融不安が起きると株式等への投資が抑えられ，実物資産である商品市場に投資資金が流れ込みやすくなる。インフレ期を別とすれば，こうした現象を背景に商品の価格は株価と逆の動きをすることが多いことから，リスク分散効果があるともされている。ただし，商品は株式などに比べて一般に値動きが大きく，損失拡大のリスクもそれだけ大きいことに留意が必要である。

● 21.2　ヘッジファンド

III

ヘッジファンドの特徴

ここで，オルタナティブ投資の代表格でもあるヘッジファンド（Hedge Fund）についてみていこう。これは，私募によって機関投資家や富裕層等から多額の資金を調達し，金融派生商品等を含め様々な手法で運用するファンドである。こうした運用活動は，2000年代に入って急速に拡大した（リーマン・ショック後はやや落ち着いている）。この背景には，経済活動のグローバル化とともに，それを支える金融取引の対象範囲が広域化したことや，年金基金をはじめとする投資家サイドで資産運用の多様化ニーズが強まったこと等が指摘されている。それと同時に，情報通信技術革新によって情報処理能力が飛躍的に向上し，証券化技術および金融工学の発達を促したことも見逃せない。

ヘッジファンドの基本的な仕組みは，顧客からの投資資金を預かるファンドに対して，専門家である運用会社（投資マネジャー）が投資運用の指示を出すところにある。その際，サービス・プロバイダーとして，プライム・ブローカーが取引の執行・決済サービスを実行し，アドミニストレーターが事務管理を，そしてカストディアンが資産管理を担当してそれを支える（図表21.1）。時には，異なる種類の投資家を受け入れるために，1つの親ファンド（マスターファンド）が複数の子ファンドを持つケースもある。

ヘッジファンドは私的に組成され，運用を指揮する投資マネジャーが様々な手法を活用してリターンを高めていく。通常の投資信託の場合，一般の投資家から小口の資金を公募してファンドを作り，限られた範囲で投資を行い，手数料等も大きくはない。これに対してヘッジファンドは，①投資戦略の自由度が高い，②ベンチマークと比較した相対的なリターンではなく，市場環境によらずに実際の収益獲得を目指す（絶対リターン追求型），③投資マネジャーの報酬が成果主義型である（一般には業績連動報酬が純利益の約2割に相当），④投資家を機関投資家および富裕層に限定している等の特徴を持つ。

また⑤投資信託等は，第6章でみたような投資理論を前提として行動するの

図表21.1 ヘッジファンドと関連組織の関係

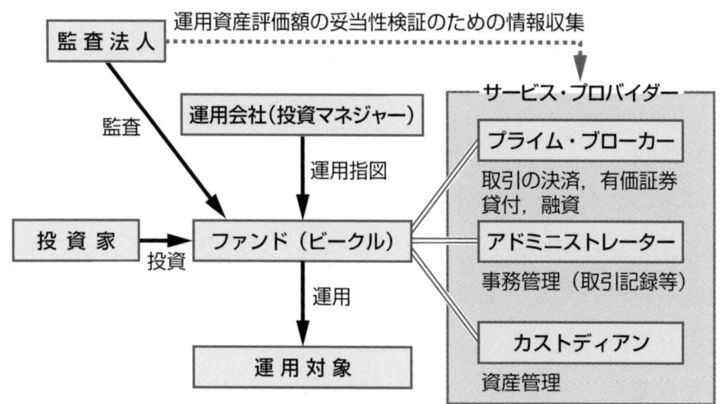

（注） 日本銀行金融機構局「ヘッジファンドに投資する場合のリスク管理について」2007 年をもとにした。

に対し，ヘッジファンドは市場が本来的には非効率的な面も持つと考え，それを利用して高い利益率獲得を目指すところも異なる点である。ヘッジファンドの資金運用戦略には，アービトラージ型（市場での価格の歪みをとらえて裁定取引を追求。債券アービトラージ等），ディレクショナル型（市場動向の方向性に起因する収益を追求。グローバル・マクロ等），イベント・ドリブン型（企業合併等のイベントに着目して行動）等がある。

ヘッジファンドのインパクト

ヘッジファンドは，規模や投資家層の拡大を背景に，より多様な投資戦略のもとに広範な市場で活動するようになってきている。このことは，国際金融市場全体としてみた場合には，その効率性や流動性を高める方向に作用するとも考えられる。

しかし逆に，国際金融市場での活動規模が高まっていることが，広範な市場において大きな変動要因となる可能性も大きい。また，ヘッジファンドの大規模な損失や破綻が生じると，取引相手や投資家への直接的な影響に加えて，国際金融市場や金融システムの混乱を引き起こすほか，経済活動にも影響を及ぼしていく（外部効果）。これは，近年のサブプライム・ローン問題をきっかけとする世界的金融危機でも生じた現象である。

● 21.3　M & A とその意義

III

≫ 合併・買収

近年，経済の拡大テンポが鈍く，商品サイクルは短くなる状況が続き，事業リスクが大きくなっている。こうしたなかで，事業規模拡大による単位当たり固定費削減（規模の利益の発揮）や，新たな分野への進出によるシナジー効果等を目指す有力な方法として，企業の合併・買収等の動きが広がっている。

合併および買収，すなわちM & A（Mergers & Acquisitions）は，買い手企業が相手企業の経営権を取得し，一つの企業形態を形成する合併（Mergers）と，それ以外に対象企業の経営権の全部または一部を取得して子会社化する買収（Acquisitions）がある。その目的には，市場シェアの拡大や経営効率化，不採算部門の売却といった事業戦略的なものから，不振に陥った企業を再建し，企業価値を高めたうえで株式を売却しキャピタル・ゲインを得る投資戦略的なものまで幅広く存在する。近年は，経済環境の変化に即応して事業再編やコスト削減等，資本効率を高めていく手段としても脚光を浴びている（企業再生ファンド［20.5 を参照］）。また，企業グループ内のM & Aよりも，企業グループに属さない企業を対象とするケースが増加している。これは，その限りでは広い意味での生産要素の流動化促進，競争原理を通じた経済の活性化につながる側面を持つ。

なお，買収ファンドによるM & Aも行われている。これは，経営不振に陥った企業や親会社が手放す意向を持つ事業部門を買収したうえで，事業構造や財務体質を改善して価値を高め，株式公開や他ファンドへの売却により利益をあげることを目指したものである。経営権を持って大胆に改革しやすくするために，通常は株式の過半数を獲得しており，100％取得して非公開化することも多い。こうしたファンドは，機関投資家や富裕層から流入した資金を元手に融資を受けて，資金規模をさらに膨らませるのが一般的で，米欧では買収規模が大型化している。わが国でも，国内企業間および日本企業による海外企業のM & Aが増加している。前者はリーマン・ショック後に動きがやや落ち着い

図表 21.2 マーケット別 M ＆ A 件数の推移

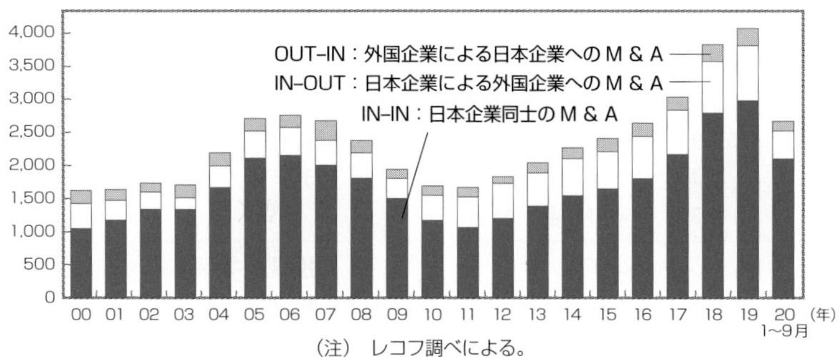

（注） レコフ調べによる。

ていたが，その後は再び増加基調にある（図表 21.2）。

TOB，LBO，MBO

M＆Aには，当該企業間で合意した友好的なもの以外に，買い手企業が経営権取得を目指して買付期間・株数・価格を公表して不特定多数の株主から公開市場で株式を取得する株式公開買付（Takeover Bid［TOB］）もある。これには，買収対象企業の経営陣の無策，非効率な多角経営のリストラ等が動機となる敵対的買収のケースが多い。こうしたTOBは，市場型金融システムで経営の執行に緊張感をもたらす大きな背景でもある。

企業の所有権や支配権に影響を及ぼす取引には，このほかに企業や個人の集団等が企業の株式を買取，企業あるいは事業部門の一部を取得するバイアウトもある。通常は，買い手グループが買収対象企業の資産やキャッシュ・フローを担保に調達した資金を用いて株式を購入する。これがLBO（Leveraged Buyout）である。

また，買い手グループに買収対象企業の経営陣が参加するタイプのLBOは，MBO（Management Buyout）とよばれる。いずれの場合も，買収された企業が上場企業である場合，買い手グループは一旦その企業を非公開化することから，これらは株式非公開化取引ともよばれる。一般には，親会社等から子会社や事業部門の一部を分離するにあたり，第三者ではなく経営者や従業員がその株式を取得し，会社から独立する場合に用いられることが多い。

III

● 重要用語チェック

21.1	□ ファンド	□ 集団投資スキーム
	□ オルタナティブ投資（代替投資）	
	□ プライベート・エクイティ（PE）・ファンド	
	□ ベンチャー・キャピタル	□ 買収ファンド
	□ 企業再生ファンド	□ ディストレスト・ファンド
	□ コモディティ（商品）投資	
21.2	□ ヘッジファンド	□ 投資マネジャー
	□ アドミニストレーター	□ 親ファンド
21.3	□ M＆A	□ 株式公開買付（TOB）
	□ 敵対的買収	□ LBO
	□ MBO	

第Ⅳ部
銀行業とリスク

CONTENTS

第22章
銀行業の特性

POINT――本章で学ぶことがら

1 大口中心のホールセール業務は大手行，小口中心のリテール業務は地域金融機関といった大まかな棲み分けが依然として残っている。大手行は規模の経済性のほか，業務分野拡大による範囲の経済性も享受しやすく，金融持株会社を形成し，新たな収益機会を求めて活動を多様化している。

2 大手行の利益は，資金利益，役務取引等利益，そして有価証券等の売買によるトレーディング利益に大別される。これらの合計である業務粗利益の大きな部分は資金利益であるが，近年は役務取引等利益のウエイトが上昇している。

3 地域金融機関は，地域銀行と協同組織金融機関を指し，特定の地域におけるリレバン型の取引を中心としている。伝統的な預金・貸出業務からの収益ウェイトが高く，その構造はさほど変わっていない。

4 インターネット専業銀行は，店舗をほとんど持たず，手数料の安さ，営業時間の長さなどを背景に，規模が急速に拡大している。さらなる拡大には，新規利用者の獲得やセキュリティ体制の強化などが課題である。

● 22.1　大手行の特性

規模の経済性

IV

銀行は金融機関の代表的存在である。そのタイプは，主対象とする顧客によって２つに大別される。一つは大口取引中心のホールセールタイプで，大手・中堅企業や政府，機関投資家，富裕層等を主対象とする。もう一つは小口取引中心のリテールタイプで，中小企業や富裕層以外の個人等を主対象とする。わが国では従来，主として前者を都銀等の大手行，後者を地銀や信金等といった棲み分けがみられた。近年はこれが崩れる傾向にあるが，経営規模や地域での密着度合いの相違等もあり，こうした特色は強く残っている。

大手行は，顧客の営業活動に合わせて全国を対象に展開し，取引規模は総額でも取引先１件当たりでも大きい。一般に，銀行業務に関しては店舗網やコンピュータ設備に関わる費用等の固定的な費用の割合がほかの産業と比べて大きく，装置産業的な性格が強い。したがって，提供するサービスの規模ないし量が拡大しても費用の増加度合いは相対的に緩やかで，サービス１単位当たり費用（平均費用）が低下するといった規模の経済性が働きやすい。取引規模の大きな大手行は，こうした恩恵を享受しやすいのである。ちなみに，2019年度のOHR（Over Head Ratio；経費/業務粗利益）は，都銀（65.1％），地銀（68.4％）そして第二地銀（77.4％）の順で高く，大都市圏を地盤とする都市銀行は費用構造の面で有利となっている。

金融持株会社の機能

このような規模の経済性に加えて，銀行業には範囲の経済性も働きやすい。これは，異なる業務を一つの経営体が同時に営むことにより生じる費用節約効果を指す。この効果は，銀行業では複数の業務に共通して利用可能な生産要素が存在する，ないし分割不可能のため異なる業務で共同利用するコスト構造を持つこと等が背景となっている。たとえば，預金・貸出業務に関連する顧客情報（それを収集する際の費用）は，デリバティブ取引や外国為替取引等にも利用できる。また，リスクは資産の分散が図られている限り，規模拡大と同程度には増えないため，業務を多様化すれば利益総額の増加が可能となる。銀行業務は蓄積された専門的知識・技術，市場で得られた信用，店舗網，整理されたデータの集積などに支えられているが，多くはほかの異なる業務に対しても転用可能であるものが多い。大手行の保有する情報等の規模は大きく，この面でもメリットが生じやすい。

しかし，経営規模があまりにも大きくなると，単一の組織で規模および範囲の経済性の双方を発揮し続けることは難しくなる。近年の銀行は，取引範囲の拡大・多様化の利点を生かすべく，大手行を中心としていくつかの金融グループに集約されている。これは，金融持株会社が銀行・証券・保険等といった異種金融機関を株式保有を通じて傘下に含め，一つのグループとして顧客対応を図るものである（図表 22.1）。持株会社は，傘下の金融機関の株式を保有し，グループ全体の活動方針や子会社の役員人事等を決定する。そして，顧客の種類別ないし事業部門別に専門機関を核に対応していく方式がとられている。

わが国では 1990 年初には都市銀行，長期信用銀行および信託銀行からなる大手行が 23 行存在した。しかし，その後は経営破綻や合併が相次ぎ，持株会社方式に移行する銀行が増え，2021 年 1 月時点で，金融庁が管轄する大手行等の金融持株会社は 9 つである。なお，地域金融機関でも再編が進んでおり，地方財務局管轄の金融持株会社は 16 となっている。

図表 22.1　金融持株会社の概念図

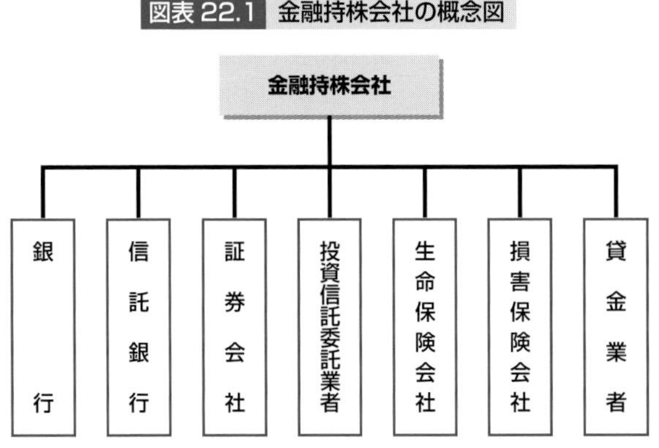

● 22.2　大手行の利益構造

》利益源としての活動

金融機関のなかで銀行は，預金証書を発行して資金を集め，貸出や有価証券等に運用する。そして預金は決済にも使用されるなど，銀行の活動は公共性が高く，経営には健全性確保が優先される。他方，株式会社である経営体として利益追求を求められており，健全性と収益性の調和が大きな課題となる。以下では，銀行の利益源をその活動との関係からみていこう。

金融機関（銀行）の貸出や有価証券等に資金を運用して受け取る利息（配当を含む）と，預金等での資金調達費用（預金利子支払等）との差額が資金利益である。また，決済に伴う送金あるいは投資信託等の各種斡旋販売サービスを提供して得られる受入手数料や保証料等から，他の機関が提供する各種サービス等の利用に対する支払手数料等を控除したものが役務取引等利益である。このほか，有価証券や外国為替の売買といったトレーディングも，大手の銀行ではひとつの利益源となっている。

このように銀行の利益は，資金利益，役務取引等利益，そしてその他利益（トレーディング利益を含む）等に大別され，これらを合計した値が業務粗利益である。これから，経費すなわち人件費（正職員に対する給与等），物件費（店舗等賃借料，事務委託費等）および税金（固定資産税等），そして国債等債券関係損益を加減した指標がコア業務純益である。この指標は，銀行が本来の業務とする活動から得られる利益で，一般企業における営業利益に相当する。

》活動の多様化と利益構造の変化

近年，金融持株会社化が進むなかで大手行の活動には大きな変化が窺われる。預金・貸出は，引き続き大きな割合を占めているが，企業の資金調達総額は伸び悩み，借入比率も低下している（第18章を参照）。こうした状況を背景に，大手行は新たな収益機会を求めて業務内容の多様化に努めている。

まず，従来からの顧客である大企業等に対しては，貸出形態を多様化している。たとえば，コミットメントライン（あらかじめ定めた上限内で何時でも資金を提供）の設定や，シンジケート・ローン（多数の銀行が同一条件の下で貸出）の幹事銀行としての貸出取りまとめ，あるいは証券発行による資金調達までのつなぎ融資の実行等である。また，新たな顧客層として中堅以下の企業向け融資や個人向け住宅ローン等を拡大している。さらに，富裕層向け資金運用アドバイス等の充実を図っているほか，1件当たりの手数料等が大きい証券関連の業務を中心に企業の財務戦略への情報提供等のサービスも強化している。

こうした活動の多様化を反映して，利益構造も変化している。図表22.2は，大手行のうち都市銀行のコア業務粗利益を，その活動源に分けて示している。資金利益は活動内容の相違を考慮し，①貸出による利益と，②有価証券・市場運用利益に分けている（いずれも調達費用を控除後）。このほか，③手数料収入（役務取引等収益），および，④トレーディング利益を示している（コア業務粗利益＝①＋②＋③＋④としている）。

これをみると，都市銀行では収益源の多様化が生じている。貸出による利益は，もっとも大きな収益源であることに変わりないが，ひところと比べそのウエイトは低下した。他方，手数料収入（役務取引等収益）は，金融サービスの多様化等を背景に増加傾向を辿り，近年は全体の1/3を占める利益源となった。有価証券・市場運用利益は2割程度と横這いが続いている。トレーディング利益は，2000年代の中頃には15％程度に達したが，その後は落ち込んだ状態にある。

図表22.2 都市銀行におけるコア業務粗利益の構造

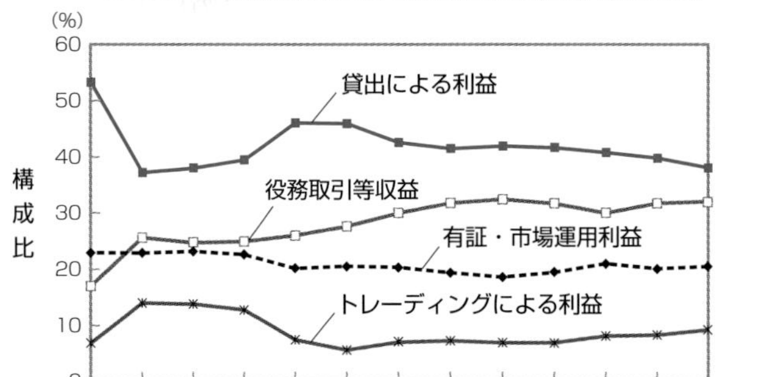

（注） 全国銀行協会『全国銀行財務諸表分析』各年版より作成した。

● 22.3　地域銀行の活動

地域金融市場の特徴

地域金融機関は，限られた地域を中心に活動する金融機関で，そのうち相対的に経営規模が大きい金融機関が，地銀（地方銀行）および第二地銀（第二地方銀行）である。地域銀行は，この両者の総称である。地域金融機関には地域銀行よりも経営規模が小さい金融機関として，信金，信組，農協，漁協等がある。まず地域銀行についてみていこう。

都銀等の大手行が大企業を中心に取引し，全国的なつながりを持つ市場で活動するのに対して，地域銀行の主たる活動対象は，特定の都道府県ないしその周辺を含む地域，すなわち地域経済に所在する中堅以下の企業や個人層である。これら金融機関が活動する場が地域金融市場であり，そうした市場では参加する企業数等も限られている。それだけに，取引対象の規模は一般に小さくリスクの程度にもバラツキがあり，これらを反映して取引単位や金利形成の面でも多様性が存在する。もちろん，各地域金融市場は，都銀等の活動を介して全国ベースの市場の影響を受ける。特に近年は，情報通信技術革新等からそうした影響が強まり，市場間の相違が弱まるようにもみられる。

もっとも，地域における貸出はリレバン型取引が主体であるだけに，地域銀行をはじめとする地域金融機関の優位性は強い。情報公開が進んでいるとはいえ，地域に存在する中堅以下の企業や経営者あるいは地域社会に関する情報は，地域に密着した活動を行っている金融機関が相対的に容易に入手できる。それらの情報をもとにした審査・モニタリング力には，地域金融機関に優位性がある。また，貸出に際しての審査・モニタリングは，貸出の規模にかかわりなく1件ごとに行う必要がある。その限りでは，中堅以下の企業に対する貸出について，都銀等の大手行が有利というわけではない。また，地元の金融機関は産業構造を含めて地縁等と強く結び付いており（リレバン型の活動），貸出金利も地域の実情に応じた水準に設定しやすい。これらを考慮すれば，中堅企業以下の取引が主体である地域の金融市場は，大手行を主体とする全国ベースの市場とかなりの程度相違性を持ちつつ，併存していくと考えられる。ここに，リレバン型貸出取引を主業務とする地域金融機関が果たすべき役割が存在する。

営業活動と利益構造

地域銀行は，東京等の大都市に支店を置くケースも多いが，基本的には自身が地元とする特定の道府県を中心としている。また，経営規模も都銀等と比べ相対的に小さく，その限りでは各種の情報入手が重要となるトレーディング等を業務の柱とすることは難しい。逆に，限られた地元地域に多くの営業店を設置しているだけに，地元企業に関する情報入手をはじめ，リレバン型取引の展開には有利である。このような事情を背景に，地域銀行はいずれも貸出を活動の中心としている。

これは，利益源をみても裏付けされる。図表 22.3 は，地域銀行のコア業務粗利益を 4 つのカテゴリーに分けたものである（各項目の定義等は図表 22.2 と同一である）。これをみる限り，地域銀行の利益構造に大きな変化は窺われない。すなわち，貸出による利益はいくぶん低下気味ながら 6 割弱を占め，有価証券・市場運用利益および役務取引等収益はいずれも 2 割強，そしてトレーディングによる利益は 1%程度といった構造が続いている。

もっとも，地域銀行は特定の都道府県を中心とするだけに，その経営は当該地域，いいかえれば営業地盤とする地域の経済活動の影響を強く受ける。地方圏の経済活動が停滞気味の状況が続いているなかで，銀行同士の合併あるいは経営統合の動きが生じており，なかには県境を越えた再編もみられる。

図表 22.3　地域銀行におけるコア業務粗利益の構造

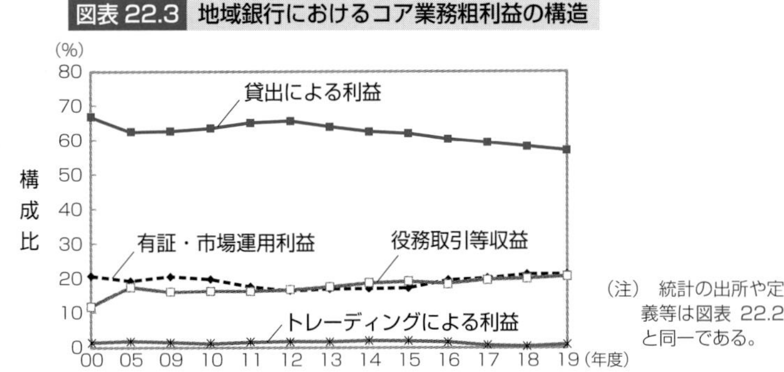

（注）統計の出所や定義等は図表 22.2 と同一である。

● 22.4　協同組織金融機関の活動

≫ 営業範囲は限定的

Ⅳ

地域金融機関には，地域銀行のほか，一般にはより規模の小さい協同組織金融機関がある。2.4でみたように，こうした機関には信金（信用金庫），信組（信用組合），農協（農業協同組合），漁協（漁業協同組合）そして労金（労働金庫）が含まれる。これら機関の目的は，中小・零細企業と農林漁業者および勤労者を中心とする会員（出資者・組合員）間の相互扶助サービスの提供にある。都銀や地域銀行等の株式会社組織の場合に重視される利益ないし企業価値の最大化は，必ずしも主たる目的とされておらず，非営利法人組織である。これは，諸外国を含めて共通している。

協同組織金融機関は，地域銀行と対比して次のような特徴がある。まず，税制面で法人税率が低い等の優遇策が適用されている。逆に，取引対象や営業地域については一定の制限が課されており，たとえばわが国では非会員向け貸出については，一定限度内に抑えることが決められている（信組等には預金受入にも制限がある）。また，営業活動の範囲ないし営業地盤も，通常は都道府県内の特定地域に制約され，地域銀行と比べ狭い。さらに，経営規模の小さな金融機関が多いため，余裕資金の効率的運用や業務の補完・支援等を目的に，連合会組織と系統中央機関が設置されている。

協同組織金融機関の場合，会員間の取引を主体とするといった意味では，通常の株式会社形式の金融機関と比べて異なった行動様式をとる余地も大きい。これは，前記のように対象が中小企業等で資金需要が小口であるほか，活動範囲に制約があることや，経済外的な要因（地域社会・家族等の動向）の及ぼす影響が大きいところにある。もっとも，協同組織金融機関も利益の確保が難しい事態が長く続く場合には，当該組織の存続が難しくなり，清算ないし吸収合併となることは，株式会社形式の金融機関と大きな相違はない。

なお，信金と信組の相違について，1951年の信用金庫法の施行により，信組のうち比較的規模が大きく一般金融機関としての性格が強いものが信金へ転換した経緯がある。信組は，信金と比べて営業地盤も狭く，また一定地域内の小規模零細事業者や住民を組合員とする地域信用組合のほか，業種や職業を同じくするものによる組織（業域信用組合，職域信用組合）もあり，協同組織金融機関としての色彩がより強い。

協同組織金融機関の活動

22

図表 22.4 は，大都市圏および地方圏別に預金シェアをみたものである。東京・大阪といった大都市圏では大手行等が圧倒的に強く，その傾向は強まっている。他方，地方圏では地域銀行および協同組織金融機関が大きなシェアを有し，かつ郵貯の存在感が後退するなかでそのシェアが上昇している。地域においては，文字通り地域金融機関が中心的な役割を果たしている。

このように，地域経済において協同組織金融機関は，預金および貸出業務を主体に活動している。もっとも，中小企業の活動が伸び悩んでいること等から，預貸率（預金残高に対する貸出残高の割合）は，信金・信組では5割強に留まっている（都銀や地域銀行は7割強）。その結果，国債等での運用あるいは中央機関への預け金運用等のウェイトが相対的に大きい状態が続いている。

このことは，地域経済の停滞が続くなかで，協同組織金融機関について今後も経営再編が起こりうることを表しているともいえる。ちなみに，信金および信組の数は，2000 年 3 月末時点で 386 金庫・291 組合であったが，20 年後の 2020 年 3 月末には 255 金庫・145 組合となっている。

図表 22.4　地域圏における預金シェア

	全国ベース		東京都・大阪府内		他の道府県	
	2010/3月	2020/3月	2010/3月	2020/3月	2010/3月	2020/3月
大手行等	33.8	37.3	71.5	75.5	16.3	16.9
地域銀行	26.5	26.9	7.2	6.3	35.6	37.9
協同組織金融機関	23.1	22.4	11.9	10.9	28.4	28.5
ゆうちょ銀行	16.5	13.5	9.5	7.3	19.8	16.7

（注）1. 金融ジャーナル社『金融マップ 2020 年版』より作成した。
2. 大手行等は，都銀・信託銀行・旧長期信用銀行 2 行のほか，新銀行東京やネット専業銀行等を含む。各年 3 月末の計数である。

● 22.5　インターネット専業銀行

≫ ネット銀行

IT 技術の進展によりインターネット利用者が増加するなか，銀行業への参入規制緩和を受けて，実店舗や自前の ATM 等をほとんど持たず，インターネットや電話などを通じた取引を中心とするインターネット専業銀行（以下，ネット銀行）が出現した。これにはインターネット利用者の急増が背景となっており，2000 年末に 5 千万人弱であった同利用者は，2019 年末には 1 億人を上回るに至った（総務省「通信利用動向調査」による）。この間，ネット銀行はその数も取引金額も膨張している。

ネット銀行は，金融庁の分類では新たな形態の銀行とされ，都市銀行，地方銀行などと並び「その他」に含まれる（図表 2.4 を参照）。新たな形態の銀行にはネット銀行のほかに，コンビニ等の店舗に ATM を設置し主に資金移動サービスを提供し，商業施設との連携を主とする銀行（いわゆるコンビニ銀行）等も含まれ，コンビニ銀行は商業施設と連携したサービスを展開し本業との相乗効果を目指している。これらの出資者には，従来の銀行業ではなく異業種からの参入組が多い。なお，ネット銀行は明確な定義がないため，商業施設との連携を主体とする銀行や，場合によっては伝統的な銀行によるインターネット取引も含めるなど，幅広くとらえる場合もある。

ネット銀行は預金サービス，預金を利用する決済サービスの提供を中心とし，住宅ローンの提供，保険・投資信託や宝くじ等の販売，運用や相続の相談等を行う場合もある。その特徴として，①従来の金融機関を利用する場合と比べ金利や手数料が相対的に有利，②営業時間の長さ，③取引に要する時間節約など利便性の高さが挙げられる。①は，実店舗や自前の ATM が少ないことで人件費，物件費等の経費が抑えられ，それを基に従来の金融機関と比べ高めの預金金利，低めの貸出金利の呈示が可能となる。利用者が入出金を必要とする場合，主として提携先を利用するが，経費率が低いことから利用手数料を低く抑えることが可能となる。これにより，ネット銀行の預金口座数，規模は年々拡大している。②については，従来の銀行の営業時間が限られている（平日の9時～15時が主）のに対し，ネット上での取引ゆえにいつでも取引が可能である。③については，場所の限定がなく（店舗へ出向く必要がない），取引はオンライン操作のみでできる利点がある。また，金融サービスと情報技術を結び付けるフィンテック企業とビジネス上の親和性も高く，クラウド会計や家計簿アプリなどとデータ連携を通じて利便性を向上させてきている。

ネット銀行の規模は急速に拡大しており，近年の預金残高は20兆円近くに達している。他方，貸出は従来の銀行同様，少なめである（図表22.5）。主な収益源として，資金運用関係（預金と貸出や有価証券運用の金利差等）を中心とする銀行や，決済や販売，相談等に伴う手数料を中心とする銀行もある。収益構造の大きな特徴は，店舗や自前ATMをほとんど持たないことによる経費率の低さにある。これに対しコンビニ銀行は，コンビニやストア内にATMを配置し，そのATMの利用手数料を主要収益源としている。

ネット銀行の課題

ネット銀行が資金運用を収益源とする場合，預金獲得のために新規利用者の取り込みが前提となる。また決済サービスの手数料拡大のためには，提携決済事業者を増やし自身の銀行口座の利用を促さなければならない。そのためにはまず，自身の存在や利便性等を顧客に認知してもらうことが必要である。また，資金移動業者との連携に関するセキュリティ体制の甘さによる不正出金が問題となっており，十分な対策が求められている。さらに，金融商品等の販売増には，利用者の購入に至るプロセスにおける助言の充実等も課題である。

図表22.5　ネット銀行の預貸金残高

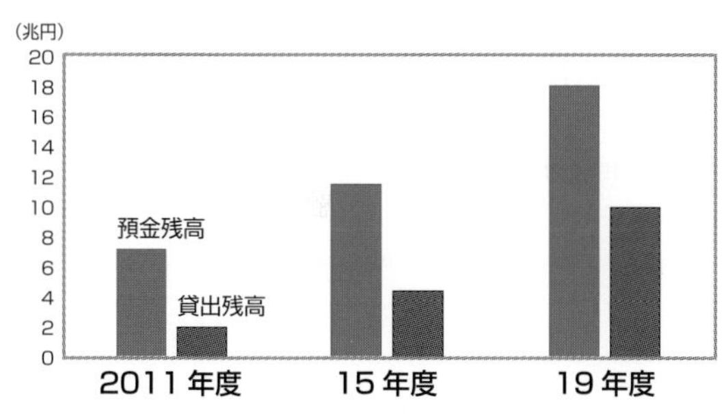

（注）対象はジャパンネット，ソニー，楽天，住信SBIネット，au じぶん，大和ネクスト，GMOあおぞら銀行（2019年度のみ）の計7行である。預金残高には外貨預金を含む。

● 重要用語チェック

22.1 □ ホールセールタイプ □ リテールタイプ
□ 大手行 □ 規模の経済性
□ 範囲の経済性 □ 金融持株会社

22.2 □ 資金利益 □ 役務取引等利益
□ トレーディング □ 業務粗利益
□ 国債等債券関係損益 □ コア業務純益
□ コミットメント・ライン □ シンジケート・ローン

22.3 □ 地域金融機関 □ 地銀
□ 第二地銀 □ 地域銀行
□ 地域金融市場 □ 営業地盤

22.4 □ 協同組織金融機関 □ 信金
□ 信組 □ 農協
□ 漁協 □ 労金
□ 相互扶助サービス □ 連合会組織
□ 系統中央機関 □ 地域信用組合
□ 業域信用組合 □ 職域信用組合

22.5 □ インターネット専業銀行（ネット銀行）
□ 新たな形態の銀行 □ コンビニ銀行
□ ATM □ フィンテック

■Column　小口の金融の流れ

わが国では，古くから個人や零細な商工業者がお金を出し合い，相互に扶助する無尽や頼母子（たのもし）講等の仕組みがあった。これが発展して第二地銀や信金・信組となり，現在は消費者信用会社等を含めてこれら金融機関が小口の金融で大きな役割を果たしている。頼母子講的な仕組みをビジネスとして利用した貧困層向け小口融資（マイクロ・クレジット）は，アジアを中心とする国々で広がりをみせている。

現在は，融資だけでなく，預金や送金，保険などにもサービスが拡大しており，「マイクロ・ファイナンス」という用語が使われている。事業の拡張性や持続的な貧困層支援のためにファイナンス機関は寄付や援助だけでなく自らの利潤追求等により資金調達が求められている。

第23章
銀行業のリスク

POINT——本章で学ぶことがら

1. 金融取引は将来にまたがる資金移転であり，不測の事態によって収益が毀損する可能性，つまりリスクを伴う。典型的なリスクとして，貸し出したお金が返済されない信用リスク，有価証券の金利や価格の変動に伴う市場リスクがある。

2. このほか，資金調達条件が不利となる流動性リスク，内部管理やシステムの問題等から損失を被るオペレーショナル・リスクがある。

3. このようなリスクは業務に伴うものであり，銀行はリスクを抑えつつ収益をあげていく必要がある。そのためには，各種リスクを統一的に把握しつつ，各部署にリスク・テイクの許容量を割り当て管理するといった，統合リスク管理が重要となる。

4. リスクが顕現化した場合は，損失を引当金や自己資本でカバーしていく。

● 23.1　銀行の典型的なリスク

≫ リスクの発生

金融取引は，異なる時点（典型的には現在と将来のある時点）にまたがる資金の移転であり，そのため取引を巡って様々な不確実性が存在する。6.1 でみたように，予測可能か否かを問わずある事態が発生して損失を被る可能性，あるいは資本もしくは収益を毀損する可能性（不確実性）がリスクである。リスクは，収益機会を求めて行われる銀行をはじめとする金融機関の諸取引に付随して発生する。

もっとも，金融業で利益を得るには，発生するリスクをチェックしつつ受け入れることが避けられない。リスクを限定的にしか受け入れないのであれば，市場経済のもとではそれだけリターンも低くなるのである。リターンが高くリスクは小さいといった組合せは存在しない（第 6 章を参照）。そうしたリスクを管理し，顕現化するのを避けていくことが重要となり，それは最終的には，金融機関がどのように経営を展開していくかといったガバナンス問題に帰着する。以下では，金融機関の代表でもある銀行業（信金等を含む預金取扱金融機関）を念頭に置き，主要なリスクについて考えてみよう。

≫ 信用リスクと市場リスク

図表 23.1 は，銀行の活動を表すバランス・シートの主要項目を示している。これを参照しつつ，リスクをみていこう。

銀行の典型的な業務は，預金等の手段により資金を調達し，それを貸出等に運用するところにある。それに関連してまず頭に浮かぶリスクは，貸出ないし

図表 23.1　銀行のバランス・シート

現金預け金①	市場性資金④
貸　　出②	預　　金⑤
有 価 証 券③	自 己 資 本⑥

（注）　市場性資金はネット調達ベースで示している。

運用した資金が利子等を加えて返済されることに関わる不確実性である。これが信用リスク（Credit Risk）であり，資金調達者の信用ないしは返済能力に関わる不確実性を指す。このリスクは，本来的な業務でもある貸出（②）に典型的にみられるが，有価証券（社債や株式等，③）や，短期的に市場で運用する預け金等（①），あるいは外国為替取引等についても存在する。

信用リスクは債務不履行リスク（Default Risk）ともよばれ，諸リスクのうち最も基本的かつ重要なものである。これまで多くの銀行が経営危機に陥り，なかには破綻に至るものもあった最大の背景は，特に貸出に絡む信用リスクが顕在化したところにある。わが国では1990年代後半，北欧・中欧等は1990年代前半，米国でも1980年代後半（貯蓄貸付組合）や2000年代末（大手金融機関）に，信用リスクの顕現化から金融危機が発生した。

銀行はまた，資金運用手段として，各種の債券や株式を購入・保有している（③）。それらは金利や価格が変動するとその価値が変化し，予期しない損失を被る可能性がある。これが市場リスク（Market Risk）である。こうしたリスクは，典型的には有価証券の保有・売買や，外国為替をはじめとするトレーディング（売買），金融派生商品の取引において発生する。また，預金や貸出の金利が変動することにより，差額である利鞘収入（②の金利－⑤の金利）に関しても生じうる。特に，先行き予想をもとに売買を行う投機的な行動には，こうしたリスクが付きまとう。1990年代以降，トレーディングの失敗等から経営破綻ないし危機状態に陥った銀行，証券会社やファンドは，わが国のみならず英国や米国等でも数多くみられる。

こうした信用リスクおよび市場リスクは，銀行が利益を追求する過程で避けることのできない，すなわち積極的な営業活動を行っていくに際し随伴して生じるリスクである。銀行は，これらのリスクが現実となる（損失が発生する）可能性を完全に回避することは難しい。しかし第2章でみたように，銀行は専門的なノウハウ等を駆使して情報の非対称性をはじめとする不確実性・リスクを抑えつつ，それに見合ったリターンを獲得している。見方を変えれば，金融業はリスク・マネジメント業の一種である。信用リスクおよび市場リスクへの対応等については，第24章でみることとし，本章ではそれ以外のリスクを概観した後，全体としてのリスクの管理方法を検討する。

● 23.2　流動性リスクとオペレーショナル・リスク

流動性リスク

IV

信用リスクおよび市場リスク以外にも，いくつかのリスクがある。その一つが，流動性リスク（Liquidity Risk）である。銀行は，資産変換機能を果たしており，通常は資金の運用（貸出）が調達の期間よりも長い。そのため，資金の決済ができない，ないしは不利な条件での調達を余儀なくされるリスクがある。流動性リスクには，市場の混乱等から通常よりも著しく不利な条件での調達となるリスク（市場流動性リスク）と，経営の悪化等から資金調達が困難となり資金決済ができない，ないしは通常よりも不利な条件での調達を余儀なくされるリスク（資金繰りリスク・資金調達リスク）がある。銀行の場合，預金はいつでも引き出される可能性がある一方，貸し出した資金は期限まで回収できない。そのため，経営状態が悪化すると預金の払戻が集中する可能性が大きくなる一方，それに見合った資金を得るには，通常と比べて割高な金利で資金を調達せざるをえなくなることが発生する。たとえば，1997～98 年に大手銀行の経営破綻が相次いだ時期には，不良債権が多いとみなされる銀行は短期金融市場で資金調達が難しくなり，調達時に相当の金利上乗せ（リスク・プレミアム）を余儀なくされた。

オペレーショナル・リスク

銀行は多くの業務を行っており，その過程で内部管理やコンピュータ・システムの欠陥あるいは天災等を含む不慮の事故等から，予想外の損失が発生する可能性を抱えている。これが，オペレーショナル・リスク（オペリスク（Operational Risk））であり，その所在は図表 23.2 に示される。BIS（国際決済銀行）は，「内部プロセス・人・システムが不適切もしくは機能しないこと，または外生的事象から生ずる損失にかかるリスク」と定義している。こうしたリスクは，信用リスクと並んで本来的な業務に付随するリスクである。

その代表は，従来から指摘されてきた事務リスクで，事務処理エラー，内部

図表 23.2 オペリスクの所在

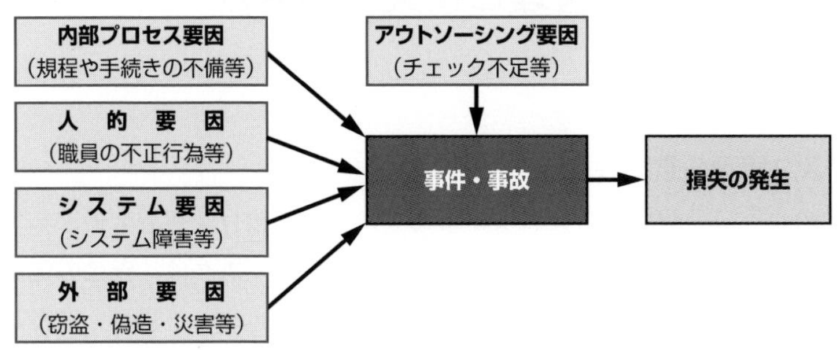

管理不備による不正行為発生の見過ごし等があげられる。わが国では，内部者の不正行為による損失の表面化によって1990年代初には関西の信用金庫の経営が破綻する事件も生じている。これに関連して，近年増加した事務処理のアウトソーシングに伴うリスクもあり，守秘義務の徹底やデータ・アクセスを制限する等の対応も行われている。

コンピュータ・システムを利用した事務処理が一般化しているだけに，システムに絡むリスクも大きくなっている（システム・リスク（System Risk））。大手銀行の再編時にシステムの統合がうまくいかず取引障害が出たことや，東日本大震災の義援金処理のように大量の取引が集中することで障害が発生したことが代表的事例である。また，ネット取引が増大するなか，成りすましや個人情報の流出も問題となっており，セキュリティ強化が求められている。バーゼル規制では，オペリスクについても計量的に測定し，リスクに見合った自己資本を保有することを求めている。

このほか，法的リスク（Legal Risk）がある。契約が法的に完備されておらず法的解釈を巡り問題が生じる等，取引の法律関係の不十分性に起因するリスクである。これには，たとえばリスクの大きい証券を説明不足のままに販売した結果，訴訟となり，賠償支払に追い込まれるケースも含まれる。また評判リスク（Reputation Risk）は，役職員の起こした行動が対外的にネガティブな印象を与え，その銀行の「のれん」に傷が付くリスクである。これは業務上のどの部分においても発生する可能性があり，その展開次第では，当初の予想よりもはるかに大きな影響を及ぼす可能性がある（たとえば預金の取付等）。

● 23.3　リスク管理と損失への対処

リスク管理の重要性

前記のように，信用リスクおよび市場リスクは，銀行が利益を追求していく過程で直面せざるをえないものである。これ以外のリスクは，資金の運用・調達行動に付随して生じてくる。これらのリスクを抑えつつ，収益を獲得していくことが大きな課題である。

リスク管理のポイントは，銀行が一貫した手法でリスクを把握・分析し，コントロールするところにある。そのためには，異なるリスク間の比較を可能とするリスク測定手法やリスク分析を，業績評価や資本配分の決定に直結させる必要がある。近年は，金融活動の多様化に伴ってリスクも多岐にわたり，かつ複雑化している。銀行は，個々のニーズや外部環境に応じて，こうしたリスクに対処する独自のリスク管理体制の構築が求められる。

リスク管理に際しては，以下の手順が重要となる。第1は，存在するリスクを認識することである。取引（フロー）とストックの両面について，生じうるリスクをすべて網羅する必要がある。第2は，リスクの把握・評価である。リスクが顕現化した場合の影響度とその確率について，計量的に把握し重要度等を判定する。第3は，リスクの許容限度の設定である。銀行は，運営方針や管理基準，責任・権限を明確化した手続きを通じてリスク・テイクの限度を設定し，それを周知させていく。第4は，リスク・テイクに関するモニタリングである。銀行は，リスク・テイクの度合い（リスク・ポジション），あるいは許容限度からの逸脱状況を適切に把握することが重要となる。第5は，こうした処理が的確に行われていくための内部的なチェックである。

顕現化した損失への対処

銀行は様々なリスクに直面しているが，それらがコントロール可能な範囲内にある限り，大きな問題は生じない。たとえば貸出について，銀行は専門的な知識，経験に基づく審査・モニタリングを行うことで，回収不能となる事態をかなりの程度避けることができる。しかし，それをゼロにはできない。したがって，重要となるのは，そうしたリスクが顕現化した場合，どのように処理・対応していくかにある。

リスクの顕現化に伴って発生した損失への対処は，基本的にその規模と利益や内部留保等の大きさとの兼ね合いで決定され，それは当局の方針を含む経営環境や体力に応じて調整され，変化していく（図表 23.3）。一般的には，発生する損失額は予想される範囲内に収まることが多く（予想される損失［Expected Loss］），このときはフローとしての利益や，あらかじめリスクを見込んで積まれていた貸倒引当金の取崩し等によって対処する。しかし，確率的に小さいとはいえ，時には損失額が予想外の規模に達する場合もある。そのときは引当金等では対処できず，自己資本によってカバーする。これは，予想外の損失（Unexpected Loss）の発生である。さらに，確率的にきわめて小さいとはいえ，例外的に大きな規模の損失が発生する場合には，こうした自己資本でも対処できず，当該銀行は債務超過に転落し，経営が破綻することもありうる（例外的な損失［Exceptional Loss］ないし倒産リスク）。銀行は，発生しうる最大額の損失を貸倒引当金や自己資本の範囲内に抑える必要がある。リスクが顕現化したときの打撃の度合いを測定する方法として VaR（バリュー・アット・リスク［24.5 を参照］）があるが，こうした計量的手法に依存しすぎることには危険もある。

図表 23.3 損失の確率と対応

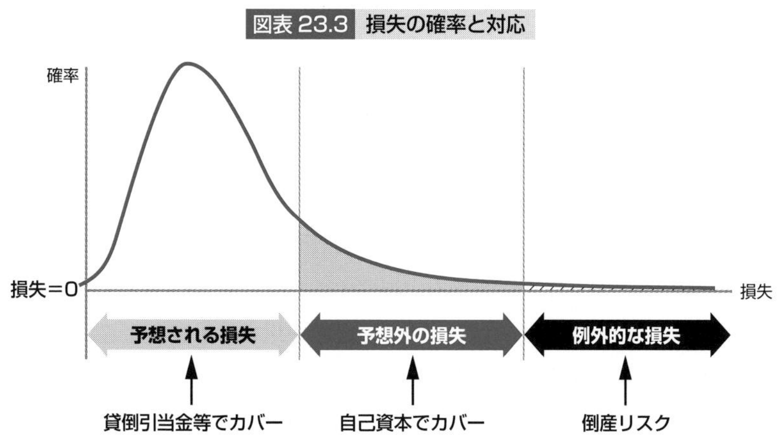

● 23.4　統合リスク管理

≫ 統合リスク管理の概念

Ⅳ

それでは，金融リスクが顕現化する前の段階で，銀行はリスクをどのように管理していくべきかについて考えてみよう。銀行が直面しているリスクの大きさを統一的に把握（計量化）し，それが全体として自己資本等の経営体力の範囲内（健全性の確保）に収まるように管理していく手法を，統合リスク管理とよぶ。これには，リスクを勘案した収益性・効率性の向上といった視点も含まれる。

こうした方式が必要となるのは，リスクの分布ないし発生パターンが業務により異なるため，複数のリスクが同時に顕現化する事態に備えるためである。たとえば市場リスクは，金利や資産価格の変動が上昇・下落の両方向へ同程度の確率で動く可能性が大きいため，利益と損失の発生する可能性が概ね対称的であるとみられるのに対し，信用リスクにはそもそも利益が増える要因がない（利子等の部分を除く）。反面，損失の発生確率は，ある程度の損失額について大きくなった後は急速に小さくなるが，その後も尾を引く「裾野の長い」非対称的な分布となる（この点はオペリスクも同様の形状と考えられる）。

こうしたパターンの異なるリスクを全体として管理するには，各種リスクの発生する可能性を一定の計算方式に基づいて見極める必要がある。そして，自己資本を各業務のリスクに応じて割り振り，通常の業務内で回収可能な範囲を上回る予想外の損失が発生しても，その取崩しで対処できるようにするといった統合リスク管理が必要となるのである。

≫ 統合リスク管理の手順

統合リスク管理は，概ね以下のように行われる。①様々なリスクを統合的に管理する部署がリスク管理を横断的に調整する。②各業務部署のリスクのうち，可能なものは24.5のVaRのような共通の尺度を用いて計量化する。③リスクに見合う資本（リスク資本）を各業務部署に配分する。④各業務部署は，配賦されたリスク資本の範囲内で各々のリスク許容限度額等を定める。⑤得られた収益については，リスク資本との関係から各部署のパフォーマンスとして評価する。⑥こうして得られたリスク調整後の収益指標等をもとに，経営資源配分や業務戦略，リスク管理体制の見直しを行うというものである。図表 23.4 は，この②～⑤の部分を図示したものである。

この場合，リスクに見合う資本の配分（③）が一つのポイントとなる。銀行は，自己資本比率規制において必要とされる規制資本（Regulatory Capital）の範囲内に，リスク・テイクの結果として潜在的に必要とされる資本が収まるよう，各部門の活動を制御していく。そのために，内部管理用に部門ごとに仮想的に資本を配分する。

このような方式によって，リスクを統合的に管理した業務運営が可能となる。そしてこれは，経営全体としての安定性・健全性を確保するとともに，限られた資本を有効に活用していく枠組みでもあり，個別の銀行だけでなく，持株会社化を受けて金融グループ全体を対象としても行われている。わが国で大手行等で適用されている自己資本比率に関する国際統一基準（BIS 規制［第 25 章を参照]）では，こうした統合リスク管理が前提とされている。

こうした VaR 等を用いたリスク管理の方式は，金融工学的手法に依存する部分が大きい。パッケージ化されたリスク管理モデルを用いて対応すると，判断の前提となるリスク量の把握やコントロールが，銀行部門全体としても同質化する可能性が高まることに留意すべきである。また，定期的なデータの更新等も必要である。

図表 23.4 統合リスク管理の枠組み

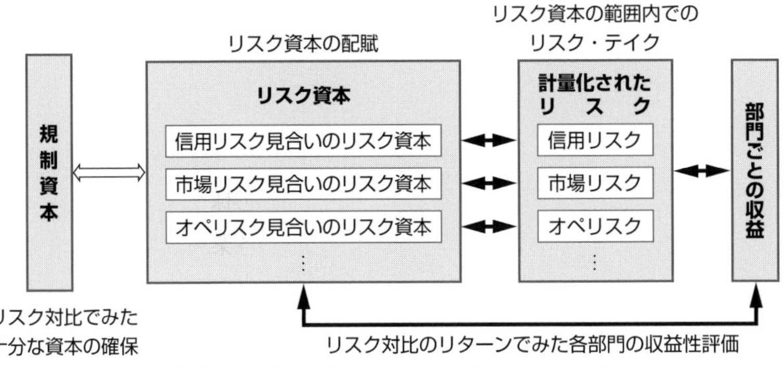

（注） 日本銀行金融機構局「統合リスク管理の高度化」2005 年 7 月による。

IV

● 重要用語チェック

23.1	□ リスク	□ 信用リスク
	□ 債務不履行リスク	□ 市場リスク
23.2	□ 流動性リスク	
	□ オペレーショナル・リスク（オペリスク）	
	□ システム・リスク	□ 法的リスク
	□ 評判リスク	
23.3	□ リスク管理	□ 予想される損失
	□ 予想外の損失	□ 例外的な損失
23.4	□ 統合リスク管理	□ リスク資本
	□ 資本の配分	□ 規制資本

第24章 信用リスクと市場リスクの管理

POINT――本章で学ぶことがら

1 信用リスクは貸出等において元利金の返済が受けられなくなるリスクで，それを抑えるには，貸出の分散，審査・管理による倒産確率の引下げ，担保・保証による回収率の引上げが重要となる。倒産確率の引下げには信用格付の利用が有効である。

2 信用リスクをゼロとすることは難しい。銀行は自己査定によって全債務者を5ランクに区分，さらに個々の債権を4段階に分類し不良債権を把握する。そして回収が困難となった債権について，償却ないし個別貸倒引当金を計上する。

3 市場リスクは，金利や価格等の変動により損失を被るリスクである。銀行は，自己の体力との関係を考慮しつつ，金利リスクに対する運用・調達期間のミスマッチの管理，価格変動に対するリスク許容限度の厳守，損切りルールの設定等で対応している。

4 金融リスクの管理には，リスクが顕現化した場合の影響を過去のデータをもとに示すVaRの手法が用いられるほか，極端なケースを想定したストレス・テストも使用されている。

● 24.1　信用リスクと外部格付

信用リスクの所在

Ⅳ

信用リスクは，貸出等において取引相手から元利金の返済を受けられなくなる不確実性で，銀行が直面する最も代表的なリスクである。それは，①エクスポージャー（経営破綻つまりデフォルトが生じた場合の与信額 EAD），②債務不履行に陥る可能性（倒産確率 PD），③担保の処分等によって回収できる程度（回収率 R）の 3 つの要因によって決定される。すなわち，貸出先が支払不能に陥った場合に予想される損失額（EL，利子相当分を除く）は，

$$EL = EAD \times PD \times (1.0 - R)$$

で示される。$(1.0-R)$ は，担保の処分等によっても回収できない割合（Loss Given Default［LGD］）を表す。

予想される損失額 EL を小さくするには，与信額 EAD や倒産確率 PD を小さくし，回収率 R を大きくすればよい。すなわち，①貸出の分散化を図る，ないし個別の与信額 EAD を引き下げる，②返済能力や経営内容等について事前に十分な審査を行い，貸出後も情報を収集しモニターを続けて貸出先が倒産する可能性 PD を引き下げる，③担保や第三者の保証を要求し倒産した場合の債権保全額 R を高める，といった対応である。

銀行は，倒産確率 PD をゼロとすることは難しいが，過去の倒産データの分析・活用やモニタリングによってそれを小さくすることは可能である。銀行は，長年の経験からノウハウを蓄積している。その有力な手がかりは，経営内容等をもとにした企業の信用ランクの決定すなわち信用格付である。以下，この点についてみていこう。

外部の信用格付

銀行が個々の貸出先に関する信用リスクの判断・フォロー，すなわち審査・監視を行うに際して，債務者の信用格付が有力な指標となる。格付は，貸出や債券等の元本・利息が当初の約定通りに支払われるかといった安全度を等級に

分けて表したものであり，倒産の可能性，すなわち倒産確率（デフォルト率）と密接に結び付いている。これには，外部の代表的な調査機関が，主として上場企業等について作成する外部格付と，個々の銀行が行う内部格付がある（後者は**24.2**で取りあげる）。

外部格付は，わが国の格付投資情報センター（R&I）や，米国のスタンダード・アンド・プアーズ（S&P）社，ムーディーズ（Moody's）社の格付が代表的である。そこでは，長期債務について最上級の企業がAAA（またはAaa）で示され，AA（Aa），A，BBB（Baa），BB（Ba），B，CCC（Caa），CC（Ca），Cと，段階的に信用度（安全度）が下がってくる。通常，BBB（Baa）以上が投資適格とされる。非上場企業等も，国内の信用調査会社（たとえば帝国データバンクや東京商工リサーチ）が，信用度のランク付けをしている。これらは銀行の貸出決定のほか，社債の発行・売買に際して投資家の意思決定の指標ともなっている。

ここで，スタンダード・アンド・プアーズ社の調査による世界の代表的な企業に関する最近37年間の格付の変化（遷移率）およびデフォルト率（図表24.1）をみておこう。各格付層において，同一の格付を維持する割合が最も高い。もっとも，当初の格付が低いほど，その割合が低くなり，ランクダウンする割合が大きくなるほか，デフォルト率も急速に上昇する。また，全般的に，ランクアップする割合は大きくはない。こうした格付の遷移ないしデフォルト率の特徴は，ほかの調査機関の格付にも共通して窺われる傾向である。

図表24.1　日本の発行体の1年間の平均格付遷移率（事業会社と金融，1981-2018年，%）

1月1日時点の格付けカテゴリー	12月31日時点の格付けカテゴリー								
	AAA	AA	A	BBB	BB	B	CCC/C	D	NR
AAA	86.11	12.34	0.28	0.00	0.00	0.00	0.00	0.00	1.27
AA	0.34	88.14	7.71	0.01	0.00	0.10	0.00	0.00	3.70
A	0.00	0.78	90.59	2.85	0.07	0.02	0.00	0.00	5.69
BBB	0.00	0.00	8.30	75.75	2.22	0.19	0.03	0.14	13.36
BB	0.00	0.00	0.00	11.58	65.83	2.27	0.32	0.62	19.38
B	0.00	0.00	0.00	0.00	16.21	53.50	3.81	7.20	19.28
CCC/C	0.00	0.00	0.00	0.00	6.01	22.95	17.49	20.77	32.79

（注）S&Pグローバル・フィクスド・インカム・リサーチ調べによる。D：デフォルト，NR：格付なしを示す。

● 24.2　信用リスクの管理

≫ 内部格付

Ⅳ

前記のように信用リスクは，①与信額 EAD，②倒産確率 PD，および③倒産後の回収可能性 R に依存する。そして，倒産確率を小さくするには信用度のチェックが重要となり，それは信用格付で示される。**24.1** でみた外部格付は大企業を対象としており，有価証券の取引等にも参考とされている。通常，銀行はこうした外部格付も参考としつつ，中小企業等を含めて独自に格付を行っている。これが内部格付であり，たとえば与信限度枠の設定や，上位の格付企業に関する審査プロセスの簡略化・審査コストの軽減化に利用されるほか，貸出実行後の格付に応じたモニタリング頻度の決定等にも活用される。倒産確率は各格付ごとに算出され，格付別に分類した債権の信用コストの推計や，それに応じた資本（リスク資本）の配分に際しても活用される。また内部格付は，信用リスクを加味した貸出基準金利を設定（リスク・プレミアムないし信用スプレッドの上乗せ）する際の基準ともなっている。

内部格付は，債務者の財務指標等を利用した定量的な評価と，定性要因（経営者の資質や親会社の支援状況等）による評価を組合せ，外部情報（外部機関の格付や株価）等を勘案して決定される。その際，一般には図表 24.2 に示されるような指標が参考とされる。すなわち，資産規模，自己資本や収益性・成長性に関する定量的な指標のほか，業種の特性や経営者の能力等も対象として

図表 24.2　債務者格付の決定要因

財務指標	規　　模	自己資本額，純資産額 等
	安 全 性	自己資本比率，流動比率，経常収支比率，有利子負債償還年数，インタレスト・カバレッジ・レシオ 等
	収 益 性	総資本経常利益率，売上高営業利益率 等
	成 長 性	増収率，増益率 等
定性要因	業種の特性	成長性，市況変動の大きさ，参入障壁 等
	企業の特性	営業基盤，技術力，創業赤字，業績悪化（好転）の一時性，資金繰りの状況，親会社の支援 等

（注）日本銀行金融機構局金融高度化センター「内部格付制度と信用リスク計量化」（2011年）による。

取りあげ，定量要因から得られる評点に加減算する方法がとられている。

与信額の分散と担保・保証

こうした審査・監視に加えて，銀行は与信額についても特定の業種（たとえば不動産や建設等）あるいは企業への融資集中を避けている。すなわち，通常の融資以外の，たとえば政策投資やトレーディング勘定等を含めて取引先ごとに与信限度額を設定し（集中の回避），チェックを行っている。もっとも，こうした対応によっても信用リスクの顕現化を完全に防ぐことは難しい。銀行は，倒産等の発生に備えて，債権保全策（回収率 R の引上げ手段）を講じている。それが担保・保証およびコベナンツ（Covenants）である。

担保は，回収不能の事態回避のために債務者に提供を求める事物である。わが国で最も代表的な例は不動産であり，預金や有価証券，あるいは売掛債権や知的財産等の場合もある。担保は，対象物件等の価値や流動性の把握がポイントとなり，一般的な形式でもある根抵当権（不特定の債権を一定額の範囲内で担保する方式）については，担保余力の把握が重要となる。また，価格変動の大きい有価証券担保の場合，通常はかなり低い掛目（時価総額のうち担保価額として認定する割合）が適用されている。

一方，保証は，借入企業が返済不能となった際に別の経済主体がかわりに支払うことの約束である。この場合，保証意思の確認や資産・収入・業況等の把握が重要となる。信用保証協会保証（**20.5** を参照）やクレジット・デフォルト・スワップ（**14.4** を参照）も，保証の一種である。コベナンツは，貸出に際して債権保全の観点から，債権者にとって望ましくない行為を制限ないし禁止する特約（財務制限条項等）で，銀行側はその遵守を要求する。

ただし，銀行は基本的には貸出先の財務内容や回収可能性をもとに貸出を決めるので，担保等の有無は貸出の十分条件ではない。現実に担保を処分するには，時間等を要する。担保・保証は，最終的な元本回収が懸念される場合の債権保全手段として要求されるが，むしろ債務者のモラル・ハザードの防止につながる側面を持つ。債務不履行に陥ると，担保物件等は処分されるだけに，債務者はそのような事態を回避すべく債務弁済に努力し，結果的に信用リスク顕現化の回避につながると考えられる。

● 24.3　不良債権の処理

》不良債権の把握

銀行は信用リスクをゼロとすることは難しく，回収の可能性に問題がある債権，すなわち不良債権が発生する。不良債権は，相手先の倒産や財務内容の悪化等によって信用供与額が減価し，損失を被る可能性のある債権，換言すれば信用リスクが顕現化した債権（金融資産）である。それは，回収可能性の程度によって，いくつかの段階に分けられ，不良化の度合いが深刻な債権については，経営の健全性維持の観点からそれを処分する必要がある。

その準備作業として銀行は，保有するすべての債権ないし金融資産について，債権の請求相手である債務者を返済能力に応じて等級付け（区分）し，各等級における各々の債権を回収可能性に応じて分ける。これが自己査定である。

まず，債務者の区分について，その対象は貸出金のほか，有価証券，仮払金，未収利息等を含むすべての債権である。この債務者区分は5段階で行われる。①破綻先（破産・清算や銀行取引停止処分等，経営破綻に陥っている債務者），②実質破綻先（深刻な経営難の状態にあり再建の見通しが立たない状況にある債務者），③破綻懸念先（事業は継続中ながら経営破綻に陥る可能性大とみられる債務者），④要注意先（金利減免・返済猶予や延滞が発生している債務者［要管理先］，あるいは財務内容に問題を抱えている債務者），および，⑤正常先（業況が良好で財務内容にも特段の問題がない債務者）である。なお，要注意先のなかで相対的に問題が大きい与信先が要管理先である。

次に銀行は，各債務者区分の対象となった個々の債権を，回収可能性の度合い（担保・保証等を勘案した後）に応じて4つの段階に区分する。この区分が債権の分類である。第Ⅳ分類は回収不能債権，第Ⅲ分類は回収に重大な懸念のある債権，第Ⅱ分類が回収に注意を要する債権，そして第Ⅰ分類が正常債権である。不良債権は，破綻先・実質破綻先・破綻懸念先の第Ⅱ～Ⅳ分類債権および要管理先の第Ⅱ分類債権を指し（図表24.3のシャドー部分），それが対象資産全体に占める割合が不良債権比率である。注意すべきは，破綻先であっても，すべての債権が回収不能となるわけではないことである。優良担保等が付いている債権は第Ⅰ分類となる等，第Ⅰ～Ⅳ分類まで分かれる可能性がある。不良債権には，このほか金融再生法あるいは銀行法に基づく定義もある。

不良債権の償却・引当

銀行は，破綻先および実質破綻先に対する債権のうち，自己査定で第Ⅳ分類および第Ⅲ分類となった額について，その全額を償却（債権の残高より減額）ないし個別貸倒引当金として計上する。破綻懸念先に対する債権のうち第Ⅲ分類となった額については，予想損失率を乗じた額を個別貸倒引当金として計上する。要注意先・正常先に対する債権については，今後の一定期間における予想損失額をそれぞれ見積もり，一般貸倒引当金として計上する。こうした償却ないし貸倒引当金の計上は，利益の直接的な減少要因となる。

いずれの債務者区分における債権についても，預貯金や国債など信用度の高い有価証券に代表される優良担保，あるいは信用保証協会等の公的信用保証機関や銀行など保証履行の確実性の高い優良保証の付いている債権は，第Ⅰ分類（正常債権）として扱われる。一方，不動産など客観的な処分可能性のある一般担保，ないし一般事業会社の保証等の付いた貸出については，保全された部分が第Ⅱ分類として扱われる。こうした債権の分類と，それに応じて必要とされる自己資本の配分は，信用リスク管理上の基本となっている。

図表 24.3　自己査定における債権分類基準

高い ⟵ 回収の可能性 ⟶ 低い

財務内容：不良（上）⟷ 健全（下）

担保などの分類／債務者区分	優良担保（預金・国債等の担保）優良保証（保証協会等の保証）	一般担保（不動産担保等）		担保なし
		処分可能見込額（評価額の70％相当分）	評価額と処分可能見込額の差額（評価額の30%相当分）	
破綻先	Ⅰ	Ⅱ	Ⅲ	Ⅳ
実質破綻先	Ⅰ	Ⅱ	Ⅲ	Ⅳ
破綻懸念先	Ⅰ	Ⅱ	Ⅲ	Ⅲ
要管理先	Ⅰ	Ⅱ	Ⅱ	Ⅱ
要注意先	Ⅰ	Ⅱ	Ⅱ	Ⅱ
正常先	Ⅰ	Ⅰ	Ⅰ	Ⅰ

（注）『金融庁の１年　平成22事務年度版』をもとに一部修正した（シャドー部分が不良債権である）。

● 24.4　市場リスクの所在

金利リスク

IV

市場リスクとは，証券等の金利や価格水準ないしボラティリティが変動して，銀行の財務状況に悪い影響を与えるリスクである。いいかえれば，市場リスクは，市場に関するリスク要因が変化することによって生じる，金融資産の価値が変動するリスクである。その代表は，金利リスクおよび価格変動リスク（為替リスクを含む）である。これは，主として有価証券や外国為替等の市場取引に関係した部門で発生するが，現在価値を基準とする財務管理体系のもとでは，預金・貸出についても考慮する必要性が強まっている。金利が変化すると債券等の価格も変化する（5.2 および 9.2 を参照）が，以下では金利変動による運用・調達利鞘の変化に伴う直接的な収益への影響を金利リスク，資産価値への影響を価格変動リスクとして分けて扱う。

金利リスクとは，運用・調達資金に関する金利改定の時期や方式が異なることを背景に利益が損なわれるリスクで，運用・調達の金利水準および期間対応のギャップ，すなわちミスマッチを主因として発生する。たとえば，期間の長い金利が高く短期金利が低い期間構造が続くと予想される場合（信用リスク面には変化がないと前提），期間 3 か月で資金を調達し，これを原資に期間 1 年で運用すると，運用金利が調達金利より高いことから利益をあげることができる。しかし，予想に反して短期金利が上昇すると損失を被る。

一般に銀行は，資金運用サイドの貸出や国債等の債券は長期間の固定金利であることが多い一方，調達サイドの預金の期間は短いことから，短期金利が上昇すると損失（ないし利益の減少）が発生する可能性が大きい。こうしたミスマッチ・ポジション（期間対応にギャップのある残高ないし持高）の拡大は，金利変動に伴って利鞘が拡大する可能性もあるが，逆に縮小あるいは逆鞘化する可能性もそれだけ大きくなり，金利リスクが増加することを意味する。

金利リスクを回避するには，たとえばミスマッチを解消して運用・調達の期間対応を一致させる，ないし固定金利から変動金利へ切り替えること等が考えられる。しかしこうした措置は，他方では銀行の基本的な役割の一つでもある流動性（満期）変換機能を放棄することとなり，収益機会の喪失にもつながるほか，債券等のほとんどは固定金利で発行されており，期間のマッチング自体も難しい。その意味では，体力等に見合ったミスマッチ・ポジションをとっていくことが必要となる。

価格変動リスク

次に，価格変動リスクとは，保有する有価証券等の価格が下落し，資産価値が減少するリスクである（キャピタル・ロスとして実現するケースを含む）。これは典型的には，機関投資家等が保有する株式に随伴するリスクであるが，銀行についても保有国債の増大ないし預証率（預金残高に対する証券残高の割合）の上昇から，市場価格変動の影響を直接的に受ける資産のウェイトが増えている。銀行は，自身が設定したリスク資本等に基づいた証券等の運用限度やポジション枠，あるいは運用勘定ごとの損失限度ないし損切りルール（一定額以上の損失が発生した場合は取引を終え損失増大を回避する）を設定している。また，現物・先渡・先物取引等に関する期日管理の徹底やキャピタル・ゲインを目指す短期売買の制限等も行われている。

一方，為替変動リスクは，外貨の価格すなわち外国為替相場の変動により円ベースでみた資産の減価・利益の減少等が発生するリスクで，価格変動リスクの一種である。外国為替取引は通常の資金貸借等とは異なることから（第15章を参照），リスク管理上は別に扱われている。このリスクの大きさは，外貨建資産・負債の差額（先物を含む）で示される為替ポジションが目安となる。各銀行は，自己資本等の体力を基準としつつ，海外支店を含めた全体としての為替ポジション限度を決めている。また，営業店ごとにも通貨別，日中・オーバーナイト別等の保有限度を定め，為替リスクの管理を行う先が多い。実際の営業活動においても，営業部門と記録等を担当するバックオフィスを完全に分離し，先物についての期日管理や日中のポジション・チェックを実施しているほか，損切りルールを一つの目安として設定するといった管理も行われている。グローバル化のなかで外貨建の資産や負債を持つケースが増えているため，このようなリスクへの対応も重要である。

● 24.5　リスクの把握方法*

VaR の概念

市場リスクに代表される金融リスクの管理に際して，先行きの判断力等を充実させるとともに，予想外の事態が発生した際にも，損失が各部門に配分されたリスク資本の範囲内に収まる体制を構築しておくことが重要となる。この場合，リスクが顕現化した場合の打撃の度合いを計量化する方法が，VaR（Value at Risk）である。VaR は，あるリスクを持つ資産について，一定期間中に一定の確率（信頼水準）の範囲内で発生しうる最大損失額を示すリスク指標である。この場合の信頼水準は，たとえば 1 週間の保有期間において想定した値よりも大きな損失が発生する可能性が 1%（すなわち 100 週間に 1 週）となるように設定する。図表 24.4 は，損益額の確率分布を示したものであり，リスクは損失方向（片側）のみで考えている。$0 \leqq \alpha \leqq 1.0$ とすると，斜線部で表される面積 α は，一定水準を越える損失が発生する確率が（$100 \times \alpha$）%であることを示す。VaR はその基準となる水準（損失額）を指す。

VaR は，確率計算に基づいて推計した損失額で評価される。したがって，この指標は商品の種類や取引あるいは市場が異なっても，それを適用することで，全体としてのリスク量を一つの指標に集約して把握することが可能となる。また，算出される損失額の統計的な信頼水準を示すことで客観性が出てくるほか，リスク量が金額で表示され，全体としての期待収益や自己資本額と比較することによってリスク量の妥当性を評価することが容易となる，といった利点がある。

図表 24.4　損益額の分布と VaR

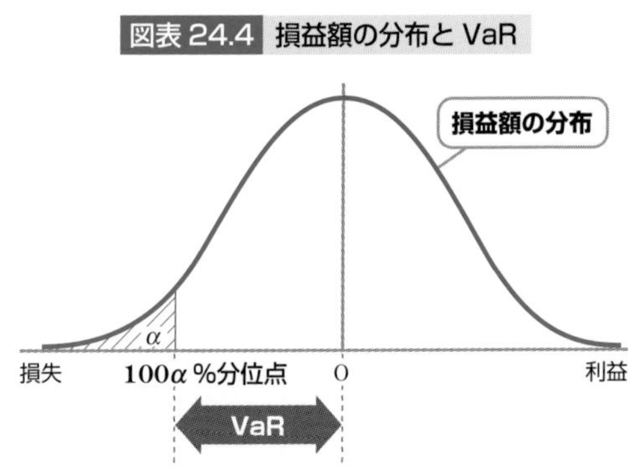

もっとも，VaR では最大損失想定額が過去のデータに基づいて算出されており，損

失発生のパターン等に変化（データ上の構造変化）が生じると，適正な予想損失の把握が困難となる可能性が大きい。また，稀に発生するような「想定外」の事態については考慮されていない。実際の損益の分布は，正規分布とは異なり裾野が厚くなっている可能性があり，信頼水準外のリスクの把握が難しい（テイル・リスク）。その意味では，VaRはリスク評価に関する一つの手がかり・基準としての位置付けに留め，リスクへの対応としてこれに依存しすぎることを避ける必要がある。

ストレス・テスト

こうしたVaRでは把握が難しいリスクを評価する手法として，ストレス・テストがある。これは，あらかじめ想定されない例外的な混乱が市場で生じた場合，ないし特定のシナリオ下で関係する諸変数が極端な値となった場合等を想定して，別途経営へのインパクトに関して行われるシミュレーションである。VaRが過去のデータをもとに確率を算出するのに対して，ストレス・テストはVaRでは把握が難しい信頼水準以下ないし例外的に発生する損失の程度をあらかじめ把握しておくといった，いわばフォワード・ルッキング的なリスク管理手法である。ストレス・テストは，①1つまたは複数の変動させるリスク・ファクターを決め，②その変動幅を設定し，③ポートフォリオの価値の変化を計算することを通じて，ポートフォリオのリスク特性や自己資本の十分性を確認する。これは，通常は想定外である極端な変動を対象としているだけに，VaRによるリスク管理を補完する機能を持つ。

ストレス・テストは，金融危機やテロの発生，景気の予想以上の下振れといった特定のイベントにより発生するリスクの評価に優れている。また，過去データが存在しない金融商品等に関連するリスクの計量化も可能であるなど，自社のポートフォリオのリスク特性を把握するために有効な手段となっている。その際の想定として，ヒストリカル・シナリオでは，ブラックマンデー（1987年）やアジア通貨危機（1997年），ロシア通貨危機（1998年）の際に生じた市場の変化が取りあげられている。また，仮想シナリオとしては，景気の上振れによって生じる金利の上昇，景気の下振れに伴う株価の下落や企業信用力の悪化等が扱われている。

● 重要用語チェック

24.1	□ 信用リスク	□ 与信額
	□ 倒産確率	□ 回収率
	□ 信用格付	□ 外部格付
	□ 格付の遷移	
24.2	□ 外部格付	□ 内部格付
	□ 定性要因	□ 定量要因
	□ 担保	□ 保証
	□ コベナンツ	
24.3	□ 不良債権	□ 自己査定
	□ 債務者区分	□ 破綻先
	□ 実質破綻先	□ 破綻懸念先
	□ 要注意先	□ 要管理先
	□ 正常先	□ 債権の分類
	□ 第Ⅳ分類	□ 第Ⅲ分類
	□ 第Ⅱ分類	□ 第Ⅰ分類
	□ 償却	□ 個別貸倒引当金
	□ 一般貸倒引当金	□ 優良担保
	□ 優良保証	
24.4	□ 市場リスク	□ 金利リスク
	□ ミスマッチ・ポジション	□ 価格変動リスク
	□ 損切りルール	□ 為替変動リスク
24.5	□ VaR（Value at Risk）	□ テイル・リスク
	□ ストレス・テスト	

■Column　二重債務問題

2011年3月に発生した東日本大震災からの回復過程で，金融面では二重債務問題が生じた。二重債務問題は，以前の債務（既存債務）が残っていることから，再建等のための新たな借入ができない，あるいは新たに借り入れたため返済負担が極端に重くなる事態をいう。1995年に起きた阪神・淡路大震災の被災者のなかには，長期間二重債務の負担が重い状態が続いている，あるいは重すぎて自己破産する例もある。

こうした問題に対して，既存債務の整理・新債務の負担軽減のための対応策が打ち出されている。特に，新規融資の実現のためには銀行が破産等の法的手続きによってではなく，私的な整理による債務減免等によって債務者の自助努力を支援する必要があり，そのために個人向け私的整理ガイドラインが制定されている。ただ借り手保護が行きすぎると，モラル・ハザードにつながる可能性が強まるほか，銀行の負担がそれだけ増すことにも注意が必要である。

第25章
プルーデンス政策

POINT――本章で学ぶことがら

1 銀行の決済機能は円滑な経済活動を営むに際しての基礎となっており，公共性を持つ。銀行の破綻は実体経済へ負の影響をもたらすため，銀行が健全な活動を行うように規制が必要となる。これがプルーデンス政策であり，事前的措置と事後的措置に分かれる。

2 事前的措置は，バランス・シート規制が主流であり，大口信用供与規制，自己資本比率規制がある。そして，早期是正措置や早期警戒制度によって銀行の健全性の低下を予防するほか，日頃から検査・考査等を通じて銀行経営を監視している。

3 銀行に予想外の損失が発生した場合の拠り所である自己資本を，資産に対して一定以上の割合で保有させる自己資本比率規制は，国際的にもバーゼル規制として適用されている。この規制は，近年の金融危機を踏まえて強化されてきている。

4 銀行が経営破綻をきたした場合，その広がりを防ぐ事後的措置として，預金保険や公的資金の投入（公的資金援助），中央銀行による最後の貸し手機能の仕組みがある。

5 近年は，個別の金融機関の健全性確保を主とするミクロ・プルーデンスに加えて，金融システム全体のリスクを管理するマクロ・プルーデンスの重要性も高まってきている。

● 25.1　プルーデンス政策の意義

》銀行活動の公共性

銀行（信金・信組等を含む預金取扱金融機関）は，第23章でみたような様々なリスクを抱えながら，金融活動を営んでいる。それでは，銀行は，経済主体のなかで特別に重視されるべき存在であるのか。現行の銀行法第1条では，「銀行の業務の公共性にかんがみ，……」と明記している。この公共性は何を指すのであろうか。第Ⅰ部でみたように銀行は，①金融仲介機能を果たし，また，②預金サービスを提供し，それを通じて資金の決済機能を担っている。このほか次の第Ⅴ部でみるように，③金融政策の効果波及経路の主要部分に位置しており，政策との関連が深い。これらはいずれも公共的な側面を持つ。もっとも，このうち①は程度の差はあれ，銀行に限らず，たとえば投資信託委託会社や保険会社等の非預金取扱金融機関も投資信託や保険等を扱っており，金融仲介機関として共通する機能を持つ。また，③も現状では銀行のウェイトが高いが，証券化の進行で市場金利の変化の影響が強まると，投資信託を扱う機関等が大きな地位を占めてくることも考えられる。

銀行がほかの金融機関と決定的に異なる点は②にある。近年はキャッシュレス決済等が増えているが，預金取扱金融機関の提供する資金決済サービスのウェイトは大きく，経済活動を円滑に営む際の前提でもある。そして，これは他の金融仲介機関が提供するサービスと比べ公共財的な側面をより強く有しており，公的当局（銀行監督当局および中央銀行）が各種の措置を通じて関与していくに値すると判断される。それに伴うコストは，究極的には国民の負担となる。民間の保険業者が，保険料率算定の観点から保険契約者の事故等のリスク管理能力に関心を持つのと同様，公的当局はコスト発生の原因となる銀行のリスク管理状況に関心を持つべき直接の当事者である。

また，銀行の経営破綻は負の「外部効果」を持ち，金融システム全体に混乱・動揺が広まり（システミック・リスク），金融市場における危機発生の引き金ともなる。それらに起因する決済システムの崩壊は，経済に深刻な打撃をもたらす可能性がある。それだけに，銀行のリスクについては公的当局が特別な注意を払うことが必要となる。

このように，決済システムおよびそれを中核とする金融システムが安定的かつ円滑に機能する状態を保つことを，信用秩序の維持とよぶ。そのためにも，銀行預金に対する信頼ないし信認を確保していくことが重要となる。ここに，銀行業に関して公的な介入ないし規制が必要となる理由がある。なお，銀行業以外についても，公的な観点から規制が課されており，たとえば証券取引を媒介する証券会社や証券市場への参加者等については，インサイダー情報に関する規制や情報開示義務等が課されている。

プルーデンス政策

金融取引が自由化された状況下で，銀行が預金者等の信認を確保し続けるには，銀行の情報公開を前提とした正常な市場機能の作用および自己責任原則のもとで，経営内容の健全化を図っていくことが前提である。もっとも，市場機能に委ねるだけでこうした信認が確保できるわけではなく，前記のように特定銀行の問題が金融システム全体に波及していくおそれもある。その意味では，公的当局による銀行行動への介入・規制には合理性がある。それは具体的には，①金融システムにおける負の影響の連鎖の回避や，②銀行による過度のリスク・テイクの結果として公的当局の介入・コストが増加し，それが国民の経済負担に跳ね返ることを防ぐこと，③情報入手力が弱い経済主体（預金者等）にかわるモニタリング等で銀行の行動，健全性をコントロールすること等である。これらを総称して，プルーデンス政策という。

プルーデンス政策は，事前的措置と事後的措置に分かれる。前者は銀行相互間の競争促進，リスク管理強化，市場を通じたチェックの強化，金融取引に関するインフラストラクチャーの整備等により経営の健全性確保を図り，銀行の破綻を未然に防止しようとする施策である。一方，後者は，個別銀行で経営破綻等が生じた場合，それを契機として金融システムが正常に機能しなくなる事態を防止する施策である。金融のグローバル化が進展するなか，プルーデンス政策も国際的に統一されてきており，**25.3** の自己資本比率に関する国際統一基準は，その代表例である。

● 25.2 事前的対応

》公的当局の規制措置

Ⅳ

公的当局による事前的措置は，通常は公的規制とされているものに相当し，それは銀行の組織形態や業務内容の基本を定める法律が前提となっている。近年は，バランス・シート規制が主流である。これは，バランス・シート上の特定の項目間の関係に一定の制約を課すことによって，銀行が過度にリスク・テイクすることを防ぐものである。同時に，その枠内では経営上の裁量を認める方法でもある。現在のわが国では銀行の健全性維持を目的とする，貸出に関する大口信用供与規制と，自己資本比率規制がある。

大口信用供与規制（大口融資規制と略称されることも多い）は，貸出額を，企業や企業グループの区分に応じて，銀行の自己資本等の一定範囲内に抑えるものである（たとえば単独の企業については25%）。これは，特定の企業や企業グループへの信用供与集中を抑制し，銀行資産のリスク分散を図ることを目指し，同時に銀行信用の広く適正な配分を促す。

もう一つは自己資本比率規制で，銀行や銀行グループ，銀行持株会社に対し，その保有する資産等に応じて自己資本の充実を求める措置である。自己資本は，損失発生への備えとして銀行経営の安定化を支える最後の拠り所であり，資産の一定割合の保有を義務付けるものである（**25.3**で詳述する）。現状では，海外に営業拠点（支店等）を有する銀行，すなわち国際統一基準適用行は8%以上，海外に営業拠点を有しない銀行（国内基準適用行）は4%以上の保有を義務付けている。この規制では，帳簿上の自己資本のほか，補完的な項目として有価証券の含み益や劣後債務等も一定限度まで加えることが認められている。

》公的当局による監視・指導

公的当局は，こうした規制の遵守によって銀行経営の健全性維持を後押しすべく，経営への介入・指導を発動する基準をあらかじめ決めている。その代表が，自己資本比率の水準の変化と絡めて発動される早期是正措置である。これは，自己資本比率の水準が基準値（8%および4%）を下回ると，その度合いに応じて公的当局（この場合は金融庁）が業務改善計画の提出や業務の制限などを通じて是正を指導し，破綻防止に向けて早期に対応する制度である（図表25.1）。

早期是正措置の対象とならない銀行についても，基本的な収益指標や大口与信の集中状況，有価証券の価格変動の影響度合い等から対応が必要とみられる場合は，早期警戒制度に基づいて改善指導が行われる。なお，自己資本比率の低い銀行に対して，経営基盤強化のため公的資金の投入（優先株式・劣後ローン等の形式による資本注入）も行われている。預金保険法102条を利用した注入（たとえば，りそな銀行），「金融機能の強化のための特別措置に関する法律（金融機能強化法）」による地域金融機関への注入等があり，東日本大震災の被害の大きい地域金融機関も注入を受けている。

経営の健全性維持の視点からこれらの対応を可能とすべく，公的当局は銀行の経営を常日頃から監視している。わが国では，金融庁（財務局を含む。銀行・信金・信組，生損保・証券関係等），農林水産省（信用農業協同組合連合会・信用漁業協同組合連合会），都道府県（農協・漁協），厚生労働省（労働金庫）等が検査を実施している。このほか，日本銀行は信用秩序の維持の観点から取引先金融機関（銀行および信金等）に考査を実施している。これには，銀行に直接出向いてチェックする方法（オンサイト・モニタリング）と，徴求した書類等をもとに把握する方法（オフサイト・モニタリング）がある。

図表25.1 早期是正措置の概要

区分	自己資本比率（%）		措置の概要
	国際統一基準	国内基準	
1	8未満	4未満	原則として資本の増強に係る措置を含む経営改善計画の提出及びその実行。
2	4未満	2未満	資本増強計画の提出及び実行，総資産の圧縮又は増加抑制，営業所における業務の縮小等。
2の2	2未満	1未満	自己資本の充実，大幅な業務の縮小，合併又は銀行業の廃止等の措置のいずれかを選択・実施。
3	0未満	0未満	業務の一部又は全部の停止命令。但し，以下の場合には第二区分の二以上の措置を講ずることができる。 ①金融機関の含み益を加えた純資産価値が正の値である場合。 ②含み益を加えた純資産価値が正の値と見込まれる場合。

（注） 金融庁編『金融庁の1年（平成22年度版）』の記載項目を一部省略して示した。

● 25.3　自己資本比率規制

》自己資本の概念

Ⅳ

銀行の自己資本は，貸倒等に伴う予想外の損失発生への備えであり，安定的な銀行経営の拠り所でもある。自己資本比率規制は，資産の一定割合以上の自己資本を保有させることを目指したものである。この規制は，1988年にBIS（国際決済銀行）のバーゼル銀行監督委員会によって，国際的な金融活動を営む銀行を対象に提唱・合意された（26.3を参照）。これが自己資本比率に関する国際統一基準で，いわゆるバーゼル規制と称され，前記のように海外でも業務を営む銀行は8%以上が求められている。なお，国内でのみ活動する銀行は，4%以上と定められている。

分子に当たる自己資本に含まれる項目は，時代とともに変化している。2020年末時点では，基本的項目（普通株式，優先株式，内部留保等，Tier Ⅰ）と，補完的項目（一般貸倒引当金，保有有価証券の含み益や土地の再評価益の45%相当額，期限付劣後債務，期限付優先株等，Tier Ⅱ）からなる。補完的項目は，基本的項目と同額までを自己資本に含めることができる。近年は，金融危機を契機に健全経営への要求が高まったことから，基本的項目を普通株式，内部留保からなる普通株式等Tier Ⅰ（狭義の中核的自己資本，コアTier Ⅰ）とその他Tier Ⅰ（優先株式など）に分け，後述のように普通株式等Tier Ⅰ等を充実させる新しい方式の導入が決定されている。

また，自己資本比率の分母に当たるリスク・アセットは，各資産にリスク・ウェイトを乗じたものの合計値を基本とする。具体的には，信用リスク相当額（オフ・バランスを含む各資産項目にリスク・ウェイト［国債・地方債は0，抵当権付住宅ローン，事業法人向け債権は格付けに応じたウェイト等］を乗じた額の合計）と，市場リスク相当額およびオペリスク相当額を12.5倍（8.0%の逆数）した額の合計額である。近年は金融業務をグループとして行う傾向があることから，子会社を含む連結ベースでこの規制を適用する方式がとられている。

自己資本比率規制の変化

バーゼル規制は，当初は信用リスクのみを対象としていたが（バーゼルⅠ），その後金利リスクや為替リスク等の市場リスクも考慮するようになった（1998年3月期以降）。さらにバーゼルⅡでは，リスク・ウェイトをきめ細かくしたほか，オペレーショナル・リスクも対象に加え，新たにオペレーショナル・リスク相当額を分母に加算した（わが国では2007年3月末以降適用）。ここでは，リスクの計測方法の精緻化（信用リスクの計測について標準的手法と内部格付手法から選択）や市場規律の活用（リスク計測の計算手法の情報開示を通じて実効性を高める）等が柱となっており，市場原理を重視しつつ銀行経営の健全性を確保していくといった視点が強く表れている。

現在適用が進んでいるのは，2008年以降のリーマン・ショックに端を発した金融危機の経験を踏まえたバーゼルⅢである。自己資本の質・量両面の強化措置として，普通株等のコアTier Ⅰの比率の最低水準を4.5%（Tier Ⅰの比率は6.0%）とし，これに資本保全バッファーの設定（2.5%）を含めて，コアTier Ⅰ（狭義の中核的自己資本）の比率を実質7.0%以上とすることを目指している（図表25.2）。わが国では2013年3月末から段階的に導入された。また，経営規模の大きなメガバンクには比率の上乗せを求めるほか，調達可能な流動資産確保を目指す流動性規制等も設けられ，2023年初から段階的に実施される予定である。

図表25.2 新自己資本比率規制（いわゆるバーゼルⅢ）

	コアTier Ⅰ	Tier Ⅰ	総資本
最低水準	4.5%	6.0%	8.0%
資本保全バッファー	2.5%		
最低水準＋資本保全バッファー	7.0%	8.5%	10.5%
カウンターシクリカル・バッファーの範囲*	0~2.5%		

*普通株式等またはその他の損失吸収力のある資本。

（注）1. コアTier ⅠおよびTier Ⅰは，2013年初に，それぞれ3.5%，4.5%からスタートし，2015年初までに，上記比率に到達（総資本は当初から8.0%）。
2. 資本保全バッファーは2016年初以降段階的に導入され，2019年初に上記比率に到達。
3. 日本銀行金融機構局「金融機関経営とリスク管理の高度化」2011年12月による。

● 25.4 セーフティ・ネット

» 預金保険と資金援助

公的当局による事前的規制の実施や市場での競争を通じて銀行経営を規律付けても，経営が破綻する銀行が生じる可能性は避けられない。そうした特定の銀行に生じた経営上の問題は，例えば預金引出の集中（銀行取付）をひき起してそれが金融システム全体に波及し，ひいては経済全体に影響を及ぼすおそれがある（システミック・リスク）。これを防止するための対応策が，「事後的措置」すなわちセーフティ・ネットである。これは，預金者の取付騒ぎ等を防止する効果も併せ持つと考えられる。こうしたセーフティ・ネットとして，①預金保険による保護，②公的当局による救済措置の実施（資金投入），③中央銀行による最後の貸し手機能の発揮がある。

預金保険（①）は，預金者の保護と資金決済の確保を通じて信用秩序の維持を図るものである。銀行の経営が破綻した場合，残余財産等を処分しつつ預金者に預金払戻（ペイオフ）が行われる。その際，預金保険制度は，当座預金を含む決済用預金（無利息・要求払い・決済サービス提供の3条件を満たす預金）を全額，それ以外の預金等については預金者1人当たり1,000万円までの元本およびその利子を，保険金の支払により保護する。これを上回る部分は，残余財産の状況に応じて支払われ，一部カットされることもありうる。なお，外貨預金や譲渡性預金は保護の対象外である。保険金の原資は，銀行が預金保険料として負担し，不足する場合は公的当局が資金を補填する。その意味では，この制度は民間部門と公的当局が協力して行う措置である（事務は預金保険機構が担当している）。わが国初のペイオフは，2010年に実施された。

公的資金の投入（資金援助，②）は，銀行の経営が破綻した場合にも行われる。破綻銀行について営業譲渡・合併等を行う救済金融機関等に対して，その合併等を容易とするために援助を行うものである（図表25.3）。資金援助の方法には，金銭の贈与，資産買取，債務保証・引受等がある。これは原則としてペイオフ・コスト，すなわち保険金支払方式による保護を行う場合に要すると

図表 25.3　公的資金援助のスキーム

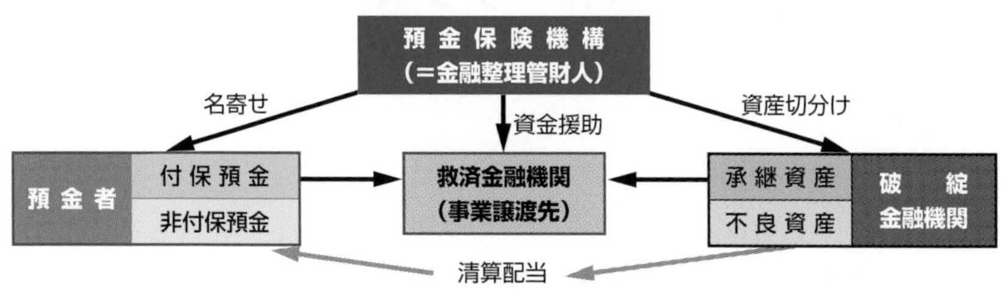

（注） 預金保険機構「平成 22 年度　預金保険機構年報」による。

見込まれる費用の範囲内で行われ，救済金融機関等に払戻保証のある預金と健全資産等を内容とする営業の一部を譲渡する場合を中心とする。

最後の貸し手

このほかに，中央銀行による最後の貸し手機能（Lender of Last Resort［LLR］，③）がある。これは，システミック・リスクが顕現化するおそれが高まると，預金通貨としての銀行預金への信頼が弱まり，決済手段として機能しにくくなることから，中央銀行が貸出等により最終的な決済機能を持つ日銀当座預金を供給するというものである。この考えを発展させたのは，英国の経済学者 W. バジョットであり，他行の破綻に伴う金融的混乱のなかで経営が健全な銀行が一時的な流動性不足に直面した場合は，中央銀行はそれを防ぐため，ペナルティ・レートで緊急貸出を実施し現金を無制限に供給すべきと主張した。もっとも，こうした機能は資金の支払が難しくなった銀行の経営再建が目的ではなく，あくまでも決済システムの円滑な運営を目的とするものである。

こうした中央銀行による緊急貸出は，資金回収の可能性が低くなる，換言すれば中央銀行の財務内容の悪化につながるおそれも大きい。それは最終的には，中央銀行から政府への納付金が減少することを通じて国民の負担となる。わが国では日本銀行が LLR の実施に際して，①システミック・リスクが顕現化するおそれがあること，②日本銀行の資金供与が必要不可欠であること，③モラル・ハザード防止の観点から適切な対応が講じられること，④日本銀行自身の財務の健全性維持に十分配慮したものであること，といった 4 つの原則が満たされることを求めている。

● 25.5 マクロ・プルーデンス*

≫ ミクロとマクロ

Ⅳ

プルーデンス政策は，システミック・リスクの回避といった視点から行われている。25.2～25.4では主として，銀行の経営改善ないし公的資金の投入等による個々の銀行の健全性確保が，金融システム全体の安定性確保（信用秩序の維持）につながるといった考えに基づいて行われていることを示した。その意味では，ミクロ・プルーデンスともいうべき視点が中心である。

しかし，近年の金融危機の経験から，こうした個別対応では金融システム全体としてのリスクを回避することが難しいことが明らかとなってきた。そこで，ミクロの視点に加えて，金融システム全体を対象としてリスクを抑制していく施策が重要性を増してきた。これが，マクロ・プルーデンスであり，「金融システム全体のリスクの状況を分析・評価し，それに基づき制度設計，政策対応を図ることを通じて，金融システム全体の安定を確保すること」を指す（図表25.4）。マクロ・プルーデンスでは，特に金融システムを構成する金融機関や金融資本市場等とそれらの相互連関，実体経済と金融システムの連関がもたら

図表 25.4 マクロ・プルーデンスの視点

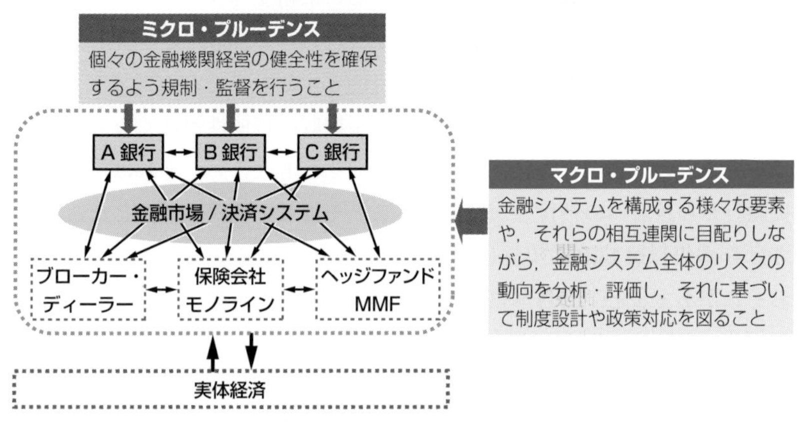
ミクロ・プルーデンス
個々の金融機関経営の健全性を確保するよう規制・監督を行うこと
A 銀行
B 銀行
C 銀行
金融市場 / 決済システム
ブローカー・ディーラー
保険会社 モノライン
ヘッジファンド MMF
実体経済
マクロ・プルーデンス
金融システムを構成する様々な要素や，それらの相互連関に目配りしながら，金融システム全体のリスクの動向を分析・評価し，それに基づいて制度設計や政策対応を図ること

（注） 日本銀行金融機構局「金融機関経営とリスク管理の高度化」2011 年 6 月による。

す影響が重視される。

マクロ・プルーデンスの必要性と政策

こうしたマクロの視点が必要とされることについては，次のような理由があげられる。まず，個々の銀行では限定的とみられるリスクでも，多くの金融機関がリスク・テイクやその解消を同一方向に行うと，想定を越える市場価格の変動や信用の拡大・収縮が生じ，金融システム全体が不安定化するケースが起こりうることである。また，デリバティブ等の金融技術革新やグローバル化，あるいはヘッジファンド等の多様な機関投資家の出現が，金融機関行動の変化のスピードを速めて資金移動を増幅しやすくしており，リスクの所在や規模を把握しにくい状況が生じていることもあげられる。

マクロ・プルーデンスの重要性の強まりは，近年の欧米における金融危機への対応が大きな契機となっている。今後さらに詰めが必要な部分も残されているが，現段階の取組みは金融システム全体の状況とリスクに関する分析・評価が中心である。その際，リスクについて横断的な視点（各金融機関のポートフォリオないし各商品間の相互連関）と，時系列的な視点（リスクのダイナミックな変化）から，金融不均衡をチェックしていくことが求められる。これには，①マクロ・ストレス・テストを用いた頑健性の評価方法の充実（ストレス・シナリオの多様化とそのインパクトの点検）や，②実体経済と金融システムとの間で生じる相乗作用の把握のほか，③金融部門に横断的に内在するリスクの分析（保険・証券・カード会社等のリスクと銀行部門のリスクとの相互関係の把握）が必要となる。さらに，④マクロ指標等を用いた金融不均衡の分析（与信の過熱状況や金融部門のリスク・テイク姿勢等のチェック），あるいは，⑤金融資本市場で観察されるリスクの把握等が必要となる。

また，マクロ・プルーデンスの視点からの政策手段の活用（たとえば不動産担保貸出の担保掛目に関する規制，バッファーとしての自己資本比率の可変的上乗せ，業務範囲の制限等）も重要となる。なお，マクロ・プルーデンスの政策手段として位置付けられているわけではないが，破綻処理・危機管理制度の整備や決済システムの安全性・効率性の向上など，金融システムの構造的な強化策も，システミック・リスクの抑制が目的である点では共通している。

IV

● 重要用語チェック

25.1	□ 公共性	□ 公的当局
	□ システミック・リスク	□ 信用秩序の維持
	□ プルーデンス政策	
25.2	□ 事前的措置	□ 公的規制
	□ バランス・シート規制	□ 大口信用供与規制
	□ 自己資本比率規制	□ 国際統一基準適用行
	□ 国内基準適用行	□ 早期是正措置
	□ 早期警戒制度	□ 公的資金の投入
	□ 検査	□ 考査
25.3	□ BIS（国際決済銀行）	□ バーゼル規制
	□ Tier Ⅰ	□ Tier Ⅱ
	□ 普通株式等 Tier Ⅰ（狭義の中核的自己資本，コア Tier Ⅰ）	
	□ その他 Tier Ⅰ	□ リスク・アセット
	□ バーゼルⅠ	□ バーゼルⅡ
	□ バーゼルⅢ	
25.4	□ 銀行取付	□ 事後的措置
	□ セーフティ・ネット	□ 預金保険
	□ ペイオフ	□ 決済用預金
	□ 公的資金の投入（資金援助）	□ 最後の貸し手機能（LLR）
25.5	□ ミクロ・プルーデンス	□ マクロ・プルーデンス
	□ マクロ・ストレス・テスト	

■Column　昭和金融恐慌

金融危機は，経済学者の C. キンドルバーガーが示すように「何度も蘇る多年草」である。わが国では 1997 年以降，大手銀行の倒産が相次ぐ平成の金融危機が起きたが，その 70 年前の 1927 年には昭和金融恐慌が発生した。当時は第 1 次世界大戦によるバブル景気の崩壊や関東大震災を背景に不良債権が累増し，金融機関の経営問題が深刻化していた。そうしたなかで，片岡直温大蔵大臣の「失言」や政府の対応の遅れ（枢密院による台湾銀行救済緊急勅令案の否決等）もあり金融不安が表面化し，預金払戻を求める取付騒ぎは全国に広がり，休業に追い込まれる銀行が続出して金融恐慌となった。

その後，高橋是清大蔵大臣が中心となりモラトリアム（預金払戻等の猶予）を実施した。そして，裏面を省略した高額の銀行券（いわゆる裏白紙幣）も印刷して現金供給を増やしたほか，日銀による特融（特別融資）が行われたこと等もあり，金融恐慌は終息した。この教訓から，1928 年には銀行の経営状況をチェックする考査部（現在の金融機構局）が日銀内部に設置された。

第 26 章
国際的な危機

POINT——本章で学ぶことがら

1 通貨危機は，ある国の通貨価値が下落し，それを契機に当該国の経済活動が混乱状態に陥る現象である。経済への不安は資本の引揚げや当該国通貨の売りを促進させ，金融危機に発展するケースや，逆に金融危機が通貨危機の原因となることもある。通貨危機の原因として，マクロ経済状況の悪化（第1世代モデル），投資家の自己実現的な投機（第2世代モデル），通貨危機と金融危機の相互作用（第3世代モデル）がある。

2 金融危機の遠因には，政府債務に関わるソブリン問題（たとえばギリシャ問題）と，それ以外の非ソブリン問題（米国サブプライム・ローン問題）がある。時間の経過とともに，相乗効果が作用し危機が深刻化するケースが多い。

3 国際的な金融危機へ対応する代表的な機関に IMF がある。問題国に対して条件付きで融資を実行し，ファンダメンタルズの改善に向けた助言等も行っている。

4 金融危機の発生に際して，G7 や G20 の会議のほか，首脳の集まりである金融サミットも開催されている。また，国際的な金融問題への協調体制構築については，BIS が自己資本比率規制を公表する等，大きな役割を果たしている。

5 2020 年以降はコロナ禍により世界的に経済活動が停滞しており，経済活動支援のための財政支出が嵩み，各国で公的債務が膨れ上がっている。企業の後ろ向き資金調達も増えており，不良債権問題が生じてくる可能性がある。

● 26.1　通貨危機

》通貨危機とそのモデル

これまで，主として国内的な金融リスクとその管理・政策を取りあげてきた。本章では，国際的な金融問題である通貨危機および金融危機，そしてその対応策について検討する。まず，通貨危機を考えていこう。

通貨危機とは，固定相場制が崩壊する等，その国の通貨価値（外国為替相場）が大きく下落し，それを契機に当該国の経済活動が混乱状態に陥る現象を指す。経済成長の鈍化や政情不安等が生じると，資金の海外逃避や海外投資家の資金引揚げ等が発生し，それが当該国の経済の先行き不安を強め，通貨の売りを促進させる。通貨危機が深刻化すると，当該国内の金融システム全般が機能不全状態に陥るといった金融危機へと広がっていくケースが多い。逆に，国内問題として生じた金融危機が，対外的な通貨危機の原因となることもある。

通貨危機の原因を説明する理論はいくつかある。最も代表的であるのは第１世代モデルで，マクロ政策の一貫性の欠如，たとえば大幅な財政赤字が続いてインフレ予想が強まると為替相場が大きく減価することを示すものである。いいかえれば，マクロ経済の状況が悪化すると投資家は為替投機（当該国通貨の売り）を行う。当局が為替相場維持のための買い支え（自国通貨の買い・外貨の売り）に使用できる外貨準備が枯渇してくると，通貨価値が暴落する。ロシア通貨危機やメキシコ通貨危機がこの例である。

第２世代モデルは，ファンダメンタルズ（経済の基礎的諸条件）の悪さと政策実行能力が投機を招くとする。投資家はファンダメンタルズの良し悪しをもとに，為替投機を行うか否かの選択肢を持ち，また政府も為替相場の固定を堅持するのではなく，放棄もありうることを考慮している。当該国のファンダメンタルズがよく当局に十分な外貨準備がある場合，投機は起こらず通貨危機は発生しないが，逆に悪いときは投機が起こり，その結果通貨危機が発生する。ファンダメンタルズが中程度のとき，投資家の多くは投機が成功すると予想すれば実際に投機を行い，その結果通貨危機が発生するケースと，投資家の多くが為替投機は成功しないと予想すれば投機は行われず相場が維持されるケースが存在する。投資家の予想が通貨危機の発生を左右することから，自己実現的な通貨危機ともよばれる。1992 年に生じた欧州の通貨危機を示すモデルである。

第３世代モデルは，金融市場の不完全さが危機を招くとし，通貨危機と金融危機の併発ないし相互作用を重視する考えである。金融システムが脆弱なもとで外貨建借入に頼っていた企業等の財務内容が悪化すると，資本流入が減少ないし資本流出が発生し，為替相場の大幅な切下げを余儀なくされる。1990 年代後半に発生したアジア通貨危機がこの例である。このモデルは，投資家の予想が自己実現的に通貨危機を発生させるという第 2 世代モデルと，金融危機と通貨危機の関連を取り入れている。たとえば通貨価値の下落が，企業や銀行の外貨建負債の負担の拡大・自国通貨建の資産価値の下落をもたらし，金融危機を引き起こすことや，自国通貨価値の下落の予想が資本逃避につながり，銀行の流動性に問題が生じて金融危機が起こるといった説明が可能である。

危機の伝播

金融危機の発生により外国からの融資や証券投資の引揚げが始まると，自国通貨価値が下落するほか，企業の資金調達が困難となり生産活動や投資活動，雇用等に影響が生じる。また，金融・経済のグローバル化を背景に，危機が発生すると，各国の実体経済へ負の影響を及ぼすケースが多い。

このように通貨危機は，他国にも伝播することが多い。危機の伝播（Contagion）は，一国で生じた危機が，周辺諸国の経済に波及して負の影響を及ぼす現象を指す。それは，為替相場や株価の下落，金利変動，外貨準備の変動あるいは資本流出等によって総合的に判断される。

こうした伝播は，以下のような場合に生じやすいと考えられる。まず，危機が生じた国と地理的に近い位置に存在する国，あるいはマクロ経済状況が似通っている国である。また，貿易を通じたリンクとして，為替相場の下落が当該国の価格競争力を強める結果，他国の為替相場の下落を引き起こすことや，所得効果（一国の所得・輸入の減少が他国の輸出減・経済活動減退・為替相場の下落を引き起こす）の存在もあげられる。また，マーケットの期待ないし群集心理的な要因も見逃せない。

● 26.2　金融危機と債務危機

IV

ソブリン問題と非ソブリン問題

前記のように金融危機は，金融システム全体の機能不全状態を指す。より詳しくいえば，株価等の資産価値が大幅に下落し，金融機関の経営悪化・破綻，企業の連鎖倒産等が相次ぎ，これらがマクロ経済活動の収縮と相乗的に作用していくことである。この状況がさらに深刻化した状態が，金融恐慌である。

金融危機の遠因としては，政府債務に関わるソブリン問題と，それ以外の非ソブリン問題があるが，時間の経過とともにソブリン・非ソブリン間の相乗効果が作用し，危機が深刻化するケースが多い。2007年の米国サブプライム・ローン問題の顕在化に端を発する金融危機は，非ソブリン問題の代表例である。米国では，信用力の低い層向けの住宅ローン（サブプライム・ローン）が急増し，それを裏づけとする証券化が複層的に進行した（11.2を参照）。そうした証券の格付は高く，欧米の金融機関を中心に広く保有された。しかし，住宅バブルの崩壊とともに証券価格は暴落し，金融機関は巨額の損失を被り，貸出余力は大きく減退した。また，株式や債券等の市況も低迷したことから企業の資金調達が限られ，この面からも実体経済へ影響が及んだ。政府は，金融危機回避のため多額の公的資金を投入し，景気対策としての財政支出も増やしたことから財政赤字は急膨張した。これは，米国債の格付引下げをはじめとする公的債務問題（ソブリン問題）へと波及した。

他方，2009年以降は，ギリシャをはじめ南欧諸国等の公的債務危機が発生し，それが欧州全体としての金融危機に拡大した（図表26.1）。これはソブリン問題の代表例である。財政赤字が続き債務が累積すると，その支払能力に疑問が生じ信用力の低下から国債の格付が引き下げられる。それは，当該国の国債を保有する銀行の損失発生を引き起こし，銀行の経営状態が悪化する。それを背景に銀行が貸出を抑えると，国内の景気・企業活動に悪影響を及ぼし，税収が伸び悩むことで財政赤字がさらに拡大する。また，経営の悪化した銀行を公的資金で救済すると，国民の負担が増加し財政赤字を拡大させるほか，公的

図表 26.1 欧州金融危機のメカニズム

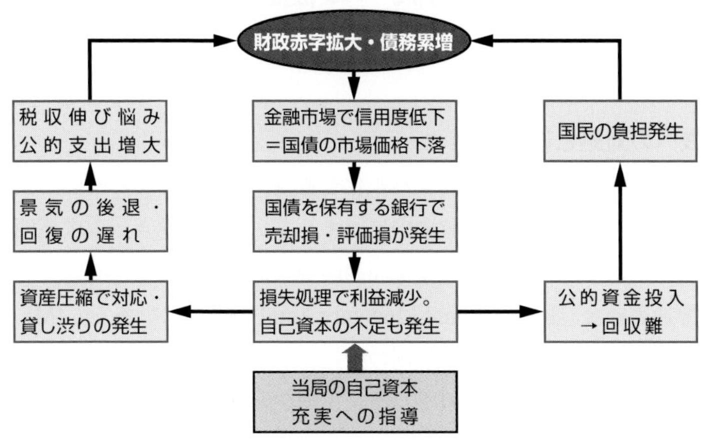

資金の調達に際して自国通貨に下落圧力が生じ，通貨危機につながっていく。

対外債務問題の波及

信用問題が深刻化した国の公的債務を外国の企業や政府が保有する場合，その国の公的債務問題は海外にも影響していく。たとえば，米国等の国債は海外でも多く保有されており，その格付の引下げ・それに伴う価格下落は，売却損・評価損の発生等を通じて海外の金融機関の経営にも大きく影響する。

ギリシャ国債の保有者の多くも，欧州のほかの国の金融機関等であった。その債務不履行懸念の強まりを背景とする市場価格の急落，さらにはその後の秩序立った債務削減により，多くの銀行で損失が発生し，銀行自身の格付が引き下げられたほか，国有化された銀行も生じた。また，財政支出の増大や財政改革の遅れを背景に，ギリシャの債務危機はほかの南欧諸国等にも伝播して信用問題が深刻化した。

それらの国は，ギリシャのほかポルトガル・アイルランド・イタリア・スペインである（これら諸国の頭文字をとり PIIGS 諸国とよばれる）。そして，これら諸国の公的債務危機が，欧州の金融危機そして通貨不安（ユーロの信認低下）として広がったのである。歴史的には，19 世紀以降においても金融危機が生じた後に国の債務不履行（Default）問題が生じるケースが多くみられる。

● 26.3　国際的な危機への協調

危機への対処と国際協調

このように経済や金融のグローバル化を背景に，問題のある一国で金融危機が発生すると，その影響は当該国内に留まらず，他国を巻き込み広範囲に及ぶ。こうした国際的な危機の発端となる問題国の破綻回避を支援する代表的な機関が，国際通貨基金（International Monetary Fund［IMF］）である。IMF はワシントンに本部を構え，国際通貨体制の安定化のために，為替の安定や貿易拡大の促進を図るほか，国際収支の不均衡是正や金融不安の解消等のために，適切な経済再建計画の策定・実施を条件（コンディショナリティ）に，加盟国への融資（最後の貸し手機能を含む）も実行する。たとえば 1990 年代中頃に通貨危機に見舞われたメキシコに対して融資を実行し，アジア金融危機においても，インドネシアや韓国，タイに対して構造改革や安定化のために融資した。また，2010 年にはギリシャの財政危機に対処する措置として IMF およびユーロ諸国による金融支援プログラムが決定された。

危機の発生を未然に防止するための国際的な協調体制も重要である。一国内では金融監督当局と中央銀行が連携しつつ対応しているが，国際金融危機等については統一された金融監督機関等は存在しない。そこで次善の方策として，各国の公的当局間の国際的な協調・連携体制の整備が重要となる。近年の国際金融危機の経験を踏まえると，各国の協調的な行動が重要であることが明確となっている。

その代表例が，先進 7 か国財務大臣・中央銀行総裁会議（G7：日・米・英・独・仏・伊・加），および 1999 年より開催されている 20 か国・地域財務大臣・中央銀行総裁会議（G20）である。後者のメンバーは，G7 と新興国 12 か国の首脳および欧州連合（EU）で，国際通貨基金，世界銀行，欧州中央銀行の代表も参加している。そうした場を中心に，金融市場の安定化や金融システムの強化に向けた国際的な取り組み・協調体制が構築されている。2008 年以降は，金融危機発生を契機に 20 か国・地域の首脳自らが，その対応や金融規制・監督の改革等について議論する場として，金融サミット（金融・世界経済に関する首脳会合）が開催され，年々その議論対象は拡大している。

BIS・BCBSの活動

国際的な協調体制構築に於いて先導的な役割を果たす機関の代表は，国際決済銀行（Bank for International Settlement［BIS］）である。BISは，中央銀行が通貨価値と金融システムの安定を追求するに際して，国際的な協力の推進等を目的とする組織である。各国の中央銀行を株主とする銀行として組織され，本部はスイスのバーゼルにある。主要国の中央銀行の総裁が参加する会合が定期的に開催され，また様々な常設委員会があるほか，国際的な金融問題に関する委員会の事務局機能も提供している。

26

こうした委員会のなかでもっとも重要かつ有名であるのは，バーゼル銀行監督委員会（Basel Committee on Banking Supervision［BCBS］）である。これは，1975年にG10諸国の中央銀行総裁会議により設立・開催された委員会で，銀行の監督やリスク管理に関する継続的な協力を協議する。この上位機関として，中央銀行総裁・銀行監督当局長官グループがある。メンバーは，G7諸国を含む主要27の国・地域の中央銀行と銀行監督当局の代表である（我が国からは日本銀行と金融庁が参加している）。委員会の合意事項に法的拘束力はないが，国際的な整合性を保ちつつ各国当局が実効性の高い銀行監督を行うのに大いに資するとして高く評価され，主要国を中心に幅広く実施されている。

本委員会は特に，監督およびリスク管理の強化・促進，金融不安の国際的な波及防止に取り組んでいる。1988年には，「自己資本の測定と基準に関する国際的統一化」（いわゆるバーゼルⅠ）を公表して，国際的統一基準を定めた。その後，新たな基準（バーゼルⅡ）を決め，各国では2006年末より導入された。そして金融危機発生後の2010年9月には，普通株式と内部留保で構成する狭義の中核的自己資本比率を実質7%以上とする自己資本比率規制，および調達可能な流動資産確保を目指す流動性規制を柱とするバーゼルⅢを公表し合意を得ている。各国は，2028年までにこの基準に全面的に移行する予定である（25.3を参照）。また，G-SIBs（グローバルにシステム上重要な銀行）を公表し，損失吸収力を高めるべきとしている。

● 26.4　コロナ禍と金融市場

≫ コロナ禍の影響

IV

2020年初より顕著となった新型コロナウイルスの拡大は，世界的に経済活動や金融市場に大きな影響を及ぼしている。各国で感染拡大の懸念が高まるとともに，営業や外出の自粛に加え外国との往来の規制による観光客の激減等により，企業の売上や利益が減少し，資金繰り難に陥る企業が増加した。また，近年のグローバル化経済のなかでは貿易面に大きく影響し，国外からの調達を主としていた部品輸入の停止や製品輸出自体の減少により操業停止・減産を余儀なくされる企業が増え，失業者も増加した。こうした傾向は各国で生じ，世界規模で景気の落込みが発生した。

コロナ禍に起因する国際的な危機は，従来の発生パターンとは異なる。**26.1**および**26.2**でみた金融面の問題が原因ではなく，災害等により生産設備等に物理的な打撃が生じた訳でもない。人的な接触の制限により物資の流通や生産が停滞し需要の抑制等が生じた。こうした供給・需要両面のショックを背景に経済活動が落込み，失業率が上昇・所得が減少したのである。

金融面では，2020年春先に米欧市場でクレジット・スプレッド（信用力格差に基づく利回り差）が急拡大する等，金融市場は大幅に不安定化した。その後は，当局の積極的な対応を背景に落ち着きを取り戻しつつあるが，先行きが不透明であり以前の状態には復していない。企業の赤字補塡等の後ろ向き資金需要が増え，大企業を中心に劣後ローンや債券市場での調達も増加している。

コロナ禍に伴い生じた現象のひとつに，現金とくにドル需要の高まりがある。従来の経済危機では安全資産である金や国債への需要が増加し価格が上昇したが，今回は貯蓄の取り崩し，換言すれば資産売却による現金化の動きが広がり，安全資産の価格も下落しドル相場が上昇する場面も生じた。

≫ 対策と公的債務の累増

各国政府や中央銀行は，企業の倒産を回避するため，多様な政策を打ち出してきた。こうした支援により金融市場の安定化や，企業金融の円滑確保が図られている。経済の停滞は世界的な広がりを持つことから，国際的な協調による対応も進められた。たとえば，日本銀行は主要な欧米の中央銀行と協調して，米ドルの流動性拡充を行い，金融市場の安定化等を図っている。またバーゼルⅢ（26.3 を参照）の実施期限の延長も決められ，2020 年の G20 では新型コロナウイルスのパンデミックへ共同して対応すること，世界経済を守ること，国際貿易の混乱に対処すること等がメッセージとして打ち出された。

各国政府は，パンデミックにより減少する家計所得の補填や倒産回避等のために大規模な財政支出を行ってきた。その結果，IMF の推計によれば世界全体の公的債務（対 GDP 比率）は，それまでの増加傾向からさらに膨れ上がり，100％を超え過去最高の水準に達し，第二次世界大戦後のピークをも上回っている（図表 26.2）。これは先進国のみならず新興市場国にも共通している。

コロナ禍の影響は長引き，高水準の財政支出・公的債務の累増が続くとみられ，将来的にはこの債務負担圧力への対応が重要となる。特に新興市場国やフロンティア市場国では，今後借入コストが急上昇する可能性もある。今回の危機発生時点で既に債務水準が高く成長率が低かった国では，持続可能な財政収支の回復に向けた努力も重要となろう。また，経済活動の落込みを背景に企業の債務返済能力が減退していることから，各国で民間金融機関の不良債権が膨らんでいる可能性が大きく，その処理も課題である。

図表 26.2 公的債務の推移

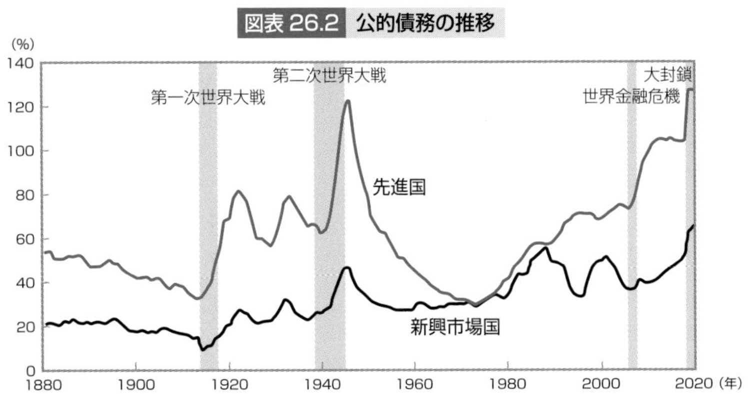

（注） 国際通貨基金 Vitor Gaspar and Gita Gopinath「コロナ後の世界における財政政策」2020 年 7 月 13 日による。公的債務総額の対 GDP 比率を示している。

● 重要用語チェック

26.1
- □ 通貨危機
- □ 第１世代モデル
- □ 為替投機
- □ 第２世代モデル
- □ ファンダメンタルズ
- □ 自己実現的な通貨危機
- □ 第３世代モデル
- □ 危機の伝播

26.2
- □ 金融危機
- □ ソブリン問題
- □ 非ソブリン問題
- □ サブプライム・ローン問題
- □ 公的債務問題
- □ 債務危機
- □ PIIGS 諸国

26.3
- □ 国際通貨基金（IMF）
- □ G7
- □ G20
- □ 金融サミット
- □ 国際決済銀行（BIS）
- □ バーゼル銀行監督委員会（BCBS）
- □ バーゼルⅠ
- □ バーゼルⅡ
- □ バーゼルⅢ
- □ G-SIBs（グローバルにシステム上重要な銀行）

26.4
- □ コロナ禍
- □ クレジット・スプレッド
- □ 後ろ向き資金需要
- □ 公的債務

第V部
中央銀行とマクロ金融政策

CONTENTS

第 27 章 中央銀行と金融政策

POINT——本章で学ぶことがら

1 金融政策には，総需要管理政策の一環としてのマクロ金融政策と，信用秩序の維持を目指すプルーデンス政策がある。マクロ金融政策の目標は，広義の通貨価値に含まれる国内物価の安定である。わが国の金融政策は，日本銀行の意思決定機関である政策委員会で決定され，金融調節として実行されていく。

2 金融政策は，政策手段を通じてその効果が運営目標そして最終目標へと波及することを前提として行われる。運営目標をさらに，政策手段の影響を受けやすい操作目標と，最終目標に近い中間目標に分けることもある。近年は運営目標として 10 年物国債流通利回り，マネタリーベースが採用されている。

3 金融市場における需給状況は，日本銀行当座預金（日銀当座預金）の変動に端的に示される。その変動を引き起こす要因には，銀行券要因と財政等要因があり，これらを合わせた資金過不足は民間部門だけでは解消できない外生的な要因である。日本銀行は，民間部門全体として生じる資金過不足を調整するほか，金利水準や市場の資金量を一定水準に誘導することを目指して日本銀行信用を増減させる。

4 日銀当座預金の水準には，準備預金制度が関係しており，民間銀行は預金等の一定割合以上の日銀当座預金残高の維持を義務付けられている。日本銀行はこの制度も利用しつつ，金融政策を実行している。

● 27.1　中央銀行の政策

金融政策の２つの目的

経済政策の最終目標は，資源の効率的配分と公正な所得分配によって，国民の経済的福祉水準を高めるところにある。経済政策には，金融政策，財政政策，産業政策，福祉政策等がある。このうちわが国の金融政策は，中央銀行である日本銀行を中心とする金融当局が，多様な方法によって金融市場に影響を及ぼすことを通じて，そうした目的のうち金融に関連した部分，特に物価の安定および信用秩序（決済システム等）の維持を実現することを目指している。以下では，日本銀行を例としてみていこう。

日本銀行法の第１条では，日本銀行の目的として，銀行券の発行，通貨および金融の調節，円滑な資金決済の確保を図り信用秩序の維持に資することを明示している。また，第２条では，国民経済の健全な発展に資するため，物価の安定を図ることを理念として掲げている。こうした目的・理念は，世界各国の中央銀行に概ね共通している。そのために，日本銀行は通貨（銀行券）を発行する「発券銀行」，民間銀行への円滑な資金供給を行う「銀行の銀行」，そして政府の金融取引を担う「政府の銀行」といった機能を果たしている。

こうした目的等に沿えば，図表 27.1 に示されるように，金融政策には大きく２つの側面がある。第１は，物価水準の安定ないし経済活動の安定を目指した総需要管理政策の一環としての側面である。これは通常，物価を含む景気変動への対応としての政策であり，一般には金融政策をこの意味にとらえることが多い。

第２は，金融市場における資金配分や決済システムの安定性の確保等，いわゆる信用秩序の維持に関する政策（プルーデンス政策）である。日本銀行や金融庁は，この政策の一環としての最後の貸し手機能の発揮あるいは公的資金の投入等，各種の対策を実施する。

第２の側面については，第25章でみてきた。この第Ⅴ部では，第１の側面である狭義の金融政策（マクロ金融政策）を中心にみていこう。

図表 27.1　金融政策とその目的

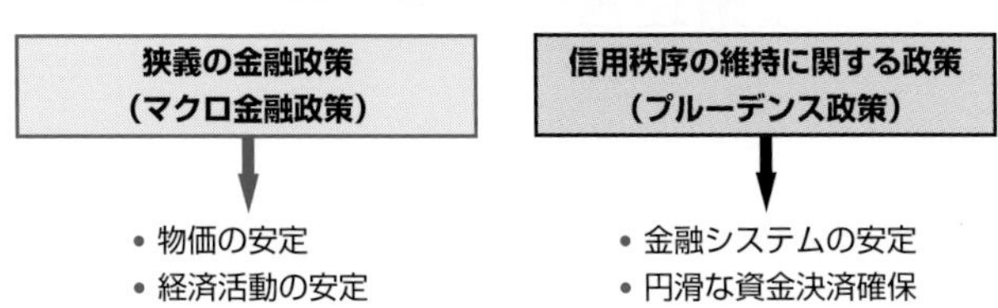

27

政策の割当

狭義の金融政策の目標として，①物価の安定のほか，②経済活動の安定（雇用の安定ないし適度の経済成長）等があげられる。もちろん，これらの目標が同時に達成されるわけではなく，目標相互間でトレードオフの関係が生じる場合もありうる（特に景気と物価の関係）。その場合，N 個の政策目標達成のためには N 個以上の独立した政策手段が必要となることが指摘されている（ティンバーゲンの定理）。また，どの目標にどの手段を使用するのかについては，効果の面で比較優位を持つ政策手段を割り当てる必要がある（マンデルの定理）。こうした，政策の割当に関するこれまでの経験，および各国の事例等から，金融政策の目標としては物価の安定が最も重視される。

この場合の物価とは国内物価を指し，消費者物価や企業間で取引される商品の取引価格である企業物価に代表される再生産が可能な財・サービスの価格である。いいかえれば，一般物価である。一般物価の安定は，支払・決済手段である通貨の価値が安定していることを意味する。

この場合，広義の「通貨価値」には，国内一般物価のほかに対外的な価値，つまり円建の外国為替相場も含まれる。現在の変動相場制のもとでは為替相場は自由に変動するが，あまりに急激な変化については政策変更を含めて対応する必要も生じてくる。しかし，国内物価と対外的な価値の 2 つの目標を，金融政策といった一つの手段で達成することは難しい。日本銀行が行う金融政策の最大の目標は，広義の「通貨価値の安定」ではなく，「物価の安定」である。対外的な価値，すなわち為替相場の安定については，日本銀行を含む通貨当局の介入による対応が行われている（**15.4** を参照）。以下は，わが国を例に考えていく。

● 27.2　金融政策運営の体系

➤ 金融政策の執行体制

金融政策の運営は，中央銀行が担っている。金融政策は公的部門が行う政策であるだけに，中央銀行と政府との意思疎通は重要である。しかし，金融政策に関する中央銀行と政府の考えは常に一致する訳ではなく，政府は景気拡大を優先しがちである。これは，政策目標への手段の割当問題とも絡んでくるが，中央銀行による金融政策の取り組み姿勢等について，政府当局から圧力がかかり易い体制は避ける必要がある。現行の日本銀行法（1998年4月施行）では，たとえば第3条で，「日本銀行の通貨及び金融の調節における自主性は，尊重されなければならない」と規定している。

金融政策は，日本銀行の最高意思決定機関である政策委員会で決定される。そのメンバー（総裁，2名の副総裁および6名の審議委員）は，国会の同意を得て内閣によって任命される。しかし，政策に関する見解が政府と異なっても，それを理由にメンバーが職を解かれることはない。

政策委員会は，日本銀行の業務運営等を含めて議論し，多数決で意思を決定する。このうち，金融政策の運営に関する事項（金融市場調節方針，特に金利水準，債券売買の規模，経済・物価情勢の展望等）を決定する会合は，金融政策決定会合と呼ばれ，原則毎月開催される。そこで決定された金融政策運営の基本方針に基づいて，総裁以下の執行部が業務を運営する（図表27.2を参照）。なお，政策

図表27.2　金融政策決定会合と政策の実施

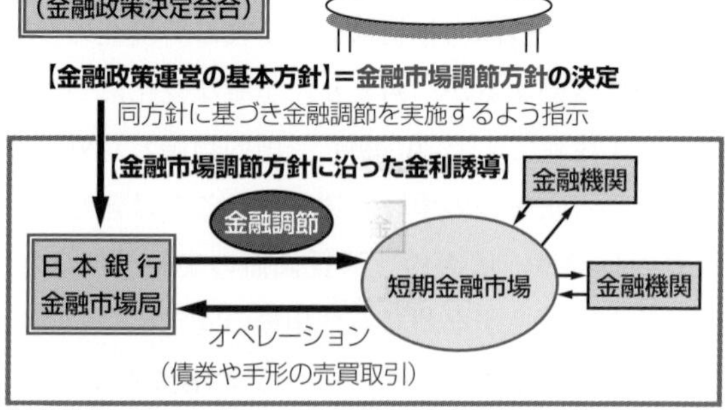

（注）日本銀行ホームページ「わかりやすい金融経済」による。

決定に関する独立性が強いだけに，決定についての透明性を確保することが重要である。説明責任（Accountability）を果たすため，金融政策決定会合の決定内容や議事録等は公表されている。

運営目標

それではマクロ金融政策は，具体的に何を指標として行われているのであろうか。日本銀行は，債券等の売買，つまりオペレーション（オペ）等の政策手段を用いて，金融市場全体としての資金の需給ないし過不足を調整していく。これが金融調節であり，金融政策の根幹に相当する。

そうした金融政策の効果が最終目標に達するまでの経路は，長くかつ多様である。そこで日本銀行は，中間段階に存在すると考えられる金融指標に注意を払い，その変化を基に効果の浸透状況をチェックしている。こうした指標を，金融政策の運営目標（Operating Targets）という。これを概念的に示すと，政策運営は金融政策の効果が，「政策手段」→「運営目標」，「運営目標」→「最終目標」と，二段階で波及していくことを前提として行われている（図表27.3を参照）。これが，金融政策運営の二段階アプローチである。従来は無担保コールレートO/N物が運営目標であったが，近年は日本銀行当座預金や10年物国債金利が代表的である。

なお，運営目標を中央銀行の影響力の度合いによってさらに2つに分け，金融政策の変更を直接的に反映する操作目標と，最終目標の近くに位置し，それと密接な関係を持つとみられる中間目標に分ける考えもある。前者は，日本銀行の政策手段の影響が直接生じ易い反面，最終目標との因果関係はやや不安定と考えられる。後者は最終目標との関係は比較的安定している反面，政策手段による直接的なコントロールが難しい面がある。

図表27.3 金融政策運営の概念的な枠組み

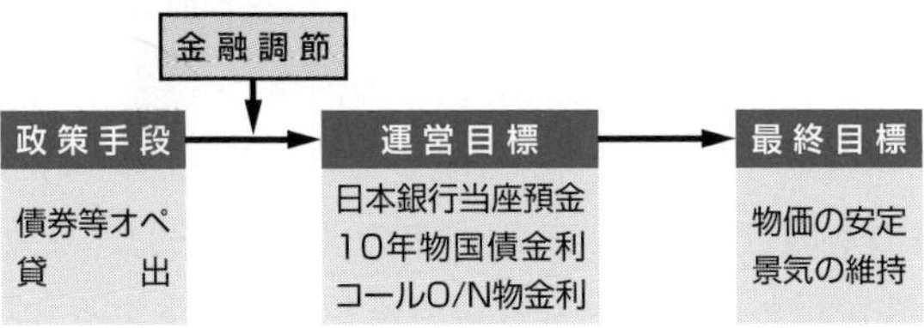

● 27.3　日本銀行当座預金

銀行の支払準備の変動

伝統的な金融政策は，短期金融市場における資金の調整である金融調節を出発点としており，27.2 に掲げた図表 27.3 の枠組みの前半部分に相当する。こうした金融調節は，3.3 でみた日本銀行当座預金（日銀当座預金）の増減を通じて実行される。つまり，日本銀行の機能である銀行券の発行や最終的な決済業務，あるいは財政資金の受払事務等は，すべて日銀当座預金の増減に結び付く。これらのほか，日本銀行による金融政策の遂行も日銀当座預金の増減要因となる。日銀当座預金の増減は，日本銀行の政策的な意図を反映する。

まず，金融政策の日銀当座預金への影響が中立的であるケースをみていこう。金融市場の取引は，ほとんどが銀行預金の口座振替で決済され，また各銀行の受払の差額は日銀当座預金の口座振替で決済される。こうした振替のみであれば，銀行部門全体でみた資金の過不足ないし日銀当座預金の増減は生じない。

一方，銀行部門外に払い出された現金の多くは，決済等に使用された後，銀行部門に預金として還流する。しかし，経済主体がそのまま保有する，あるいは別の取引に使用すると，還流してくる部分は少なくなる。また，税金の納付，社会保障や公共事業の支払等に代表される財政資金は，日本銀行にある政府預金の受払に集約され，政府預金と民間銀行預金（日銀当座預金）との間で振替が行われる。国債発行等を含めると各年度の財政資金は収支が均衡するが，短期的には民間との間で支払ないし受取の超過が発生する。

こうした預金の受入・払出の過程で，個々の銀行では支払準備のうち日銀当座預金が変動する（支払準備は現金および日銀当座預金であるが，銀行は最低限の現金のみを保有する）。たとえば，企業が預金を取り崩し現金を引き出すと銀行は現金不足となり（図表 27.4（1）の内側の（－）符号），日銀当座預金を取り崩して現金（銀行券）を補填する（図表 27.4（1）の左側中央の（＋）・（－）および図表 27.4（2）の上・中央の（＋）・（－））。税金納付等により政府預金へ振替が行われる場合も日銀当座預金は減少する（同図（2）を参

図表 27.4　金融機関における支払準備の変動（減少する場合）

（1）現金の引出

民間銀行

	資産	負債	
(+)(−)	現金	預金	(−)
(+)(−)	日銀当座預金	コールマネー	**(+)**
	貸出		
	コールローン		

（2）日銀当座預金の減少

日本銀行

資産	負債	
貸出	銀行券	(+)
債券	日銀当座預金	(−)
	政府預金	(+)

照）。このように受払の差額を反映して生じる支払準備の余剰あるいは不足（資金過不足）は，日銀当座預金残高の変動に集約される。現金引出や政府への支払額が大きくなると日銀当座預金が不足し，インターバンク市場等から資金を調達する（図表 27.4 の**(+)**を参照）。逆に，現金や政府からの受入額が大きくなると日銀当座預金が余剰となり，市場で資金を運用する。

日銀当座預金の増減要因

資金過不足についてさらに詳しくみておこう。日本銀行による資金供給・吸収を別とすれば，日銀当座預金の増減要因は，①銀行券の発行・還収（銀行券要因）と，②民間銀行と政府との間の財政資金の受払（財政等要因）である。

民間銀行は，利子を産まない銀行券（現金）の手持ちを最小限に抑えており，企業等が預金を取り崩して銀行券を引き出すと，手持ちの銀行券が不足する。そのため銀行は，日銀当座預金を取り崩して銀行券を補填し，その結果として日銀当座預金は減少する。つまり，銀行部門が保有する日銀当座預金全体としてみると，日本銀行による銀行券の発行（増加）は，資金不足要因となる。逆に，日本銀行への銀行券の還収は，銀行が余分な銀行券を日本銀行へ持ち込み，日銀当座預金へ振り替えることを意味し，資金余剰要因となる。

一方，財政資金の受入・支払は民間銀行が持つ日銀当座預金を通じて行われる。税金等の財政資金の受入は，日銀当座預金から政府預金への振替を意味し，日銀当座預金の減少をもたらすことから資金不足要因となる。逆に支払は，日銀当座預金の増加をもたらし，資金余剰要因となる。

こうした銀行券要因および財政要因から生じる資金過不足は，企業・家計・政府等の経済活動の結果を反映している。そして，短期的には日本銀行も民間銀行もこれをコントロールできず，資金過不足は外生的な存在である。

● 27.4 資金過不足と準備預金制度

≫ 金融市場の資金過不足

前節でみたように資金過不足は，金融部門にとって外生的な存在である。そして，日々の金融市場で資金過不足が生じないケースは事実上なく，一般には民間の銀行部門（ないし取引が行われる金融市場）全体として資金余剰あるいは資金不足が発生している。それは，日銀当座預金の増減として端的に表れている。たとえば，家計の預金口座への給与振込が行われた後は，現金の引出が集中し，銀行部門全体として既存の支払準備だけでは不足する事態も起こりうる。逆に，社会保障関係をはじめとする財政の資金が支払われる場合や，行楽シーズン後に民間部門が使用した現金が銀行部門に還流してくる場合は，資金余剰が発生する。こうした要因による資金の過不足は，インターバンク市場における金融機関同士の資金の貸借によっては解消できない。

このような金融市場全体として生じる資金過不足は，日銀当座預金の変動に集中して表れ，それを調整する機関が日本銀行である。つまり日本銀行は，資金不足の場合は金融市場で債券等の買いオペを行って資金を供給し（日銀当座預金の増加要因），逆の場合には債券や手形の売りオペで資金を吸収する（同減少要因，28.1 を参照）。図表 27.5 では債券買いオペを念頭に示している（同図の（+）および（−））。そして民間銀行は，こうして増えた日銀当座預金を，必要であれば現金に換えていく（図表 27.5 の**(+)**および**(−)**）。

図表 27.5 日本銀行の金融調節（資金を供給する場合）

(1) 日銀当座預金の増加

日本銀行

	資産	負債	
	貸　　出	銀　行　券	**(+)**
(+)	債　　券	日銀当座預金	(+)**(−)**
		政 府 預 金	

(2) 民間銀行の支払準備増加

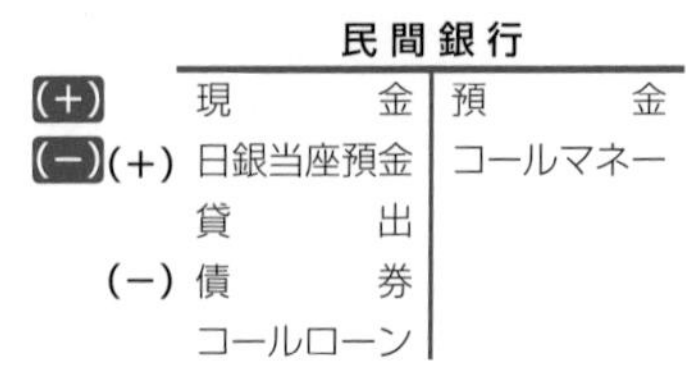

民間銀行

	資産	負債
(+)	現　　金	預　　金
(−)(+)	日銀当座預金	コールマネー
	貸　　出	
(−)	債　　券	
	コールローン	

準備預金制度

日銀当座預金を変動させる要因は，金融市場における資金過不足のほかに，日本銀行による金融調節（日本銀行信用の増減）の影響がある。

日銀当座預金増減＝資金過不足＋金融調節

あるいは，

日銀当座預金増加(減少)＝銀行券の還収超(発行超)＋財政資金支払超(受入超)
＋日本銀行信用の増加(減少)

金融市場全体として生じる資金過不足は，インターバンク市場の資金需給に端的に反映され，日銀当座預金残高の水準が変動する。この日銀当座預金残高の水準については，準備預金制度が関係している。

この制度は，民間銀行（預金取扱金融機関）に対して預金などの対象債務の額（月中平均残高）に所定の比率（準備率）を乗じた法定準備預金以上の額を，日銀当座預金の残高として維持することを義務付ける制度である。準備率は預金の種類や規模等によって異なる。

準備預金の保有は，1か月間（毎月16日から翌月15日までの積み期間）における日々の日銀当座預金残高の合計値（積数）の平均が，法定準備預金額を上回るように行えばよく，一定額以上の残高を日々維持する必要はない。しかし，最終日の15日が近づくにつれて多額の当座預金残高が必要となり，それがスムーズに実現しないおそれもある。そのため，各金融機関は，通常は平均的に必要とされる額に近い預金残高を維持するように努めている。

準備率の引上げ（引下げ）は，金融機関の資金需要の増加（減少）要因となる。もっとも，本制度の重要性は準備率の操作ではなく，準備預金の積み需要を通じて金融調節と深く結び付いているところにある。準備預金の積み需要を含む各金融機関の支払準備の過不足は，各種の金融市場における取引を通じて金利変動を伴いつつ調整される。しかし，金融機関全体としての支払準備の過不足が大きい場合には，それだけ金利の変動も大きくなる。日本銀行は，こうした大きな資金過不足の発生に対して，金融調節，つまりインターバンク市場を通じて調整し，金利および日銀当座預金残高を適切な水準に維持する。たとえば資金余剰状態の場合，売りオペの時期を早める等により日銀当座預金残高で示される支払準備の需給が引き締まり，金利低下が抑えられる。

V

● 重要用語チェック

27.1
- □ 物価の安定
- □ 信用秩序の維持
- □ マクロ金融政策
- □ トレードオフ
- □ ティンバーゲンの定理
- □ マンデルの定理
- □ 一般物価
- □ 通貨価値

27.2
- □ 中央銀行
- □ 政策委員会
- □ 金融市場調節方針
- □ 金融政策決定会合
- □ 説明責任
- □ 政策手段
- □ 金融調節
- □ 最終目標
- □ 運営目標
- □ 二段階アプローチ
- □ 無担保コールレート O/N 物
- □ 10 年物国債金利
- □ 操作目標
- □ 中間目標

27.3
- □ 日本銀行当座預金（日銀当座預金）
- □ 財政資金
- □ 政府預金
- □ 支払準備
- □ 資金過不足
- □ インターバンク市場
- □ 銀行券要因
- □ 財政等要因

27.4
- □ 資金過不足
- □ 買いオペ
- □ 売りオペ
- □ 金融調節
- □ 準備預金制度
- □ 準備率
- □ 法定準備預金
- □ 積み期間

第28章
金融政策と波及経路

POINT——本章で学ぶことがら

1 代表的な政策手段は，金融市場における国債等の売買（オペレーション）であり，資金供給の場合は買いオペ，資金吸収の場合は売りオペが行われる。このほか，相対型の調節手段として補完貸付制度や補完当座預金制度がある。

2 金融政策は多様な経路を通じて波及していくが，主要な経路は金利変化による投資への直接的効果と為替相場への影響，そして銀行の貸出態度の変化を通じた経路である。

3 金融政策の有効性の前提として，中央銀行の姿勢が明確であること，および中央銀行が市場金利をコントロールできることが必要である。さらに効果波及には，投資が金利変化に反応しやすいこと，銀行の貸出態度も変化することが条件となる。

4 金融政策には効果発揮に至るまで認知ラグ，決定ラグ，効果ラグがあることから，政策のルール化も主張されている。これには，マネーサプライの伸びを一定水準にする k%ルール，名目金利をインフレ率や需給ギャップ率の変化に合わせて調整するテイラー・ルール，名目成長率の変化に応じてハイパワード・マネーの増加率を増減させるマッカラム・ルールがある。いずれも，具体的に適用していくには課題が多い。

● 28.1　金融政策の手段

債券等のオペレーション

金融政策の出発点は，前記のように政策手段を使用して短期金融市場の金利やマネタリーベースを調整することにあり，それを通じて金利全般そして経済活動に影響が及ぶ。その場合の政策手段は，国債等の債券および手形の売買，つまりオペレーション（オペ，公開市場操作）が代表的である。

これは，日本銀行が金融市場で国債をはじめとする各種の債券や手形（日本銀行が売り出す手形を含む）を売買することにより，金融市場の資金の需給状態に影響を及ぼすことを狙ったものである。オペの種類等は金融政策決定会合で決められる。資金供給のための（債券等の）買いオペは，日銀当座預金残高を増やし金融市場の需給を緩和する効果を持つ。逆に，売りオペは，金融市場から資金を吸収し需給を引き締める効果を持つ。オペは，金融政策決定会合で定めた選定基準を満たす対象先（銀行，証券会社，短資業者等）との間で行われ，資金供給オペを例にとれば2つのタイプがある。一つは短期間の金融調節手段としてのオペであり，もう一つは利付国債を売戻条件を付けずに買い入れるオペである。前者には，共通担保資金供給オペ（差し入れられた共通担保を裏付けとする資金貸付），CP等買現先オペ（条件付き買入），国債買現先オペ（利付国債・国庫短期証券の条件付き購入），CPおよび社債等の買入や上場投資信託，不動産投資信託の買入がある。こうしたオペによって日本銀行は，民間金融機関の保有する債券等を購入し資金を供給する（図表28.1。(＋)・(−)は当該資産・負債の増加・減少を表す，3.3を参照)。

図表 28.1　資金供給オペと民間銀行の支払準備変動

(1) 日銀当座預金の変動

日本銀行

	資産	負債	
	貸出	銀行券	
(＋)	債券	日銀当座預金	(＋)

(2) 民間銀行の支払準備変動

民間銀行

	資産	負債
	現金	預金
(＋)	日銀当座預金	
	貸出	
(−)	債券	

一方，国債買入オペは，金融調節の一層の円滑化を目指し利付国債（発行後1年以内のものを除く）に関して，入札により買入が行われる。その額について日本銀行は，長い目でみた銀行券の増加トレンド，つまり経済の拡大に伴う現金需要の増加といった長期的な要因を考慮しつつ行っている。

補完貸付制度と補完当座預金制度

日本銀行は，円滑な金融調節を目指して相対型の調節手段も使用している。その代表が補完貸付制度および補完当座預金制度であり，これらは金融調節力の強化を目指した制度である。

補完貸付制度は，あらかじめ差し入れられている担保価額の範囲内で，日本銀行が金融機関の希望する額を受動的に貸し付ける制度である（いわゆるロンバート型貸出）。期間は原則1営業日で，金利（基準貸付利率）は金融政策決定会合で決定される。この貸出は金額等を日本銀行が決定するいわゆる調節貸出とは異なる。市場金利が当該制度の金利より高い場合，金融機関側には市場調達の誘因がなくなるため，この金利が事実上市場金利の上限となる。

他方，金融機関は預金の一定割合を日銀当座預金として保有する義務を負う（準備預金制度［**27.4** を参照］）。日銀当座預金のうち必要とされる準備預金以上の，いわゆる「超過準備」に利息を付す制度が，補完当座預金制度である。資金の需給が緩和した状態のもとでは本制度の利用が有利となる。つまり，金融市場の金利が本制度の金利より低くなれば市場で運用する誘因がなくなるため，事実上この適用利率が市場金利の下限となる。

補完貸付制度および補完当座預金制度によって，無担保コールレートO/N物の上限と下限が実質的に画され，金利の極端な上昇・低下が回避される。両制度による金利の上限と下限に挟まれる範囲はコリドーとよばれる。

2016年1月以降は，この考えがさらに拡充された。日本銀行当座預金残高は超過準備部分を含めて，基礎残高，マクロ加算残高（所要準備額等），そして政策金利残高の3階層に分割され，それぞれプラス金利，ゼロ金利，マイナス金利が適用された。この場合，政策金利残高が増加するとマイナス金利で運用する余剰資金が増えるため，収益改善を目指して市場運用が増え金利の低下圧力が強まり，全体として低い金利の取引を増やす方向に作用した。

● 28.2　金融政策の波及

主要な波及経路

金融政策の効果は，金融調節による市場金利あるいは日銀当座預金に代表されるマネタリーベースの変動が，経済活動へと波及していく経路ないしメカニズムに依存する。以下では，図表28.2をもとに，金融政策が実体経済活動へと影響していく主要な波及経路を検討しよう。

V

わが国を念頭に置くと，金融調節スタンスを反映したコールレートの変化（①→①′→②）は，市場間取引を通じてオープン市場および貸出市場の金利へと波及していく。なお近年は，債券売買を通じて長期債流通利回りに直接影響する方法もとられている。それが各経済主体の資金調達コストないし金融市場で運用する際の機会費用に影響し，他方で実物投資を行った場合に得られる投資の期待利益率との関係の変化を通じて，投資や消費といった実体経済活動が変化していく。その波及経路の主要なものは，次の5つである。

(A)　コールレートないし債券流通利回りが，貸出金利の変化を通じて直接的に投資活動に影響する金利の直接効果（②ないし⑥→③→④）。
(B)　金利変動が株価・地価等の既存資産価格（ないし利回り）の変動を通じて企業の純資産価値を変化させ，投資活動に影響する（②ないし⑥→⑥′→④）。
(C)　金利変動が既存資産価格の変動を通じて家計部門の保有する土地や株式等の金融資産の実質価値を変化させ，消費活動に影響する。富効果とよばれる（②ないし⑥→⑥′→⑦）。
(D)　債券流通利回りが為替相場に影響し，経常収支が変化する（②ないし⑥→⑨→⑩）。
(E)　金利や株価の変動により銀行のバランス・シートが変化し，それが貸出態度の変化要因となり，投資活動に影響する（②ないし⑥→⑤→④）。

このように，金融調節による金利等の変化は，多様な経路を経て実体経済活動へと波及していく。(A)～(E) は，典型的な波及経路である。

中心は金利の直接効果と為替相場への影響

このうち，(B) および (C) の経路は，資産価格の変動が直接的に支出を増減させるといった側面を重視している。(B) は，担保価値の変動が貸出・支出に及ぼす影響があると考えられる。しかし，不況期にそうした効果が発揮されるのか否かについては，疑問も大きい。(C) は，一般物価水準の下落あるいは地価・株価等の資産価格の上昇によって，一般物価水準との対比でみた金融資産の実質価値が増大し，それが消費等を拡大する効果として指摘されてきた。しかし，たとえば1990年代後半のわが国でみられたように，物価水準の下落は所得効果（支出拡大へ作用）をほとんど生み出さず，むしろ雇用情勢等が厳しいなかでの物価下落が，将来不安に備えた貯蓄を増やすといった逆方向への代替効果を強める可能性も大きいと考えられる。

なお，現状 (E) は，長期的な緩和のなかで貸出態度が前向きの状態が続いているが，市場金利のさらなる低下が効果を生むことも考えられる。したがって主要な波及経路は，金利変化が直接的に投資に及ぼす効果 (A)，為替相場の変化を通じた効果 (D)，そして銀行の貸出態度の変化を通じた効果 (E) である。

図表 28.2 金融政策と経済活動との関係

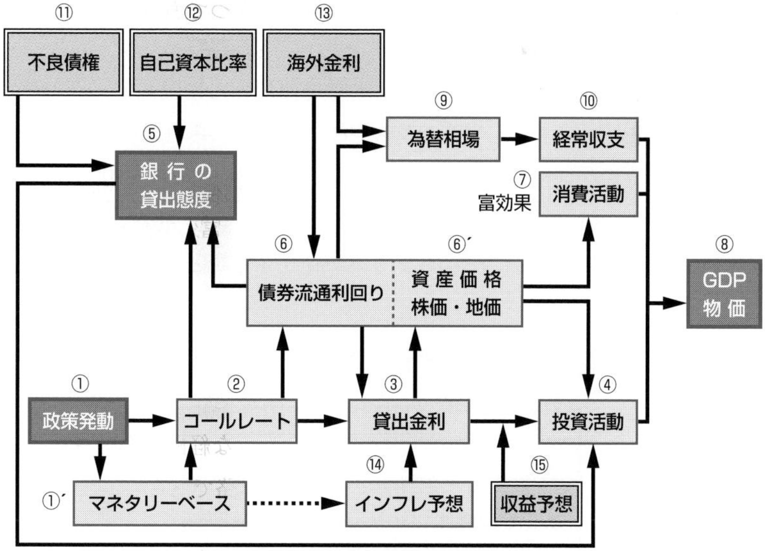

（注） 1. マクロ金融政策の主要な波及経路を示した。
2. ▭ は，マクロ金融政策から相対的に独立性の強い変数を指す。

● 28.3　有効性を支える条件

効果波及の前提

金融政策が実体経済活動に及ぼす効果については，2つの前提を考慮する必要がある。まず，その政策に関して中央銀行がコミットするスタンスが明確となっていることが求められる。現状の政策が短期間で変更される予想が強い場合には，企業の投資行動が変化する可能性は小さい。中央銀行は，金融政策の変更に関する条件を含めて態度を明確にするといった，コミットメント効果（量的緩和政策との関連では時間軸効果）を発揮する必要がある。

第2に，中央銀行が銀行の支払準備に示されるマネタリーベースおよびそれを通じた市場金利のコントロールができることも前提となる。中央銀行がそうした変数に働きかけることができなければ，貸出金利等が変化せず，政策の意図は浸透しない。この前提については満たされているといった想定のもとで議論が行われることが多いが，中央銀行は政策のコミットメント効果を常に考慮する必要がある（図表 28.3）。

こうした前提に加えて，金融政策の実効性を確保するに際して，その波及過程における条件が存在する。本章の図表 28.2 をもとにみれば，マネタリーベースの変動を通じたコールレートないし長期債流通利回りの変化（①′→②ないし⑥）が金利全般，特に長期金利へ波及していくこと（②ないし⑥→③），実質金利と投資活動との間に安定的な関係が存在すること（③・⑭・⑮→④），

図表 28.3　金融政策の効果波及の前提と条件

効果波及の前提
①中央銀行の政策スタンスが明確
②市場金利のコントロールが可能

効果波及の条件
①市場金利の変化が貸出金利等へ確実に波及
②投資の金利弾力性が大きい
③銀行の貸出態度が変化

そして金融政策を反映して銀行の貸出態度が変化すること（⑤→④）等である。

効果波及過程に関する条件

効果波及に関する条件として，第1に金融市場全般にわたる金利変化の実効性が確保されている必要がある。緩和を例にとれば，大量に供給された資金は，金融市場全般の金利低下圧力として作用していく（同図：①′→②ないし⑥）。この場合，長期金融市場の金利形成については，短期金利の先行きに関する期待形成のほかに，リスク・プレミアムの動向が重要となる。先行き不安等からリスク・プレミアムが拡大するような場合は，短期金利が低下しても長期金利へ影響する可能性は大きくない（1990年代の金融危機時にはコールレートO/N物が低下するなかでも，より期間の長い金利は上昇した）。また，買いオペにより資金を供給しても，金融機関側の資金需要額（応札額）がオペによる資金供給額を下回るという札割れ現象が発生する可能性もある。金融政策については，常に技術的・実務的な側面の限界について考慮する必要がある。

第2に，経済活動に影響を及ぼしていくには，金利変化に対して投資がどの程度変化するか，つまり投資の金利弾力性が大きいことが必要である。金利が変化してもそれに応じて投資需要が変化しないのであれば，金融政策の効果は限定される。たとえば，投資から得られる正味現在価値（実質予想利益の現在価値の合計）がきわめて小さい場合，金利水準が低下しても投資活動につながる可能性は小さい。

第3に，金利水準に加えて銀行の貸出態度が，市場金利やマネタリーベースの変動を反映して変化していくことも条件となる。たとえば，マネタリーベースの増加ないし市場金利の低下は，銀行の保有する有価証券等の価値が増大するほか，貸出との対比でみた市場運用等の機会費用の変化を引き起こす。こうした要因を背景に，銀行が貸出行動に前向きの態度に変化すると考えられ，これも効果が経済活動へと波及していく際の一つの要件である（図表28.2）。

このように，金融政策が末端の経済活動にまで波及するには，様々な条件が考えられる。ただ，波及経路は必ずしも安定的なものではなく，波及経路に存在するとみられる各種の情報変数を参照しつつ，効果の浸透状況を判断していくことが必要となる。

V

● 28.4 金融政策のルールと効果

》 金融政策のタイム・ラグ

一般に，経済政策については，効果を発揮するまでに3種類のラグがあることが指摘されている。それらは，①認知ラグ（Recognition Lag），②決定ラグ（Decision Lag），そして，③効果ラグ（Operational Lag）である。①認知ラグは，政策の実行を必要としている経済情勢の変化が発生してから公的当局がそれを認知するまでのラグであり，②決定ラグは政策発動の必要が認知されてから実際に政策を決定・実施するまでの遅れである。この2つのラグは，政策が実施されるまでのラグで，政策当局内部の努力によって短縮することが可能であり，両者を併せて内部ラグ（Inside Lag）という。一方，③効果ラグは，政策が実施されてから効果が発生するまでの遅れであり，政策当局が短縮することは難しく，外部ラグ（Outside Lag）ともよばれる。

こうしたラグが存在することから，政策のタイミングを誤ると政策の効果が逆方向に作用する可能性もある。金融政策の場合，特に効果ラグが大きいとみられるだけに，内部ラグの短縮について不断の努力が必要である。

》 金融政策のルール化

こうしたラグの存在を見越して，迅速な政策反応ないし安定的な対応をとる方法として主張されるのが，金融政策のルール化である。

金融政策のルール化は，物価や安定的な経済活動の維持のために，マクロ経済の変動に応じてシステマティックに金融政策，特に運営目標とする政策金利を動かす方式を指す。これは，政策反応関数を用いる方式である。この背後には，経済情勢や景気を的確に判断し続けることは中央銀行も難しく，また発動される政策の効果をあらかじめ正確に知ることも難しい現実がある。こうした主張には，古くはマネタリストが主張した，裁量的な微調整を行わずマネーサプライ（マネーストック）の伸び率を経済成長に見合う一定の伸びとするという k%ルールがある。もっとも，マネタリーベースとマネーサプライとの間に安定的な関係がみられない場合には，この政策をとることは難しい。

近年の代表は，1990年代初頭に米国で提唱され，連邦準備理事会でも支持者が増えたとされる，テイラー・ルールである。このルールは政策金利（名目金利）を，①インフレ率が上昇するときには引き上げ，下落するときには引き下げる，②需給ギャップ率（GDP ギャップ率）が拡大すれば引き下げ，縮小すれば引き上げる，というものである。名目均衡金利を景気と物価が目標とする水準で安定している場合の金利とすれば，これは，

$$\text{政策金利} = \text{均衡名目金利} + \alpha_\pi \times (\text{インフレ率} - \text{目標インフレ率}) + \beta_y \times (\text{GDP ギャップ率})$$

と主張することを意味する（α_π，β_y はパラメターで，$\alpha_\pi > 0$，$\beta_y < 0$ である）。インフレやデフレは，財・サービスの相対価格の大きな変化を通じて，また，需給ギャップの拡大も遊休資源拡大を通じて，いずれも適切な資源配分が困難となるといった考えから生じている。

一方，金融政策の操作目標をマネタリーベースとし，目標名目成長率とマネタリーベースとの間の比例的な関係を重視して政策を変更すべきであるといった考えもみられる。これは，以下の式のように表される。

$$\text{マネタリーベース増加率} = \text{目標名目成長率} - \text{流通速度変化率} - \gamma_y \times (\text{名目成長率} - \text{目標名目成長率})$$

つまり名目成長率が目標よりも高ければマネタリーベースの増加率を下げ，逆の場合には上げることを主張するもので，提唱者の名前をとってマッカラム・ルールとよばれる（流通速度は一定期間中にマネーが取引で使用される回数を示す。γ_y はパラメターである）。もっとも，マネタリーベースと名目成長率ないし流通速度との関係の安定性は，必ずしも確認されない。

このように，発動基準に関するルールの設定は，政策の透明性や説明責任の観点から有意義な面を持つ。また，政策目標との関係で現実経済からのフィードバックを考慮している点では，裁量政策とも矛盾はせず政策当局も受け入れやすい面もある。もっとも，固定化されたルールや特にパラメターの値ないし反応係数は，経済構造が変化するなかでは不安定であり，設定しても後追いとなりかねない問題がある。また，均衡金利等をどの程度厳密に算出することができるのかは，議論の余地が大きく，適用していくには課題が多い。

● 重要用語チェック

28.1
- □ オペレーション（オペ，公開市場操作）
- □ 買いオペ
- □ 売りオペ
- □ 補完貸付制度
- □ ロンバート型貸出
- □ 超過準備
- □ 補完当座預金制度
- □ コリドー
- □ 基礎残高
- □ マクロ加算残高
- □ 政策金利残高
- □ マイナス金利

28.2
- □ マネタリーベース
- □ 波及経路
- □ 金利の直接効果
- □ 金融資産の実質価値
- □ 為替相場
- □ 銀行の貸出態度

28.3
- □ コミットメント効果
- □ 時間軸効果
- □ マネタリーベース
- □ 市場金利のコントロール
- □ 金利変化の実効性
- □ 札割れ
- □ 投資の金利弾力性
- □ 銀行の貸出態度

28.4
- □ 認知ラグ
- □ 決定ラグ
- □ 効果ラグ
- □ 内部ラグ
- □ 外部ラグ
- □ 金融政策のルール化
- □ k%ルール
- □ テイラー・ルール
- □ マッカラム・ルール

第29章 非伝統的金融政策

POINT――本章で学ぶことがら

1 伝統的金融政策である正の領域に於ける金利水準調節の効果の限界が強まるなかで，非伝統的金融政策がとられるようになった。2016年以降は長短金利操作付き量的・質的緩和政策がとられるようになった。

2 非伝統的金融政策は，イールドカーブ・コントロールおよびオーバーシュート型コミットメントを2本柱とする。具体的には，大量の国債購入，多様な資産の購入等により，実質金利の低下，為替相場の円安の維持を通じて効果を及ぼすことを目指している。

3 インフレ・ターゲット政策は，望ましい物価上昇率を定め，この範囲内に実際の値を収めるべく政策変更を行う手法である。わが国では，日本銀行が2%の物価上昇目標を掲げ取り組んでいる。しかし，効果発揮に至る経路等について検討すべき課題は多い。

4 非伝統的金融政策により景気は緩やかに拡大傾向を辿るなど，一定の効果が生じている。もっとも，中央銀行による大量の国債保有の問題のほか，民間金融機関の貸出金利は引き下げが難しい水準に近づいているなど，「副作用」ともいうべき現象への対応が課題である。

● 29.1　非伝統的金融政策の登場

低金利持続下の新たな政策

1990 年代以降，我が国ではほぼ一貫して金利水準がきわめて低い状態が続いてきた。2000 年代後半の局面では，運営目標であった無担保コールレートO/N 物金利の水準調整の動きもみられたが，変化幅は小さく（0%→最高 0.50%），それも 2008 年のいわゆるリーマンショック以降の世界的な金融危機のなかで，再び実質的にゼロ金利状態へと戻している。こうした状態は近年の我が国に限られる現象ではなく，2000 年代の終わり頃以降は，景気回復力の弱さや国家債務の膨張（利子負担軽減の必要を意味する）等も加わり，欧米諸国は押し並べて同様の状態に陥っている。

このような低金利状態が持続しているもとでも，経済活動は総じて伸び悩み状態が続いた。そうしたなかでとられる措置が，非伝統的金融政策である。すなわち，これまで金融政策の出発点であった短期金利（無担保コールレートO/N 物）の水準調整を中心とする政策が伝統的金融政策であるならば，短期金利がゼロ％に近づいた状態の下で新たに打ち出される措置が，非伝統的金融政策である。短期金利がゼロ％近傍に低下すると，通常の金利操作ではそれ以上の効果を期待し難くなる。そうした状況下で金融政策の効果を発揮していくには，運営目標を他の指標（マネタリーベース，国債流通利回り）に拡げ，将来に亘るゼロ金利政策の持続への意思表明（コミット），日本銀行の資産規模の拡大（量的な緩和），あるいは資産構成の変更等によって金融緩和の効果を確保していく必要がある。これらの措置が非伝統的金融政策である。

非伝統的金融政策の経緯

非伝統的金融政策がとられた最初の例は，2000 年代入り後に実施された量的緩和政策である。その後，こうした措置は解除されたが，2008 年以降実施された実質ゼロ金利政策の継続下で，国債や社債・CP といった一般的な資産のほか，上場投資信託（ETF），不動産投資信託（REIT）等，価格変動リスクもある多様な金融資産の購入と，固定金利方式・共通資金供給オペレーションを行った，いわゆる包括緩和もその典型例である。こうした政策措置は2013年4月以降の量的・質的緩和，2016年1月のマイナス金利付き量的・質的緩和，2016年7月には金融緩和の強化，そして2016年9月以降の長期金利操作付き量的・質的緩和として，名称や規模等を変えつつも現在に至るまで続けられている。近年の政策の特徴は，図表29.1に示されるように大量の国債買入れの持続と，2%の物価安定の目標への強いコミットメントによる実質金利引下げ圧力を強めるところにある。こうした政策を反映して，29.2でみるように市場金利はマイナス状態（いわゆるマイナス金利）が続いている。 29

このような非伝統的金融政策は，米国でもサブプライム・ローン問題（26.2を参照）以降，資産の大量購入やその構成変化，景気物価情勢を前提としたゼロ金利政策の継続等として実施されている。これらはいずれも，長めの市場金利低下や各種リスク・プレミアムの縮小を促すなどを通じて，企業・家計の支出行動や投資家の資産選択行動に働きかけ，最終的な景気や物価に影響を及ぼすことを目指している。

非伝統的金融政策については，直接的な景気刺激策としての効果と同時に，金融システム・金融市場の安定化への貢献が大きいことも見逃せない。つまり，金融機関に大量の流動性を供給することで金融システム不安を鎮める効果，あるいは過度にリスク回避的となり市場機能が低下（リスク・プレミアムが急上昇）した場合，中央銀行が介入して金融市場を安定化させる効果である。それは金融不安の発生を抑え，金融面から実体経済への悪影響を防ぐことにもつながる。

図表29.1 「量的・質的金融緩和」のメカニズム

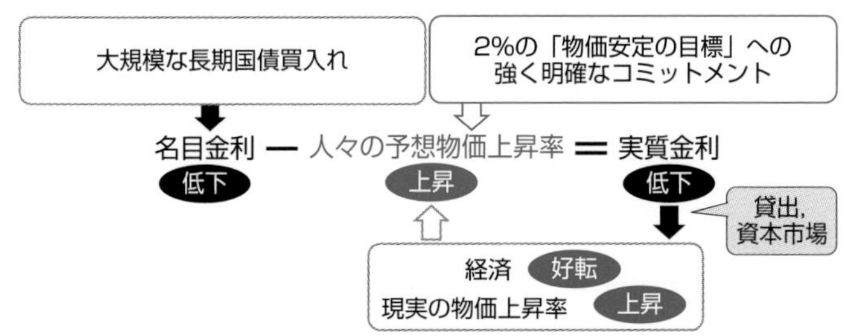

（注）「日本銀行総裁講演資料」2016年6月による。

V

● 29.2　政策の枠組み

政策の2本柱

非伝統的金融緩和の枠組みは，イールドカーブ・コントロールおよびオーバーシュート型コミットメントを2本柱とする。前者は，短期～長期のイールドカーブの操作により金利低下の効果を拡大することを目指す。その方法として，一定額を上回る日本銀行当座預金へのマイナス金利の適用（28.1参照）と，長期国債の大量買入れの組み合わせが採用されている。またこれに加えて，長短金利操作を円滑に行うための新しいオペレーション手段（指値オペ）も導入されている。この結果，図表29.2にみられるように，10年以下の国債流通利回りはマイナス状態が続いている。

一方，後者は（生鮮食品を除く）消費者物価指数の前年比上昇率が安定的に2%を超えるまで，マネタリーベースの拡大方針を継続するというコミットメントを指す（図表29.1を参照)。これにより2%の物価安定目標の実現に対する人々の信認を高めることを目指している。換言すれば，前者の措置により名目の市場金利低下を促進させ，後者の措置で物価上昇による金利負担の低減を図ることを通じて，両面から貸出等に適用される実質金利の低下を促す政策である。2018年夏には，強力な金融緩和を粘り強く続けていく観点から，政策金利のフォワード・ガイダンスを導入することにより，「物価安定の目標」の

図表29.2　国債流通利回りの変化

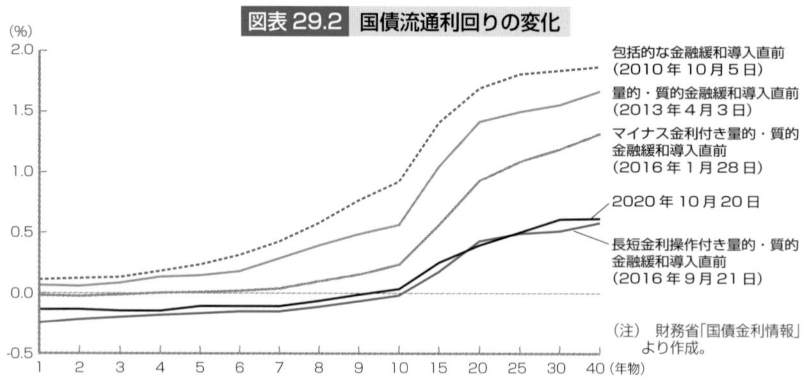

（注）財務省「国債金利情報」より作成。

実現に対するコミットメントを強めると同時に，長短金利操作付き量的・質的金融緩和の持続性を強化する措置も決定している。この 2 本柱は，金融政策の運営目標が従来の無担保コールレート O/N 物と併せて，長期金利も対象とするようになったことを意味する。

波及のメカニズム

こうした 2 本柱の具体的な手法としては，まず第 1 に量的緩和が挙げられ，長期国債や CP 等の大量購入により市場金利低下を促す措置がある。2013 年以降は国債の大量購入により，日本銀行の資産規模が急膨張しており，米国を上回る量的緩和となっている（図表 29.3）。また，質的緩和として多様な資産を購入することを通じて金利リスク・プレミアムの縮小を図ることや，将来の金融政策の方針を前もって表明するフォワード・ガイダンスによる長期金利へ影響を及ぼすこと，さらに大量の国債購入等を通じた市場金利のマイナス方向への誘導もそのひとつである。

次に，こうした政策の経済活動への波及経路をみておこう。第 1 は，時間軸効果で，将来的な金融緩和へのコミットによるインフレ期待の高まりを通じて実質金利低下を促進し，投資活動につなげる経路である。第 2 は，市場金利の全般的な低下による為替相場の円安化の維持で，純輸出拡大につなげる経路である。第 3 は，多様な証券購入により金利が低下する対象範囲を拡大し，リスク・プレミアム縮小を通じて投資活動につなげる経路である。そして第 4 に，29.1 でみたようにマネタリーベースの大量供給により金融システム・金融市場の安定性を維持し，金融不安の抑制を通じて実体経済経済への悪影響を防ぐことも効果波及経路の一角を占めている（28.2 を参照）。

図表 29.3　主要中央銀行の資産規模の推移（名目 GDP 比）

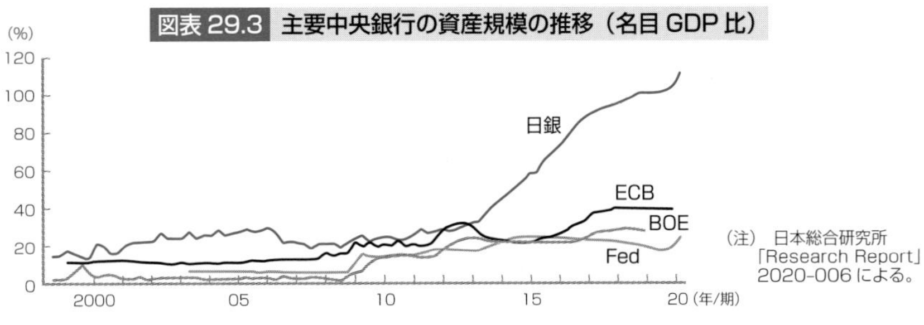

（注）日本総合研究所「Research Report」2020-006 による。

● 29.3　インフレ・ターゲット政策

インフレ・ターゲット政策の考え方

2000年代以降，金融政策の遂行にあたりインフレ・ターゲット政策（インフレーション・ターゲティング）が採用されるようになった。これは，金融政策運営の透明性を確保する観点から，インフレとの関連を明らかにしていく方法で，中長期的に望ましいと考える物価上昇率を設定し，実際の物価上昇率をこの範囲内に収めるべく政策変更を行う手法である。

インフレ・ターゲット政策は元来，高インフレに苦しむ国で採用されたが，不況期にはマネー供給を増やして緩やかなインフレを起こし，経済の安定的拡大を図る政策（リフレーション）が主張される。この背後には大恐慌時に，マネー供給を増やし物価水準引き上げを主張したI. フィッシャーの考えがある。この方式は，インフレの抑制を目指して，米国や英国・カナダ・オーストラリアやスウェーデン等で導入されている。我が国も，日本銀行が2013年1月に「物価安定の目標」を導入，持続可能な物価の安定と整合的と判断する消費者物価の前年比上昇率を2%とし，その早期実現を目指すことを決めた。そして，同年4月には質的・量的緩和政策として，新たに金融調節の操作目標としたマネタリーベースの大幅増加等を打ち出し，こうした政策は2020年代入り後も続いている。

インフレ・ターゲット政策の基本的な考えは，インフレ目標値（通常はゼロ以上の物価上昇率）を導入し，金融の一段の緩和を進める過程で発生するインフレ予想の強まりによって，実質金利（＝名目金利－インフレ予想）が低下し，経済活動の回復につなげるとする（前章図表28.2：①′→⑭→③）。これは，実体経済活動に影響を及ぼすのは名目金利ではなく実質金利であり，デフレ下では実質金利が上昇するケースが発生することを背景とする。この議論の核心は，インフレ予想を強めて実質金利を低下させ，それを通じて投資を刺激していくところにある。言い換えれば，名目金利のベースで描いたいわゆるIS曲線とLM曲線が第1象限で交わらない（交点が横軸上で生じてしまう）状態にあるならば，インフレ予想を高め実質金利の低下によってIS曲線を上方にシフトさせ，第1象限でのLM曲線との交点を復活させるといった考えである。しかし，この政策の実体経済への波及のメカニズムそして効果に関しては，十分解明されていない面もある。

インフレ・ターゲット政策の課題

インフレ・ターゲット政策は，物価に対する人々の期待を安定化させるのに有効であると考えられる。しかし，いくつかの課題がある。第1は，こうした目標の設定が，かえって機動的な政策発動を制約する可能性である。たとえば，インフレの加速が確実で中央銀行が引締を必要と判断しても，現実のインフレ率が目標値を下回っている間は政策変更が難しく，その結果として短期間のうちに現実のインフレ率が高まる可能性である。逆に景気が後退していても，目標値を下回っている場合は金融緩和による景気刺激を求めることも難しくなる。経済がデフレ気味のなかでインフレ・ターゲット政策を行う意義は，いわゆるマンデル＝トービン効果（5.1を参照）によって名目金利iに大幅な変化が生じない状況下で，インフレ予想ρを強めて実質金利rの引下げを実現するところにある（$i=r+\rho$）。しかし，フィッシャー効果を考慮すると，インフレ予想の強まりとともに長期金利は上昇する可能性が強い。フィッシャー効果の完全な作用（インフレ予想分だけ名目金利が上昇）は考えにくいが，インフレ予想の強まりによって名目金利が上昇する可能性は大きく，その限りでは実質金利の低下が相殺される等，さらに検討すべき余地は大きい。

第2は，インフレ・ターゲット政策が一般物価を対象とすることに絡む問題である。通常，一般物価と資産価格は同方向に動いていくと考えられる。しかし1980年代後半の我が国では，一般物価水準の相対的な安定が続くなかで資産バブルが発生した。こうしたターゲット方式を採用している場合，経済活動の混乱防止を理由に引締政策への転換が難しくなる可能性もある。

厳密なインフレ・ターゲット政策ではない方法も主張されている。これは，中央銀行が予め望ましいと考えるインフレ率を掲げ，金融引締や緩和の判断基準とするといった考えである。実現を目指す時期や実現自体に対する義務はなく，政策面で柔軟性があるとされ，欧州中央銀行が採用している。

● 29.4　政策効果と課題*

》政策効果

こうした非伝統的金融政策の効果について，特にそれが大規模に実施された2013年以降の時期を中心にみていこう。2020年に生じたコロナ禍の影響を別とすれば，金利低下等を背景に経済活動は緩やかな拡大傾向を辿り，円相場も2011年頃までと比べ上昇し，インバウンド需要を含めて経常収支面から景気を下支えした。完全失業率も，少子化の影響も加わり大きく低下した。経済活動の持ち直しには財政面の措置等，他の政策の影響もあると考えられるが，その限りではこうした金融面の政策措置は，経済を緩やかながら拡大傾向に載せることにそれなりに貢献したと評価できる。

他方，大規模な緩和開始とともに強く主張された2%のインフレ目標については達成にはほど遠く，その限りで「インフレ予想→実質金利低下→景気刺激」の経路は作動しない状態が続いている。この面では，マイナス金利を含む全般的な名目金利の低下を通じた経路が景気刺激効果をもたらしたと言える。また，大量の資金供給が金融市場の緩和感を持続させ，資金調達面で安定感が続いたことも，側面から経済活動を支えたひとつの要因である。

もっとも，政策効果については，このような前向きの声と，効果自体を疑問視する声が交錯しており，その評価は必ずしも定まっていない。

》非伝統的金融政策の課題

この政策は文字通り「非伝統的」であるだけに，取り組むべき課題も多い。そのひとつは，日本銀行による国債買いオペをはじめとする各種証券の大量購入である。とくに国債については，中央銀行による購入量増加は，財政規律の弛緩・将来の国債発行拡大予想にもつながり，その面から国債価格が下落し長期金利が上昇することも生じ得る（**30.2** を参照）。買付額はひところと比べ減少しているが，既に日本銀行のバランス・シートは大量の国債を抱えて膨張しており，買い付け額のさらなる削減への取り組みが課題となる。このほか日本銀行は，国債以外にも多様な証券，たとえば上場投資信託（ETF），不動産投資信託（REIT）等，価格変動リスクのある証券を大量に購入している。そうした保有資産のリスクが顕現化した場合には中央銀行への信認が損なわれるおそれも大きい。この面でも，削減に向けた取組が重要となる。

また，長短金利操作付き量的・質的金融緩和の下で，イールドカーブは全般的に下押し圧力が続いており，そのフラット化が進行している（図表 29.2）。こうしたなかで，金利の価格発見機能は後退している。とくに証券市場での長期性資金運用を主体とする生命保険会社等は，利益確保が一段と難しくなっている。マイナス金利の状態は当面持続するとみられ，金融機関は収益源確保が大きな課題である。

全般的な市場金利の低下・マイナス状態を受けて，貸出金利も低下傾向を辿り，既に預金金利が事実上ゼロ状態にあるなかで預貸金利鞘の縮小が続いている。他方，景気回復が緩やかで資金需要はそれ程高まっている訳ではなく，金融機関の経営面から金利引き下げの限界を指摘する声も強い（図表 29.4）。その限りでは，低金利政策が続くなかで地域金融機関の経営再編が進む可能性も大きい。日本銀行は，2020 年秋に合併や経営統合等によるコスト引き下げ等を条件として，日本銀行当座預金に追加的な付利を決定したほか，政府も同様な観点から補助金を支給し，経営再編を支援する方針を打ち出している。

経済活動の改善ないし成長力の強化を，金融政策だけで実現することは難しい。それは本来的には，民間部門の構造改革努力，そしてそれを支援する政府の成長戦略などにより推進されるものであろう。マクロ金融政策は，そうした民間部門の活動を側面から支えるところに本来的な役割がある。

図表 29.4 貸出金利と資金調達コスト

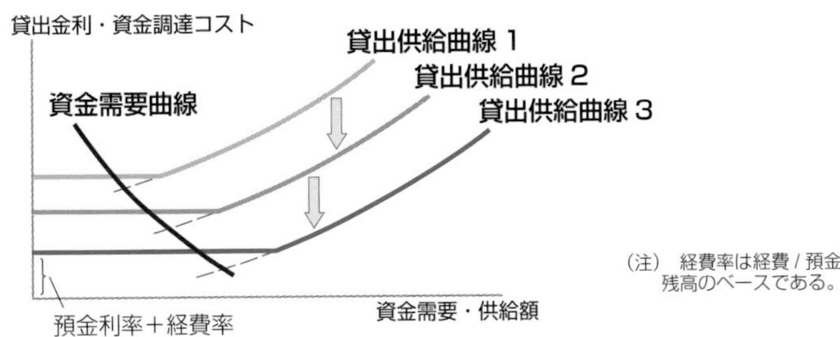

29

● 重要用語チェック

29.1	□ ゼロ金利	□ 伝統的金融政策
	□ 非伝統的金融政策	□ 量的緩和政策
	□ 包括緩和	□ 量的・質的緩和
	□ 長短金利操作付き量的・質的緩和	□ リスク・プレミアム
29.2	□ イールドカーブ・コントロール	
	□ オーバーシュート型コミットメント	
	□ マイナス金利	□ 消費者物価指数
	□ フォワード・ガイダンス	
29.3	□ インフレ・ターゲット政策	□ インフレ目標値
	□ インフレ予想	□ 実質金利
	□ 名目金利	□ マンデル=トービン効果
	□ フィッシャー効果	
29.4	□ インフレ目標	□ 国債買いオペ
	□ マイナス金利	□ 預貸金利鞘

第30章
経済環境の変化と金融政策

POINT——本章で学ぶことがら

1 家計の保有する金融資産の半分以上は引き続き現金・預金形態で，その限りで金融政策の波及経路上，銀行部門は重要な地位を占め続けている。他方，近年の社会経済構造の変化と結び付いた小規模企業の活躍余地が広がっている。AI の活用等によりこれら企業の必要とする小口資金を対象に取り込むことが貸出増加につながる可能性があり，これは金融緩和政策の副次的な作用でもある。

2 財政の大幅赤字下で国債の大量発行が続き，日本銀行が最大の保有者となっている。そうした状態がさらに進むと，財政赤字持続予想に伴う長期債市場への影響や国債費膨張による金利水準変更に関する軋轢の可能性，国債保有主体の偏りによる市場への影響といった問題が生じてくる。

3 金融技術革新は，金利裁定取引の活発化を通じて政策効果を強める可能性が強い反面，目標とすべき量的指標の把握が難しくなることも予想される。また，電子マネーの普及によりマネタリーベースの需要が変化し，信用乗数が不安定となる可能性もある。

4 グローバル化の進展は，中央銀行による金利水準誘導への影響は現状では小さい。しかし長い眼でみると，長期債市場に影響していくことも予想される。また，金融政策のトリレンマが深刻化する可能性が大きい。

● 30.1　資金需要の変化

》環境変化とマネーフロー構造

V

前章では現行の金融政策の課題をみてきた。本章ではマネーフロー構造とくに資金需要が変化しているなかで，金融政策の有効性を確保していくための将来的な課題について，波及経路および資金需要面を中心に考えていこう。

まず資金供給面では，家計部門が最大の資金供給者である状態が続いている。金融資産の保有層のなかで高齢者が大きな割合を占めているほか，金融資産の構成面では現金・預金が引き続き5割を上回る一方，いわゆる証券は増えてはいるが15％程度に留まり，これが米国およびユーロエリアと比べ大きな特色である（図表30.1）。このことは我が国の場合，資金の運用調達に際して引き続き銀行部門（預金取扱金融機関）が中心であることを示している。そしてそれは，金融政策の波及経路に於いて証券市場だけでなく，銀行部門が重要な地位を占め続けることを意味する。

資金需要面では，停滞気味の経済活動を背景に，活動拡大を目指す資金の需要は弱く，それと裏腹に政府が財政赤字拡大・特例国債（赤字国債）の大量発行から大きな資金調達部門である状態が続いている（1.3を参照）。近年の大

図表30.1　家計の金融資産構成

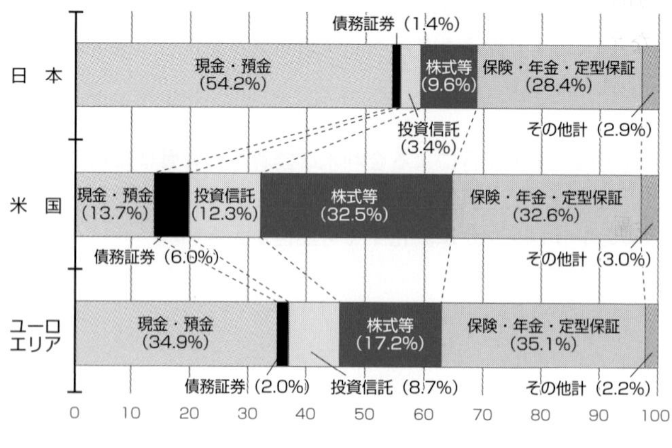

（注）日本銀行「資金循環の日米欧比較」2020年（2020年3月末時点）による。2005年9月末時点では現金・預金が53.2%（証券は8.9%）である。

きな流れでもある海外進出や各種合理化投資は，企業の関連した前向きの投資資金ニーズを高める側面をもつ。もっとも，経済が伸び悩んでいることに加えて，企業の資金調達の面で内部留保や株式等の自己資金依存度が急速に高まり，借入依存度が低下している（18.2）。また，いわゆるフィンテックを活用した異業種からの金融業への参入が増えており，従来型の金融機関との競合も生じている。他方，コロナ禍による経済活動の落込みに起因する赤字補填的な資金需要は増えており，こうした傾向は当分続く可能性が大きい。

低金利政策と小口資金貸出

1990年代以降のわが国経済は，ノーベル経済学賞を受賞したJ.R. ヒックスの指摘する貸越経済（Overdraft Economy）から自律経済（Auto Economy）へと移行した。そうしたなかでは金融政策の効果も，各種金利の変化を通じて発揮される。しかし，金利は機会費用を含む資金調達費用として影響を与えるに留まり，収益予想ないし投資の限界効率の改善も重要となる。

一方，グローバル化やICT革新，高齢社会の進行，さらにはリモート勤務スタイルの増加等，近年の経済社会構造の変化は目覚ましく，企業は生産構造自体の変革を迫られている。そうした変化のうねりが，新たな経済活動の拡大に結び付いていく可能性は大きい。

このような環境を利用しつつ活動する新たな企業は，投資の限界効率も高いとみられるが，概ね小規模で必要とする資金も小口である。一般に，小口資金は貸出金利水準も相対的に高いが，数も多く金融機関側では従来審査に手間暇を要することが大きなネックとなっていた。この点，AI利用によるビッグデータ処理を基にすれば，これら小口の資金需要に関してそうした手間暇を省きつつ貸出可否を決定することができる。そして，その積み重ねが新たな貸出増/収益力の回復につながる可能性もある。

その意味で現行の金融「超」緩和政策は，副次的な効果として中小/小規模企業の起業資金等，小口資金需要へと金融機関側の対応を進める方向に作用することが考えられる。従来型企業は資金需要の伸び悩みが続くとみられるだけに，こうした中小/小規模企業を取り込んでいくことが，全体としての貸出の増加，ひいては経済全体の活性化にもつながると考えられる。

● 30.2　国債大量発行の影響

》国債大量発行下の金融政策

企業活動が伸び悩むなかで，大きな資金調達主体が国（政府）である状況が続いている。日本銀行が資金供給を行う債券等の買いオペレーションにおいても，民間企業の債券等ではなく政府の債務つまり国債が主対象である。

日本銀行は，保有する資産の基準として，①健全性（保有する資産や受け容れる担保が高い信用力を保つ），②流動性（いつでも容易に売却でき，バランス・シートを速やかに伸縮させることを可能としておく），③中立性（市場の厚みがあり流動性の高い資産の保有を原則とする）といった3つの要件を掲げている。日本銀行がこうした原則に則して国債を購入・保有している限り，問題は少ない。

もっとも，日本銀行は新規発行の国債を引き受けてはいないが（財政法第5条では日銀引受を禁止している），一定期間後に市場を通じて購入している（国債買いオペ）。このことは，結果的にではあるが財政支出を間接的な日銀の国債引受によって賄うことに等しい。GDPギャップ等が存在する状況下では問題は小さいが，日本銀行が政府に多額の信用を供与することは，過去の出来事からみれば財政規律の弛緩等に結び付きやすいことに留意が必要である。

》金融政策上の留意点

国債の大量発行は，金融政策の効果にどのような影響を及ぼすのかを考えてみよう。第1は，財政赤字に関する予想が長期金利に影響する可能性である。景気回復のなかでもなお財政赤字が続く場合には，資金需要の増加予想から長期金利が逆に上昇する可能性もある。これは，2010年代に入って欧米諸国で一部生じた現象でもある。現状，日本銀行は長短金利操作等により長期債市場の金利をコントロールしている。しかし，そうした行動がさらに進むと財政面の規律弛緩・将来の国債増発予想が広がり，その面から国債価格の下落圧力が強まる事態も生じ得る。

第2は，国債費の膨張にともない軋轢が生じる可能性である。国債発行残高は多額に上り（名目GDP比率2008年度1.8倍→2018年度2.4倍），今後も大量発行は避けられず，支払利子の財政負担が重い状態にある。そうした環境下では，政府当局が金利引上げに対する抵抗を強めることも予想される。

第3は，国債保有主体の偏りの影響である。国債の保有主体として，銀行等の預金取扱金融機関が大幅に減少する一方，保険・年金基金のほか海外投資家の保有が増えている（図表30.2）。もっとも，前記の通り日本銀行が最大の保有主体となっており，保有比率は2020年6月末時点で44.5%に達した。近年は国債買入額が減少しているが，こうした中央銀行の大量購入等を背景に保有主体の偏りが生じている。それは国債市場の厚みをなくす方向に作用し，その結果として価格や利回りが大きく振れる可能性につながる。そして金融政策の変更に対する市場の過剰反応を引き起こし，政策の実施自体ないし効果浸透を難しくすることも予想される。その意味では，国債保有層を拡大することもひとつの課題となる。

なお，資産買入等で中央銀行のバランスシートの膨張が続くと，市場は無規律な通貨膨張ないし政府債務のマネー化が生じていると認識し，その結果国債利回りが急騰し，中央銀行が巨額の評価損を抱えソルベンシー問題が生ずる可能性も否定できない。2020年に停滞状態となった経済活動が緩やかながら再び拡大軌道に復帰する際には，中央銀行に対する信認を深める点からも，国債の購入・保有額の見直し等を進めることが重要である。

図表30.2 国債等の保有者内訳

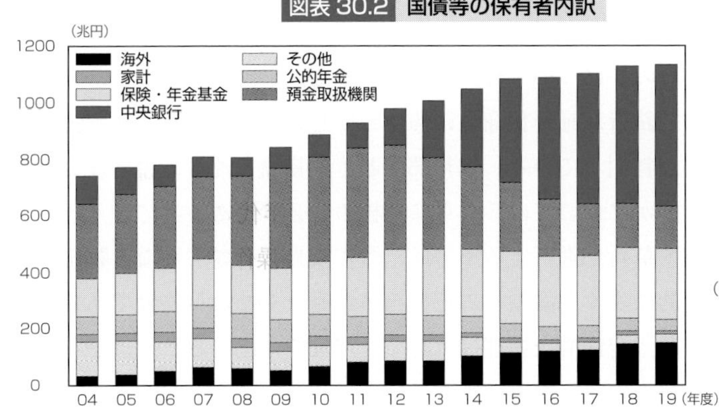

（注）日本銀行「2020年第2四半期の資金循環」参考図表2020年9月による。

● 30.3　金融技術革新の影響*

取引コスト低下の影響

金融技術革新は全体として金融政策の効果にどのように影響するのであろうか。第28章でみた金融政策の波及経路に即して考えると，まず予想されるのは，市場取引コストの低下を通じて金利効果を強める方向に作用する可能性である。フィンテックの進展によって，多様な金融商品が開発され，また異業種から金融業への新たな参入も増えている。それらは，市場における金融取引コストを低下させる。その結果，各種金融商品間の**金利裁定取引**が活発化する。また，金融派生商品のようにレバレッジが高い商品取引の活発化によって，市場参加者の金利観がより明確に市場に反映されるようになる。このことは，金利の期間構造を表すイールドカーブ全体に対する政策の波及速度を高める，言い換えれば金融政策による金利への影響力を強化する方向に作用すると予想される。

第2は，前記のように預金のウエイトは引き続き大きいが，フィンテックを背景に従来の銀行貸出以外の他の金融仲介機関の発行する多様な金融商品（証券化商品等）が増加することの影響である。**金融商品の多様化**は，市場で取引される証券と銀行貸出との代替性を強め，大企業では貸出以外の資金調達手段へのアクセスが一段と容易となると予想される。

ただし，市場取引を利用し難い中小企業等が多い経済構造のなかでは，これがどの程度拡大するのかについて疑問も残る。また，米国サブプライム・ローン問題についても，銀行が証券化商品に関連して必要なファイナンス等をかなり行っていたことが判明している。銀行部門とくに貸出を通じる金融取引が実質的に低下するか否かについては，さらに見極める必要がある。

第3は，金融技術革新が進行する下では，潜在成長率やコアとなる物価上昇率との関係を安定的に表す金融指標の把握自体が難しくなる可能性である。こうした変化が続くと，定性的な把握は可能でも定量的に捉えることはかなり難しい。中央銀行は自らの政策が不確実性を増大させないよう，注意深く対応することが求められ，量的指標を政策上の目安とするに際しては，それを正確に捉えていくことが必要である。わが国では2008年6月に，近年の金融活動の変化等を踏まえ，対象範囲を拡大したマネー指標へと改訂が行われた（名称も「マネーサプライ」から「マネーストック」へ変更された）。実体経済指標との関係をチェックしつつ，政策の基本となる指標の定義等を適宜見直すといった試行錯誤も重要である。

電子マネーとマネタリーベース

金融技術革新の影響として，近年普及が広がっている電子マネーについて考えてみよう。第3章でみたように，決済手段の電子化であるIC型の電子マネーは，近年急速に利用範囲が拡大している。ただしその流通性は，現金と同様に利用出来るという保証に依存している。

電子マネーが急速に普及していく過程では，経済取引の効率性が向上して通貨の流通速度が上昇し，その結果としてマネタリーベース（とくに小額の現金通貨）に対する需要が減少する。それによって，中央銀行の負債の大きな部分を占める現金通貨の発行規模が，相対的に縮小することも考えられる。また，決済手段の電子化との関連では，預金代替的な電子決済技術の普及により，預金が準備預金対象外の電子決済手段へとシフトする。そして，この面から準備預金，つまりマネタリーベースに対する需要減少が生じ得る。また，フィンテックを活用する資金移動業者の登場により，決済に備えた企業預金の滞留が節約される傾向が生ずると，必ずしも安定的ではない信用乗数（預金通貨残高に対する現金通貨残高の比率）等の不安定さが増し，金融政策上の判断を難しくすることも予想される。なお，複数の通貨が使用可能な電子マネーが登場すると，外国為替市場やそれを通じて金融市場全体にも影響を及ぼす可能性も指摘されている。

現状では，これらはいずれも大きな問題となっているわけではなく，特に現金通貨に関しては電子マネーの発行増が硬貨の流通量に影響する以外に大きな変化はみられない。しかし，今後電子マネーの使用範囲が拡大を続けていくことも予想されるだけに，既存の決済システムに及ぼす影響を含めて，政策効果への影響を更に検討することが課題となろう。

30

● 30.4　グローバル化と金融政策

》グローバル化と金融政策の運営

グローバル化は，「資本や労働力の国境を越えた移動が活発化するとともに，貿易を通じた商品・サービスの取引や，海外への投資が増大することによって世界における経済的な結付きが深まること」（内閣府の平成 16 年度年次経済財政報告）と定義される。現在，主要国の経済は，実物・金融面ともに内外取引の自由化が進んでおり，為替相場は変動相場制が採用されている（いわゆるユーロ圏も域外に対しては変動相場制である）。金融政策の効果については，内外資金移動や為替相場の変動も考慮して考える必要がある。

またグローバル化のもとでは，しばしば政策協調が焦点となり，それが政策割当に絡んでくる。1980 年代中頃には，日米貿易不均衡が顕著となりドル高是正・日本の内需拡大といった協調体制が組まれた。そして経常収支不均衡の是正が政策目標となり，過度に金融緩和政策に依存したことが資産バブルを招来した。経済政策に関するマンデルの定理によれば，政策目標に対して比較優位を持つ政策手段を割当てるべきである。その意味では，1980 年代後半の国際政策協調において，主として金融政策を割り当てたことは大きな問題である。こうした経緯もあり，自国の政策手段は自国の目標（国内目標）に優先すべきという主張も強い。経常収支不均衡は，各経済主体の合理的活動の結果であり，その是正を政策目標とすること自体への批判が大きい。

》内外資金移動の影響

国際化された経済のなかで行われる金融取引は，異時点間モデルで示されるように各国の所得機会を拡大するなど，経済厚生水準の向上に資する。近年の ICT 革新は，外国の金融資産に関する情報不足を解消し，また情報収集・モニタリング等の専門機関の登場は，こうした国境要因を小さくする方向に作用した。これが金融グローバル化の大きな背景となっている。しかし現実には，国毎に金融制度が異なるなど「国境」の存在は大きい。つまり，為替リスクやエージェンシー・コストの相対的な高さ，あるいは情報の非対称性の問題等を背景に，金融経済活動の面では自国の金融資産あるいは国内投資が優先されるといった，ホームバイアスの存在が指摘されている。

近年の我が国の金融政策は，国内の長短金利操作（イールドカーブ・コントロール）が各種金融市場に影響しており，海外金利の動向等に直接的に左右される場面は生じていない。これは，世界経済や為替相場の変動に関する予測等よりも，マネタリーベースを独占的に供給する中央銀行の市場調節スタンスへの信認が強いことを表している。

ただし，長期債市場等では国内外の金利裁定取引は大規模かつ活発に発生する可能性がある。これは，内外通貨建ての利回り格差であるリスク・プレミアムを小さくし，各国通貨建ての金融資産間の代替性を強める。その結果，たとえば僅かの国内外金利差が大規模な資金移動を惹き起こす可能性がある。

もちろん，企業等に関して国内外で生ずる情報の非対称性やリスク・プレミアム等は，グローバル化の下でも消滅しないと予想される。したがって，実質長期金利の格差が残ると考えられるが，この面では金融政策による国内金利変更の効果を弱める方向に作用する。グローバル化した経済の下では，海外とくに経済規模の大きい国の金融動向が，内外資金移動を通じて国内の金融政策の効果に影響する可能性も考慮する必要があろう。

逆に，国際的なスピルオーバー効果も考えられる。ゼロ金利状態の長期化予想の下では，グローバルな動きをする資本が高金利国・資源国へ流れ，それが海外新興国の景気拡大や株価上昇につながることも考えられる。また，それが行き過ぎれば資源・原料高となって跳ね返るマイナス面が生ずる可能性もある。

このようにグローバル化が進展した状態下では，いわゆる国際金融のトリレンマが深刻化する可能性がある。つまり，①金融政策の独立性の維持と，②為替相場を安定的に保つこと，および，③自由な資本移動の3者は併存しない。市場金利の変化が短時間で大きな資金移動を惹き起こす可能性もあり，この対応が大きな課題となる。一国の金融市場の参加者は国境を越えて広がり，市場規模も巨大化し，その効率化も進展している。市場の安定性を確保しつつ金融政策の効果の速やかな浸透を図るために中央銀行が配慮すべき分野は変化・拡大している。

● 重要用語チェック

30.1	□ マネーフロー構造	□ 家計部門
	□ 特例国債	□ 貸越経済
	□ 自律経済	□ 小口資金
	□ 中小/小規模企業	
30.2	□ 健全性	□ 流動性
	□ 中立性	□ 国債買いオペ
	□ 国債の大量発行	□ 国債費
	□ 保有主体の偏り	□ 中央銀行に対する信認
30.3	□ 金融技術革新	□ 金利裁定取引
	□ 金融商品の多様化	□ 電子マネー
	□ マネタリーベース	□ 電子決済技術
30.4	□ グローバル化	□ 政策協調
	□ マンデルの定理	□ 国内目標
	□ ホームバイアス	□ 金融資産間の代替性
	□ スピルオーバー効果	□ 国際金融のトリレンマ

参考文献

本書と同程度の水準ないし補完関係にある文献，およびその後に取り組むべき文献を示した。第Ｉ部には，全体を通して参考となる文献・事典を含めた。また，２つ以上の部に関係する場合は，重要とみられる部に含めた。＊が付いている文献はやや高度な内容で，学部最上級生，大学院生，あるいは経済分析や金融実務に携わる社会人向けである。＊のない文献には，本書では一部に留めたファイナンス等の分野を含んでいるが，金融のメカニズムを理解するには是非取り組んでいただきたい。

第Ｉ部

金融ジャーナル社（編）（2020）『金融時事用語集』（各年版）金融ジャーナル社

鹿野嘉昭（2013）『日本の金融制度』（第３版）東洋経済新報社

筒井義郎（2000）『金融分析の最先端』東洋経済新報社*

日本銀行金融研究所（編）（2011）『日本銀行の機能と業務』有斐閣

橋本優子・小川英治・熊本方雄（2019）『国際金融論をつかむ』（新版）有斐閣

Allen, F., & D. Gale（2000）, *Comparing Financial Systems*, The MIT Press. *

Hicks, J.（1967）, *Critical Essays in Monetary Theory*, Oxford University Press.（江沢太一・鬼木 甫（訳）（1969）『貨幣理論』オックスフォード大学出版局）

Randall L. W.（2015）, *Modern Money Theory*, Palgrave. *（島倉　原（監訳）（2019）『MMT 現代貨幣理論入門』東洋経済新報社）

Ritter, L., W. Silber, & G. Udell（2009）, *Principles of Money, Banking and Financial Markets*, Pearson International Edition.

Shiller, R. J.（2003）, *The New Financial Order*, Princeton University Press. *（田村勝省（訳）（2004）『新しい金融秩序――来るべき巨大リスクに備える』日本経済新聞社）

Stiglitz, J. E., & B. Greenwald（2003）, *Towards a New Paradigm in Monetary Economics*, Banca Commerciale Italiana.（内藤純一・家森信善（訳）（2003）『新しい金融論――信用と情報の経済学』東京大学出版会）

第Ⅱ部

浅野幸弘・宮脇 卓（1999）『資産運用の理論と実際』中央経済社*

阿萬弘行（2018）『株価の情報反映メカニズム』中央経済社*

新井富雄・渡辺 茂・太田智之（1999）『資本市場とコーポレート・ファイナンス』中央経済社

大村敬一（2010）『ファイナンス論――入門から応用まで』有斐閣

加藤英明（2003）『行動ファイナンス』朝倉書店

俊野雅司（2004）『証券市場と行動ファイナンス』東洋経済新報社
日本証券アナリスト協会（編）（2009）『新・証券投資論』（Ⅰ：理論編，Ⅱ：実務編日本経済新聞出版社*
浜田宏一（1996）『国際金融』岩波書店
Bodie, Z., A. Kane, & A. Marcus（2009）, *Investment*, 8th Edition, McGraw-Hill/Irwin.（平木多賀人他（訳）（2010）『インベストメント』（第8版，上・下）マグロウヒル・エデュケーション）
Bodie, Z., R. C. Merton, & D. L. Cleeton（2009）, *Financial Economics*, Prentice Hall. *（大前恵一朗（訳）（2011）『現代ファイナンス論――意思決定のための理論と実践』（原著第2版）ピアソン・エデュケーション）
Constantinides, G., M. Harris, & R. M. Stultz（2003）, *Handbook of the Economics of Finance*, Vol. 1A・1B, Elsevier B. V. *（加藤英明（監訳）（2006）『金融経済学ハンドブック』（1：コーポレートファイナンス，2：金融市場と資産価格）丸善）
Eichengreen, B.（2011）, *Exorbitant Privilege: The Rise and Fall of the Dollar*, Oxford University Press. *
Hull, J. C.（2003）, *Options, Futures, and Other Derivatives*, 5th Edition, Prentice-Hall.（三菱証券商品開発部（2005）『フィナンシャルエンジニアリング――デリバティブ取引とリスク管理の総体系』（第5版）金融財政事情研究会）
Krugman, P. R., Obstfeld, M., and Melitz, M. J.（2015）, *International Economics*, 10th Edition, Pearson.（山形浩生・守岡　桜（訳）（2017）『クルーグマン国際経済学 理論と政策（下）金融編』丸善出版）
Mishkin, F. S., & S. G. Eakins（2005）, *Financial Markets and Institutions*, 5th Edition, Addison-Wesley.
Montier, James（2002）, *Behavioural Finance*, John Wiley & Sons.（真壁昭夫（監訳）（2005）『行動ファイナンスの実践』ダイヤモンド社）*

第Ⅲ部

井出正介・高橋文郎（2009）『経営財務入門』（第4版）日本経済新聞出版社
藤原総一郎他（2006）『M＆A・事業再生用語事典』日経BP社
宮島英昭（編著）（2007）『日本のM＆A――企業統治・組織効率・企業価値へのインパクト』東洋経済新報社*
若杉敬明（2011）『【新版】入門ファイナンス』中央経済社
Benninga, S. Z., & O. H. Sarig（1997）, *Corporate Finance*, The Mcgraw-hill Companies. *（岸本光永・谷村嘉久（監訳）（2002）『コーポレートファイナンス――企業価値評価の理論と技法』中央経済社）
Brealey, R., S. Myers, & F. Allen（2006）, *Principles of Corporate Finance*, 8th Edition, The Mcgraw-hill Companies. *（藤井眞理子・国枝繁樹（監訳）（2007）『コーポレートファイナンス』（第8版，上・下）日経BP社）

Gup, B. E.（Ed.）（2003）, *The Future of Banking*, Quorum Books. *

Rajan, R. G., & L. Zingales（2003）, *Saving Capitalism from the Capitalists*, Crown Business. *（堀内昭義・アブレウ聖子・有岡律子・関村正悟（訳）（2006）『セイヴィング キャピタリズム』慶應義塾大学出版会）

Ross, S. A., R. W. Westerfield, & J. F. Jaffe（2005）, *Corporate Finance*, 7th Edition, The Mcgraw-hill Companies.（大野 薫（訳）（2007）『コーポレートファイナンスの原理』（第 7 版）金融財政事情研究会）

Walter, I.（2004）, *Mergers and Aquisitions in Banking and Finance*, Oxford University Press. *

第Ⅳ部

碓井茂樹他（2010）『リスク計量化入門―― VaR の理解と検証』金融財政事情研究会

銀行経理問題研究会（編）（2012）『銀行経理の実務』（第 8 版）金融財政事情研究会

日本銀行（2011）「日本銀行のマクロプルーデンス面での取り組み」

日本銀行金融機構局（2007）「ヘッジファンドに投資する場合のリスク管理について」*

日本銀行金融機構局（2011）「金融機関経営とリスク管理の高度化」*

日本総合研究所 調査部 金融ビジネス調査グループ（編）（2010）『グローバル金融危機後の金融システムの構図』金融財政事情研究会

細野 薫（2010）『金融危機のミクロ経済分析』東京大学出版会*

堀江康熙（2001）『銀行貸出の経済分析』東京大学出版会*

堀江康熙（2015）『日本の地域金融機関経営』勁草書房*

Altman, E. I.（2002）, *Bankruptcy, Credit Risk, and High Yield Junk Bonds*, Blackwell Publishers. *

Bernanke, B. S.（2000）, *Essays on the Great Depression*, Princeton University Press. *

Bessis, J.（2011）, *Risk Management in Banking*, 3rd Edition, John Wiley & Sons. *

Crouhy, M., D. Galai, & R. Mark（2001）, *Risk Management*, The Mcgraw-hill Companies. *（三浦良造他（訳）（2004）『リスクマネジメント』共立出版）

Dewatripont, M., J. C. Rochet, & J. Tirole（2010）, *Balancing the Banks*, Princeton University Press. *

Lam, J.（2003）, *Enterprise Risk Management*, John Wiley & Sons.（林 康史・茶野 努（監訳）（2008）『統合リスク管理入門――ERM の基礎から実践まで』ダイヤモンド社）

Mishkin, F. S.（Ed.）（2001）, *Prudential Supervision*, The University of Chicago Press. *

Rajan, R. G.（2010）, *Fault Lines*, Princeton University Press. *（伏見威蕃・月沢李歌子（訳）（2011）『フォールト・ラインズ――「大断層」が金融危機を再び招く』新潮社）

Reinhart, C. M., & K. S. Rogoff（2009）, *This Time is Different : Eight Centuries of Financial Folly*, Princeton University Press. *（村井章子（訳）（2011）『国家は破綻する――金融危機の 800 年』日経 BP 社）

第Ⅴ部

岩田一政・日本経済研究センター（編）（2014）『量的・質的金融緩和』日本経済新聞出版社

白川方明（2008）『現代の金融政策――理論と実際』日本経済新聞出版社

白川方明（2018）『中央銀行』日本経済新聞出版社*

舘 龍一郎（1982）『金融政策の理論』東京大学出版会*

舘 龍一郎（監修）（2002）『電子マネー・電子商取引と金融政策』東京大学出版会

早川英男（2016）『金融政策の「誤解」』慶應義塾大学出版会

宮尾龍蔵（2006）『マクロ金融政策の時系列分析』日本経済新聞社*

Bhattacharya, S., A. W. A. Boot, & A. V. Thakor（Eds.）（2004）, *Credit, Intermediation, and the Macroeconomy*, Oxford University Press. *

Bindseil, U.（2004）, *Monetary Policy Implementation : Theory, Past, and Present*, Oxford University Press. *

Blinder, A. S.（1998）, *Central Banking in Theory and Practice*, The MIT Press.

Mundell, R. A.（1968）, *International Economics*, Macmillan. *（渡辺太郎・箱木真澄・井川一宏（訳）（1971）『【新版】国際経済学』ダイヤモンド社）

索　引

あ　行

か　行

さ 行

た　行

な　行

は　行

ま　行

や　行

ら　行

わ　行

数字・欧字

執筆者紹介

堀江 康熙（ほりえ やすひろ）

1946年福井県生まれ。東京大学経済学部卒業。博士（経済学）。

日本銀行勤務後，九州大学大学院経済学研究院教授・同大学主幹教授，関西外国語大学外国語学部教授を経る。

現在，九州大学名誉教授。

主要編著書

『日本の地域金融機関経営』勁草書房，2015年。

Behaviors of Japanese Regional Financial Institutions, Kyushu University Press, 2009.

『地域金融と企業の再生』（編著）中央経済社，2005年。

『銀行貸出の経済分析』東京大学出版会，2001年。

有岡 律子（ありおか りつこ）

東京大学経済学部卒業。東京大学修士（経済学）。

住友銀行（現三井住友銀行）勤務後，東京大学大学院経済学研究科博士課程単位取得。福岡大学経済学部専任講師，同助教授（准教授）を経る。

現在，福岡大学経済学部教授。

主要著書・訳書

『バブルと金融政策』（共著）日本経済新聞社，2001年。

『セイヴィング キャピタリズム』（共訳）慶應義塾大学出版会，2006年。

森　祐司（もり　ゆうじ）

1968年福岡県生まれ。筑波大学第三学群国際関係学類卒業。早稲田大学大学院経済学研究科博士後期課程修了，博士（経済学）。

大和総研等勤務後，九州共立大学経済学部准教授，下関市立大学経済学部教授を経る。

現在，高崎経済大学経済学部教授。

主要著書・訳書

『日本企業のコーポレート・ガバナンス』（共著）中央経済社，2020年。

『日本版ビッグバン以後の金融機関経営』（共著）勁草書房，2019年。

『地域銀行の経営行動』早稲田大学出版部，2014年。

『アドバイスが変える資産運用ビジネス』（共訳）幻冬舎，2023年。

テキスト 金融論 第2版

2012年9月10日© 初 版 発 行
2021年4月10日© 第 2 版 発 行
2023年5月25日 第2版第3刷発行

著 者 堀江康熙 発行者 森平敏孝
有岡律子 印刷者 中澤 眞
森 祐司 製本者 小西惠介

【発行】 **株式会社 新世社**
〒151-0051 東京都渋谷区千駄ヶ谷1丁目3番25号
☎(03)5474-8818(代) サイエンスビル

【発売】 **株式会社 サイエンス社**
〒151-0051 東京都渋谷区千駄ヶ谷1丁目3番25号
営業☎(03)5474-8500(代) 振替 00170-7-2387
FAX☎(03)5474-8900

印刷 ㈱シナノ 製本 ブックアート

ISBN 978-4-88384-327-5

PRINTED IN JAPAN

サイエンス社・新世社のホームページのご案内
https://www.saiensu.co.jp
ご意見・ご要望は
shin@saiensu.co.jp まで.

ライブラリ経済学コア・テキスト&最先端 12

コア・テキスト
国際金融論
第2版

藤井 英次 著

A5判／368頁／本体2,900円(税抜き)

国際金融論入門への決定版教科書として好評の書，待望の新版。2008年のリーマンショックに象徴される世界金融危機，続く2010年のギリシャ債務危機に端を発する欧州ソブリン危機，また2012年の英国LIBOR不正操作問題など，初版刊行以降，激動する国際金融市場の動向をとらえつつ，そもそも国際金融とは何なのか，その営みについて経済学は何を示唆し，何を示唆しないかを正しく理解する重要性を踏まえて改訂を行った。可能な限りデータを更新し，最新の国際収支統計の基準についても解説を行っている。２色刷。

【主要目次】

第Ⅰ部　基本的視点　基本的視点の設定／マクロ的視点の導入
第Ⅱ部　貨幣と為替レート　貨幣とマクロ経済／為替レートと外国為替市場／金利と為替レート／物価と為替レート
第Ⅲ部　開放マクロ経済と政策　為替レートと実体経済／為替レートと開放マクロ経済政策／為替政策
第Ⅳ部　発展的トピック　国際金融を取り巻く難問／為替レートの理論と現実

発行　新世社　　　発売　サイエンス社